KB074241

중앙아시아사

중앙아시아사

볼가강에서 몽골까지

피터 B. 골든 지음 | 이주엽 옮김

책과함께

실비아에게

일러두기

- 이 책은 Peter B. Golden의 *Central Asia in World History* (Oxford University Press, 2011)를 완역한 것이다.
- 원서의 " " 부분은 " "로, 이탤릭체 부분은 ' '로 옮겼다.
- 옮긴이가 덧붙인 해설 가운데 짧은 것은 본문에서 〔 〕로, 긴 것은 각주로 넣었다.
- 본문에 실린 사진 중 설명글 끝에 '(옮긴이)'가 표기된 것은 원서에 없는 사진을 옮긴이가 새로이 찾아 넣은 것이다.
- 한국어판에서는 독자들의 이해를 돕기 위해 본문에 소제목을 달았다. 또한 가독성을 위해 단락을 나누기도 했다.
- 외국 인명·지명 등의 한글 표기는 주로 국립국어원의 외래어표기법을 따르되 경우에 따라 관행화된 표기나 원발음에 가까운 표기를 하기도 했다(예: 투르크, 키르기즈스탄).

그리 대단하지 않은 저의 책이 한국어로 출판되어 무척 기쁩니다. 이 책은 영어권 독자들을 염두에 두고 썼지만, 책에 등장하는 중앙아시아의 수많은 민족과 장소는 이들에 대해 피상적 지식만을 가지고 있는 영어권 독자들보다는 한국인들에게 더 친숙하게 다가올 것입니다. 한국과 중앙아시아의 관계는 오래전에 시작되었습니다. 오늘날 중앙아시아의 우즈베키스탄, 카자흐스탄, 키르기즈스탄, 타지키스탄, 러시아와 우크라이나에는 총 50만 명에 가까운 규모의 한인 공동체들이 존재합니다. 이 공동체들 즉 고려인들은 19세기에 형성되었습니다. 소련 시대에 한인 공동체의 일부 구성원들은 당시 소련의 외부 지역에 역사적 연고가 있는 다른 민족 집단들과 마찬가지로 많은 어려움을 겪었습니다. 그럼에도 한인 공동체들은 고학력 인구를 배출해왔으며, 이들은 옛 소련과 현재의 독립된 중앙아시아 국가들의 경제, 예술, 스포츠 분야 등에서 두각을 나타내왔습니다. 한국 기업들도 학문 용어로 다시 "역사의 중심축the pivot of History"이 된 중앙아시아에서 활발히 활동하고 있습니다.

저는 56년 전에 〔컬럼비아대학교의〕 티보르 할라시쿤Tibor Halasi-Kun 교수의 지도 아래 중앙아시아와 그 민족들에 관한 연구를 시작했습니다. 할라시쿤 교수는 유명한 부다페스트 투르크학 "학파"의 일원이었습니다. 저는 1967년에 박사논문 작업을 위해 터키를 방문해 약 13개월 동안 앙카라에서 지냈습니다. 그곳 앙카라대학교의 언어·역사·지리학과에서 하산 에렌Hasan Eren 교수, 사아데트 차가타이Saadet Çağatay 교수, 제이넵 코르크마즈Zeynep Korkmaz 교수의 지도 아래 중세와 현대 투르크어 및 방언들을 공부했습니다. 이분들에게 받은 영향은 제 논저들에서 엿볼 수 있습니다. 터키와 러시아의 중앙아시아 및 투르크 세계 연구는 제 연구에 중요하며 지속적인 영향을 끼쳤습니다. 저는 이러한 것들과 제 연구에 도움을 준 많은 학자에게 여전히 감사하고 있습니다.

옥스퍼드대학교출판사의 "새 옥스퍼드 세계사The New Oxford World History" 시리즈로 출간된 《중앙아시아사》는 대학생들과 역사에 관심 있는 일반 독자들을 주요 독자층으로 삼았습니다. 이번의 시리즈가 중앙아시아사 분야의 전문가들을 위한 것은 아니지만 전문가들도 관심을 가질 만한 내용들이 있을 것입니다. 저는 더 상세한 전문서적들도 영어와 터키어 그리고 러시아어로 썼습니다.

한국의 중앙아시아 연구는 계속 성장하고 있으며, 그 결과 한국은 중앙아시아학 연구의 중요한 중심지가 되었습니다. 한국의 독자들은 중앙아시아사에 등장하는 민족과 장소들에 대해 적어도 어느 정도는 알고 있을 것입니다. 돌궐인, 거란인, 여진인 등은 TV 사극을 통해서도 접해보았을 것입니다. 고구려의 통치자는 몽골의 고ㅁ투르크어 비문들에서 언급되기도 합니다.

"새 옥스퍼드 세계사" 시리즈 편집부의 요청에 따라 저는 3000년이 넘는 중앙아시아의 역사를 가능한 한 간결하게 정리하는 것을 목표로 삼았습니다. 중앙아시아(또는 중앙유라시아)는 헝가리대평원에서 만주의 삼림 지대와 한국의 변경 지역에 이르는 광대한 지역입니다. 이 지역의 민족들은 유라시아 즉 유럽과 아시아 전역의 역사와 문화에 직접적 영향을 끼쳤습니다. 중앙아시아는 여러 문명, 종교, 그리고 근대 세계의 형성에 핵심적 역할을 한 정치 집단들이 만나는 공간이었습니다. 진정으로 현대의 글로벌화 현상의 초기 요소들은 과거 중앙아시아의 제국들에서 기원했다고 할 수 있습니다.

《중앙아시아사》를 번역한 이주엽 박사는 자신의 연구 성과들로 중앙아시아학 분야의 선두적인 학자 중의 한 명입니다. 그는 중앙아시아사 연구에 필요한 모든 필수 언어를 잘 알고 있습니다(중앙아시아학 분야에는 그러한 언어들이 많습니다). 그는 카자흐 역사를 다룬 탁월한 책의 저자이기도 합니다. 그리고 중앙아시아의 중세사, 초기 근대사, 유전학적 역사genetic history에서 자주 인용되는 논문들의 저자이기도 합니다. 저는 이주엽 박사가 《중앙아시아사》를 세심하게 번역한 것을 특별한 행운이라고 생각합니다.

프린스턴에서

피터 B. 골든

차례

오늘날의 중앙아시아

바렌츠 해

모스크바

우드무르티아

카잔
타타르스탄
우파
바시키리아

키예프

우크라이나

카자흐스탄

이스탄불

흑 해

아랄해

발하슈호

우즈베키스탄

알마티

터키

카스피해

비슈케크

타슈켄트

키르기즈스탄

지중해

시리아

투르크메니스탄

부하라

사마르칸드

카슈가르

아슈하바드

메르브
(마리)

두샨베

타지키스탄

이라크

테헤란

이란

아프가니스탄

인더스 강

홍해

파키스탄

페르시아만

인도

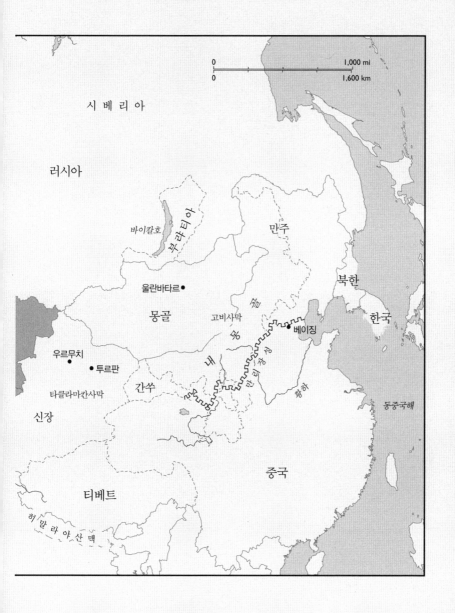

민족들의 교차로

중앙아시아인들은 역사적으로 하나의 지역 혹은 민족을 이룬 적이 없다.* 중앙아시아인들의 정체성은 씨족, 부족, 신분, 지역, 종교에 기반을 두었고, 이것들은 보통 서로 중첩되었다. 중앙아시아의 유목민들에게 정치적 경계선은 큰 의미가 없었다. 유목국가는 영토가 아니라 사람을 지배했기 때문이다.

수천 년 동안 동양과 서양의 가교 역할을 해온 중앙아시아는 중국, 인도, 이란, 지중해 지역, 보다 최근에는 러시아의 영향을 받았다. 중앙아시아는 샤머니즘, 불교, 조로아스터교, 유대교, 그리스도교, 이슬람교 같은 종교들이 만나는 공간이었다. 중앙아시아의 민족적, 언어적, 정치적, 문화적 경계선은 늘 유동적이었는데 서로 영향을 주면

● 이 책에서 중앙아시아Central Asia는 몽골 초원과 만주에서 볼가강에 이르는 내륙유라시아 Inner Eurasia 지역을 지칭한다. 만주에서 헝가리대평원Great Hungarian Plain/Great Alföld에 이르는 내륙유라시아 일대를 지칭하는 중앙유라시아Central Eurasia보다는 조금 좁은 개념이다. 그러나 과거에는 중앙아시아가 중앙유라시아의 의미로 사용되기도 했다.

서도 근본적으로 상이했던 두 생활양식을 포괄했다—곧 서로 다른 생태적 지위에 있었던 오아시스 지역의 정주민과 스텝 지역의 유목민이다. 고대와 중세 시기의 외부 관찰자들은 중앙아시아를 "문명 세계"의 주변부로 여겼다. 그러나 현대의 역사가들은 근대 이전 시기의 가장 큰 제국들이 중앙아시아에서 배출되었다는 점에서 중앙아시아를 유라시아 역사의 "심장부" 또는 "중심축"으로 여긴다.

중앙아시아는 지구 육지의 약 7분의 1을 차지하며 면적은 2070만 제곱킬로미터에 이른다. 오늘날 서중앙아시아는 이슬람이 지배적인 곳으로 구소련에 속했던 신흥 독립 국가들인 투르크메니스탄, 우즈베키스탄, 카자흐스탄, 키르기스스탄, 타지키스탄으로 구성된다. 이 지역은 역사적으로 "서투르키스탄"으로 불렸다—투르키스탄Turkistân(영어의 Turkestan/Turkistan)은 페르시아어로 '투르크인들의 나라'를 의미한다.* 그런데 이 국가들의 명칭과 경계는 소련이 만들어낸 것이었다. 소련은 중앙아시아 역사상 처음으로 민족-언어 집단들을 정치적으로 결정된 영토에 따라 나누었는데, 이때 정치적 동기가 크게 작용했다. 이슬람권 중앙아시아에는 "동투르키스탄"이라고도 불리는 중국의 신장(신강新疆) 지역도 포함된다. 신장에는 토착민인 위구르인과 여타 투르크계 무슬림들이 거주하고 있다. 아무다리야강에서 신장에 이르는 지역 대부분은 과거에는 주로 이란어파 언어들이 사용되었지만 오늘날에는 투르크어파 언어들이 사용되고 있다. 이러한 언어의

---

* 이 지역을 서투르키스탄이라고 부른 것은 19세기 유럽인들이었다. 과거에 중앙아시아인들에게 투르키스탄은 내륙아시아의 초원 지역 혹은 시르다리야강 연안 지역을 지칭했다.

교체는 1500년에 걸쳐 이루어졌는데 그 결과 '투르크-페르시아Turko-Persia' 문화 세계가 형성되었다. 북부 이웃 국가들과 민족 및 언어를 공유하는 아프가니스탄은 이 '투르크-페르시아' 문화 세계의 축소판이라 할 수 있다.

동중앙아시아는 불교가 지배적인 지역으로 몽골(오늘날 몽골 공화국과 중국의 내몽골자치구로 분리되었다)과 만주로 구성된다. 티베트는 언어적으로는 중앙아시아와 구별되는 지역이지만 다양한 시기에 걸쳐 중앙아시아의 역사에서 중요한 역할을 했다.

볼가강과 서시베리아 사이의 삼림-스텝forest-steppe 지대에는 역사적·문화적으로 중앙아시아에서 기원한 무슬림 투르크계 주민들이 많이 거주하고 있다. 중앙아시아인들은 헝가리, 우크라이나, 러시아, 중동까지 진출했고 따라서 정치적·문화적으로 중앙아시아는 이들 지역까지 연결되었다.

중앙아시아의 가장 대표적인 생태 지대인 스텝steppe은 대大초원prairie, 사막, 반半사막 지역으로 구성되며 만주의 삼림 지대와 알타이 산맥에서 헝가리까지 이어져 있다. 일 년의 3분의 1 이상은 눈에 뒤덮여 있지만 스텝의 풍성한 목초지는 많은 동물의 생명을 유지해줄 수 있다. 중간 중간 오아시스들이 있는 타는 듯이 더운 사막들도 초원들과 더불어 스텝의 가장 특징적인 지역인데, 특히 중앙아시아의 남부 지역에서 그렇다. 이곳의 기후는 매우 건조해서 20세기 초 영국-헝가리계 탐험가 아우렐 스타인 경Sir Aurel Stein은 로프노르Lop Nor(동東신장)의 잘 보존된 중세 시대 "쓰레기 더미"에서 발굴한 물건들의 자극적인 냄새를 여전히 맡을 수 있었다.[1] 눈 덮인 산에서 녹아내리는 물로 강들이 형성되지만 여름의 열기는 이 강들을 물웅덩이나 마른 강바닥으로 바꾸어놓는다. 중앙아시아에서 침식과 건조화는 현재 진행형의 문제다.

놀랍게도 식물은 이런 사막에서도 살아남아 봄에는 꽃을 피우고 긴 여름과 겨울에는 휴면한다. 제라프샨, 아무다리야, 시르다리야 같은 강에서 물을 공급받는 중앙아시아 오아시스 지역에서는 농업이 번성한다. 아무다리야강과 시르다리야강은 아랄해(사실 거대한 호수라 할)로 흘러든다. 아랄해는 현재 심하게 오염된 상태다. 중앙아시아의 강들은 일 년의 절반 이상 수면이 부분적으로 얼어붙는다. 중앙아시아의 강 유역들은 대문명을 탄생시킨 중국, 인도, 메소포타미아, 이집트의 강 유역들과는 달리 인구밀도가 상대적으로 낮으며 교역과 교통의 동맥 역할을 하지 않는다. 몽골의 오르콘강, 셀렝게강, 케룰렌강은 대유목제국들 안에서 경제적으로 중요한 역할을 하지 않았다. 중앙아시아 유목민들은 물고기잡이를 제외하고는 강들을 활용하지 않았다. 강을 이용한 이동은 주로 동물 가죽으로 만든 뗏목을 타고 강을 건너는 정도에 불과했다.

중앙아시아에 대한 우리의 지식은 대부분 이웃 정주민들이 유목민들에 대해 남긴 기록에 바탕을 두고 있다. 그런데 이 기록들은 유목민들을 "황량한 야만인Barbarians의 땅"에 사는 집단으로 보는 등 문화적 편견을 담고 있다.[2] 고대 페르시아인들은 '투란Turan' 즉 (훗날 투르크화된) 아무다리야강 이북의 이란인 유목 세계와 (역사적으로 "페르시아Persia"라고도 불린) '이란Iran'의 관계를 악과 선의 대립으로 묘사했다.[3] 유목민들을 지칭하는 데 사용되었던 중국어 단어들은 영어로

'barbarian(야만인)'이라고 관례적으로 번역된다. 그러나 사실 이 단어들은 "속민" "이방인" "야만인" 등의 다양한 의미를 지녔었다.[4] 중국 사가들은 유목민들의 관습, 음식, 동물 가죽과 털과 펠트로 만든 의복을 "미개하다"라고 여기며 유목민들에 대한 혐오감을 숨기지 않았다.

그러나 고고학적 발굴 성과에 따르면 일부 유목민들은 부유한, 더나아가 풍요롭기까지 한 삶을 살았다. 이 점은 유목민들을 경멸적으로 묘사했던 동시대인들의 기록을 통해서도 확인된다. 일부 유목민들은 추위를 피하기 위해 입던 모피 옷을 중국에서 얻은 비단과 이란에서 얻은 고급 직물로 감쌌다. 이들은 엄청난 양의 황금과 금박 공예품을 사용해 화려한 옷과 보석을 만들었다. "황금인간Golden Man"의 의례복은 "야만인의 옷"이 결코 원시적이지 않았음을 보여준다. 고대 시기의 중산모와 연미복이라 할 수 있는 이 의례복은 황금 조각과 금박 장식들로 만들어졌으며, 긴 황금 머리 관이 달려 있다(긴 머리 장식은 중세 시대까지 여성들이 많이 사용했다. 일부 고고학자들은 "황금인간"이 사실은 여성 사제 전사였을 수 있다고 본다).[5] 유목민들은 풍부한 구전 시, 노래, 음악을 발전시키기도 했다. 어떤 연구자들은 유목민들이 바이올린과 같은 현악기를 발명했다고 본다. 오늘날의 현악기가 어쩌면 현대 카자흐인과 키르기즈인과 같은 중앙아시아인들이 여전히 사용하는 '코비즈qobïz'라는 악기의 조상에서 유래했다는 것이다. 가장 오래된 "마두금horse-head fiddle, 馬頭琴"은 몽골어로 '모린 후르morin khuur' 라고 하는데 7~8세기경에 제작된 것으로 2008년 몽골에 있는 한 전사戰士 매장지에서 발견되었다.[6]

고대와 중세의 작가들은 자신들이 이방인이라고 여긴 집단들에 대

오늘날 카자흐스탄의 국가적 상징이 된 "황금인간." 약 4000점의 금박 장식품으로 몸을 두른 이 스키타이 왕족은 (혹은 높은 신분의 스키타이인은) 카자흐스탄 남동부의 한 고분에서 금, 은, 청동, 목기류와 함께 발견되었다.

해 기록할 때 그들을 주로 "야만인" 또는 "고결한 야만인noble savage"이라고 묘사했다. 그런데 실제로 유목민들은 "문명화된" 이웃 정주민들과 견주어 더 잔인하거나 금과 비단을 탐내는 사람들은 아니었다. 스텝 환경에서의 삶은 힘들었지만 많은 유목민은 일생 동안 경작지에서 고된 노동을 하며 사는 농경민들보다 자신들이 더 우월한 삶을 산다고 생각했다. 풍부하고 국제화된 문화와 농업 및 상업 중심의 경제 사회였던 중앙아시아의 도시들은 이웃 유목민들과 공생 관계에 있었으며, 종종 유목 세계와 정주 세계의 가교 역할을 했다.

중앙아시아 역사에서 나타난 중요한 현상은 민족 및 언어의 이동과 이에 따른 새로운 민족들의 형성이다. 언어들은 보통 하나의 어족語族으로 분류된다. "어족"은 하나의 공통 언어에서 갈라져 나온 언어들로 구성되지만 반드시 하나의 공통된 생물학적 조상을 갖는 것은 아니다. 인도-유럽어족과 알타이어족은 중앙아시아의 역사를 주도한 두 집단이다.

인도-유럽인들은 기원전 4500년과 4000년 사이에 흑해 초원에서 거주한 언어 공동체였다. 기원전 3000년경 혹은 2500년경 이 공동체는 해체되기 시작했고 그 지파들은 중앙아시아, 남아시아, 서아시아와 지중해 북부 지역으로 이동했다.[7] 인도-유럽인들이 사용한 언어는 남아시아의 인도어파(인도 아대륙의 힌디어, 우르두어, 펀자브어, 여타 언어들), 이란·아프가니스탄·중앙아시아의 이란어파(페르시아어, 타직어, 파슈토어, 여타 이란어파 언어들), 바스크어, 핀란드어, 에스토니아어, 여타 핀어군, 핀어군의 먼 친척인 헝가리어를 제외한 유럽의 모든 언어로 발전했다.

몽골인의 전통 현악기 모린 후르(마두금). 몽골 민족의 상징적 악기이며 2003년 유네스코에 의해 "인류 구전 및 무형유산 걸작"으로 선정되었다. 과거에는 샤먼에 의해 구전이나 서사시와 함께 연주되었다. 카자흐인의 코비즈도 모린 후르와 비슷한 유목민의 현악기다(옮긴이).

알타이어는 남시베리아, 동몽골, 만주에서 사용되었다. 알타이어는 터키어 및 중앙아시아에서 사용되는 우즈벡어, 카자흐어, 위구르어 같은 다양한 투르크어파, 몽골·내몽골, 중국과 러시아의 몽골 인접 지역, 볼가 지방의 칼미키아에서 사용되는 다양한 형태의 몽골계 언어로 구성된다. (현재 거의 소멸된) 만주인과 만주 지역의 군소 통구스족들이 사용하는 언어들도 알타이어에 속한다. 일부 학자들은 고대 한국어와 일본어를 "알타이어족"에 포함시키기도 한다. 그러나 다른 학자들은 이를 부정할 뿐 아니라 알타이제어諸語가 하나의 어족을 이룬다는 주장을 수용하지 않는다. 여러 알타이어 사이에 존재하는 유사성이 수 세기 동안 이루어진 상호 영향과 어휘 차용의 결과일 뿐이라는 주장이다.[8]

중앙아시아의 역사가 상세히 보여주듯, 중세와 현대의 "민족"들은 보통 여러 종족과 언어 집단이 오랜 시간 융합하는 과정을 거치며 형성되었다. 특히 현대에는 적지 않은 정치적 계산에 따라 "민족"들이 인위적으로 만들어졌다. 언어가 확산되는 과정은 명확하게 알려져 있지 않다. 정복, 대규모 이동, 이에 따른 전면적 민족 교체가 언어 확산의 한 가지 모델이다. 또 다른 모델은 점진적 침투, 상호 영향, 이에 따른 두 언어 상용bilingualism이다.

그런데 새 언어를 전파하는 이주민들 또한 많은 경우 여러 민족과 언어의 융합으로 형성된 집단이었다. 새로운 민족 이동과 함께, 이 집단에서 사용하는 이름과 언어가 릴레이 경주에서처럼 또 다른 집단에 이전되었다. 따라서 동일한 집단명과 공통 언어를 가진 민족들도 사실은 여러 다양한 민족의 혼합 집단일 수 있다. 민족들의 이동은 복잡한 모자이크를 만들어냈다. 오늘날의 민족·언어 지도는 수천 년 넘게 이어져온 민족들의 혼합 과정을 한 특정 시점에 찍은 스냅 사진에 불과하다. 민족들의 형성 과정은 현재에도 진행 중에 있다.

1장

유목 생활과
오아시스 도시국가들의 출현

최초의 중앙아시아인들

아프리카에서 기원한 현생인류(호모사피엔스)는 약 4만 년 전 빙하기에 중앙아시아에 진출했다. 십중팔구 사냥감을 따라왔을 것이다. 기후 조건이 오늘날과 비슷했던 기원전 1만 년~기원전 8000년 사이에 아마 1000만 명에 달했던 세계 인구 중 약 50만 명이 중앙아시아와 시베리아에 거주했다. 인류 이동 경로는 여럿인데 하나는 중동을 통하는 루트였고, 다른 하나는 동아시아로 향하는 루트였으며, 동아시아에서 중앙아시아로 이어지는 루트도 있었다. 농경은 기원전 6000년경 출현했다. 자생적 발전과 더불어 타 지역, 특히 중동과 유럽에서 중앙아시아 서남 변경 지역(오늘날의 투르크메니스탄 지역)으로 이주해 온 농경민들에 의해 시작되었을 것이다. 이들은 밀과 보리를 재배했다. 발전은 중단되기도 했고, 정착지는 버려지기도 했다.

이로부터 약 3000년 뒤 관개 수로의 건설은 농경의 안정적 발전과 추가적 인구 증가를 가능하게 해주었다. 중앙아시아는 서로는 엘람(이란의 서남부)과 수메르 시대의 메소포타미아와, 동으로는 아프가니스탄과 인도와 교류하기 시작했다. 중앙아시아의 일부 정착지는 인더스 계곡(인도 북서부, 파키스탄)의 하라파 문명(약 기원전 3000~기원전 2000)과 연관이 있거나 아마 이 문명에서 파생된 것으로 보인다. 현재 남인도에 집중 거주 하는 드라비다인은 초기에는 중앙아시아 남쪽 가장자리 일대에 퍼져 있었을 것이다. 비록 확증된 바는 아니지만 드라비다인의 정착촌들은 아마 엘람까지도 포함하는 이란 지역까지 이어졌다. 오늘날 동이란, 남아프가니스탄, 파키스탄에 거주하는 거의 100만에 이르는 브라후이Brahui인은 선사 시대 중앙아시아의 여러 민족 집단 중 드라비다인의 후손일 수도 있다. 의심할 여지 없이, 이 광활한 지역에는 현재까지도 잘 알려지지 않은 다른 민족들 또한 거주했다. 일례로, 언어학적 증거에 따르면 ─보편적으로 받아들여지는 가설은 아니지만─ 북파키스탄의 부루샤스키어는, 그 주변 지역의 어떤 언어와도 무관하지만, 북코카서스의 다게스탄에서 사용되는 언어와 관련이 있을 수 있다. 선사 시대의 중앙아시아 민족들, 이들과 인도 아대륙 및 중동 사이의 초기 관계는 아직 연구가 더 필요한 주제다.

널리 산재해 있던 정착지들 사이의 물품 교환은 중앙아시아를 통한 인도, 이란, 메소포타미아 지역 사이의 교역 관계를 형성시켰다. 기원전 제3천년기(기원전 3000~기원전 2001) 후반에 접어들어 투르크메니스탄에 관개 농경, 수공예, 야금에 종사하는 인구들로 구성된 작은 도시들이 생겨났다. 이곳 주민들은 제도화된 종교도 발전시켰는데 투르크메니스탄의 수도 아슈하바드에서 남동쪽으로 차로 약 3시간 거리의 알틴-데페에 있는, 달의 신을 모시는 지구라트ziggurat 신전이 그 증거다〔'지구라트'는 고대 바빌로니아 등이 건설한 피라미드 형태의 신전을 말한다〕. 이 지역 주민들은 또한 엘람, 수메리아, 하라파의 영향을 받은 초기 문자 체계를 발전시켰다. 이는 통치자들과 성직자들의 소유물을 표시하기 위해 사용되었던 관인官印들을 통해서도 알 수 있다. 문자를 보유하고 사회분화의 조짐을 보였던 이 초기 도시 문화 공동체는 기원전 제2천년기와 제1천년기 사이(기원전 2000~기원전 1 사이)에 아마도 지나친 경작 활동 또는 재앙적 기후변화 때문에 쇠퇴했다. 기원전 제1천년기(기원전 1000~기원전 1)에는 이란계 민족들이 필시 흑해 초원* 또는 중앙아시아의 더 북방 지역에서 이 지역으로 이주해왔다.

유목 생활과 기마민족의 출현

수렵-채집민과 어민들은 기원전 제6천년기와 제4천년기 사이 (기원전 6000~기원전 3001 사이)에 남투르크메니스탄 농경 공동체의 이북 지역에 거주했다. 목축 활동을 더 중요시한 초기 농경민들은 광활한 목초지로 이루어진 스텝 지역으로 진출하기 시작했다. 이 과정은

● 흑해 북안의 스텝 지역. 내륙아시아/유라시아 초원은 크게 흑해 초원Black Sea steppes/Pontic steppes, 카자흐 초원Kazakh steppes, 몽골 초원Mongolian steppes으로 구분된다. 이들은 각각 서부 초원western steppes, 중앙 초원central steppes, 동부 초원eastern steppes이라고도 불린다.

정보가 충분하지 않아 정확히 파악할 수가 없다. 사람들이 새로운 땅으로 이주하면서 이들의 경제 활동에도 변화가 생겼다. 아마 가장 이르게는 기원전 4800년경(정확한 시점에 대해서는 격론이 벌어지고 있다)에 흑해-카스피해 초원에서 이루어진 말의 사육은 분명 새로운 전환점이 되었다. 말은 처음에는 식량 수단이었다. 기원전 4000년경이 되면 목축민들은 가축들을 식량 이외의 수단으로 활용할 수 있게 되었다. 말 가죽으로 옷과 가옥을 만들었고, 말을 "짐을 나르는 동물"로 이용했다. 이들은 아마 기원전 3700년 이전에 말을 타기 시작했고,[1] 신들에게 말을 제물로 바쳤다. 기원전 2000년경에 일부 자급자족형 농경민들은 목축에 주로 혹은 전적으로 의존하게 되면서 스텝의 목초지로 계절 이동을 했다. 이렇게 유목민pastoral nomad이 출현했다. 유목민들은 목축 관련 기술 외에도 농경, 관개, 야금 등과 관련된 기술을 계속해서 보유했다―야금술은 우랄 등지에서 상당히 발전했다. 이들은, 현대의 유목민들과 마찬가지로, 상황에 따라 저급 기술과 고급 기술을 번갈아 활용했다.

일부 연구자들은 유목 생활 양식pastoral nomadism이 서부 초원〔흑해 초원〕지역에서 기원했다고 주장한다. 또 다른 연구자들은 유목 생활 양식이 서부 초원 지역과 동부 초원〔몽골 초원〕지역에서 개별적으로 출현했거나 혹은 남시베리아와 만주 삼림 지대에서 순록을 치던 사람들이 스텝 지역으로 진출해 유목민이 되었다고 보기도 한다. 그 과정에 대한 우리의 인식은 새로운 고고학적 발견들과 새로우면서도 종종 상호 모순적인 해석들로 끊임없이 바뀌고 있다. 사실 아무도 정확히 어디에서 혹은 왜 완전한 형태의 유목 생활 양식이 처음 출현하게 되었는지 알지 못한다. 기후변화, 가축에 대한 수요 증가, 안전에 대한 우려, 신기술들 모두가 한몫을 했을 것이다.

기원전 제3천년기에 목축민과 가축의 수가 증가하기 시작했다. 목축민들은 스텝 지역으로 더 깊숙이 이주했고 목축이 이들의 주된 직업이 되었다. 수렵도 물론 계속해서 중요한 식량 획득 수단으로 남았다. 이 점은 훗날의 유목민들에게도 마찬가지였다. 조직화된 수렵은 군사 훈련의 한 형태로도 기능했다. 기원전 제2천년기 초(약 기원전 1700~기원전 1500년 사이)에 스텝 지역에 거주하던 목축민들 중 일부가 기마민족으로 발전했다. 이들은 말과 소가 끄는 수레 위에 이동식 가옥을 실었는데 미국 서부시대의 포장마차와 유사했다. 이들 목축민은 가축들을 이끌고 목초지 사이를 옮겨 다녔다. 장거리 이동에 더 잘 적응하는 말과 양이 선호되면서 목축하는 가축의 구성도 바뀌었다. 말이 전체 가축의 36퍼센트를 차지했다. 마력馬力의 활용은 불길한 군사적 결과를 불러왔다. 기마전투술을 발전시킨 인도-유럽인 유목민들은 민족 이동을 시작했다. 이 과정은 두 단계로 진행되었다. 먼저 바퀴 달린 수레에 이어 아마 중앙아시아에서 발명된 전차가 등장했다. 기원전 약 2000년경 만들어진 초기 형태의 전차들이 요새화된 정착지였던 신타시타에서 발견되었다. 신타시타는 남부 우랄 스텝 지역에 위치한 신타시타-아르카임 페트로브카Sintashta-Arkaim Petrovka 고고유적군에 속해 있다. 잘 발전된 야금술(이것은, 아마, 무기 생산 및 군사화와 관련이 있을 것이다)을 보유했던 신타시타는 이 스텝 지역에 존재했던 도시 정착지들의 일부였다. 소련의 학자들은 이곳을 "소도시들의 나라the Country of Towns"*라고 불렀다. 기원전 제2천년기가 되어 전차는 중국과 중동에 전파되었다.

인도-유럽인 유목민들의 민족 이동 두 번째 단계는 나무, 동물의 뿔과 힘줄로 만든 복합궁compound bow/composite bow의 발명과 연관이 있다. 복합궁은 강력하고, 상대적으로 작고, 가장 중요하게는, 말 위에서 쉽게 모든 방향으로 화살을 쏠 수 있어 스텝 지역에서 전쟁 방식을 혁명적으로 바꾸었다. 복합궁은 기원전 제3천년기 초 이집트에서 처음 발명된 듯한데, 그 시점을 기원전 1000년경으로 보기도 한다. 이 시기에 유라시아 초원에서는 드문드문 존재하던 기마 전사들이 잘 훈련된 기병대로 발전했다. 이 기병대는 영광을 추구하는 개별 전투원이라기보다(이들도 적지 않게 있었지만) 전사는 훈련된 집단의 일부라는 이데올로기를 가진 군대였다. 그 결과 전차는 과거의 기술이 되었다.[2] 이에 수반된 철제 무기의 확산을 통해 기마병들이 보다 체계적으로 스텝 지역의 이웃 유목민들을 약탈 공격 하고 정주 세계의 생산물들을 획득하려 하게 되면서 전쟁은 격화되었다. 이제 전쟁이 더 큰 규모의 조직을 필요로 하게 되면서 거대한 부족연합들이 출현했다.

기마술의 달인이었던 (그리고 전 세계 말들의 상당수를 보유했던) 유목민들은 무시무시한 전사가 되었다. 유목민들의 번개 같은 습격과 화살 세례는 적들을 떨게 만들었다. 유목민들의 전투 방식은 수천 년 동안 거의 변하지 않았다. 유목민들은 각자 5마리 혹은 그 이상의 말과 함께 전쟁에 나갔고 전투 중에 자주 말을 갈아탔다. 이것은 종종 상대

●   Strana godorov. 1970년대와 1980년대 발굴된 신타시타 문화의 요새화된 정착지들을 지칭하는 용어다.

가 이들의 수를 정확히 알 수 없게 해주는 동시에 이들이 계속해서 활발한 공격을 펼칠 수 있게 해주었다. 유목민들은 자신보다 더 강하거나 혹은 전력이 비슷한 상대를 만나면 후퇴하는 것을 불명예로 여기지 않았다. 그런데 이때조차도 유목민들은 극도로 정확하게 뒤쪽을 향해 화살을 쏠 수 있어서 여전히 위협적이었다. 더욱이 매복 공격을 위한 위장 후퇴는 이들이 애용하는 계책이었다.

유목민의 경제와 사회

이 전사 공동체는 고도로 조직화된 전략에 따라 목축 활동을 했다. 일부는 장기적 계절 이동을 하는 완전한 유목민이었고, 일부는 농경을 주업으로 하며 최소한의 이동을 하는 반+유목민이었다. 외부인들은 유목민들이 목적지 없이 물과 풀을 찾아 방랑한다고 기록했지만 사실 유목민들은 신중하게 계획되고 방어된 경로와 목초지를 따라 이동했다. 목축하는 무리의 크기와 양, 말, 소, 낙타, 염소, 야크의 구성비는 지역 생태 환경에 따라 달랐다. 유목민의 수는 이러한 요인들에 좌우되었다. 유목은, 농경과는 달리, 노동집약적 활동이 아니며 생산을 위해 큰 규모의 인구가 필요하지도 않다. 한두 명의 양치기가 수백 마리의 양 떼를 돌볼 수 있고, 말을 탄 상태에서는 훨씬 더 큰 규모의 가축 떼 혹은 100마리 이상의 말 떼까지도 돌볼 수 있다.

유목민의 목축 활동은 가업이었다. 유목민들은 가축 떼를 위해 넓은 목초지가 필요했던 만큼 작은 단위로 야영을 했다. 보통 4~5가구

카자흐 유목민들의 전통 가옥인 유르트yurt(시르다리야 지방에서 1860년경 촬영). 나무로 만든 원형의 뼈대를 펠트가 감싸는 구조로 짧은 시간 안에 쉽게 조립과 해체가 가능한 이동식 가옥이다. 몽골유목민들은 유르트를 게르ger라 부른다. 카자흐인과 몽골인의 유르트/게르 출입문은 모두 남쪽을향한다(옮긴이).

가 함께 야영을 했는데, 종종 친인척 관계였다. 추가로 일손이 필요한 세대는 친족들에게 도움을 청했다. 유목사회에도 고대부터 노예가 존재했지만, 소수의 가사노예들로 그 수가 제한되어 있었고 대부분 약탈 공격을 통해 포획된 사람들이었다. 오늘날, 보통 5명(부모, 두 명의 자녀, 한 명의 조부모)으로 이루어진 평균적인 유목민 가구는 약 100마리의 가축 무리에 의존하며 산다. 이 점은 십중팔구 옛날에도 마찬가지였을 것이다. 고대와 중세의 기록들은 유목민의 가정생활에 대해 거의 알려 주는 것이 없다. 현대의 민족지학자들은 유목민 가족을 질서 바르고, 엄격한 규율을 따르는 가부장적 집단으로 묘사한다. 예컨대 현대의 투르크멘인 신혼부부들은 자신들의 인척이나 나이 든 친척들 앞에서 말하거나 먹지 못한다. 신붓값을 주거나 납치를 해서 얻은 젊은 아내들은 여러 명의 아들을 낳고서야 가족 내에서 더 나은 지위를 얻었는데, 남성이 혈통을 잇는다고 여겨졌기 때문이다. 딸들은 언젠가 다른 가족에게 갈 "손님"들로 여겨졌다. 투르크멘인들은 조상들에 대한 자부심이 강하며 여러 세대에 걸친 조상들의 이름을 욀 수 있다.[3]

부유한 유목민들은 가끔 어려움에 처한 가난한 부족민들을 도왔다. 상황이 더 나아지지 않으면 후자는 더 종속적이 되거나 유목 생활을 포기하고 정착해 농경민이 되었다. 정착 생활은 신분의 추락을 의미했다. 따라서 이처럼 절망적 상황에 놓인 유목민들은 자발적으로 지역 족장이 이끄는 군단의 일원이 되었다. 유목민의 부는 말과 양의 수가 결정했으며, 양이 가장 수가 많은 가축이었다. 양은 추위를 잘 견디며 관리가 쉬웠고, 고기·가죽·양털을 제공했다. 말은 가장 인기 있고 존중받는 가축이었으며 고기와 말젖을 제공하고 운송수단이 되어주었다. 말은 유목민의 경제 활동과 외부 세계와의 관계에서 아주 중요했다. 또한 말은 전투에서 유목민이 가졌던 주요 강점인 기동성도 제공해주었다. 낙타(두 개의 혹이 있는 박트리아 품종)는 특히 사막과 반$+$사막 지역에서 유용한 운송수단이었고 비교적 흔한 동물이었다. 염소는 그다지 호평을 받지 못했으며 보통 가난한 유목민들의 가축이었다. 소는 더 드물게 사육되었다. 동물의 질병, 이상기후, 그리고 특히 유목민들이 두려워하던 주트$_{jut}$(해동기에 찾아오던 서리)는 가축 수를 크게 감소시키기도 했다. 가임 암컷의 60~90퍼센트가 한 해에 새끼를 낳을 수 있었지만 사망률은 30~60퍼센트 정도로 높은 편이었다. 유목민들은 잉여물이 생길 경우 그것을 정주민들과 식량·옷·무기 등으로 교환했고, 일부는 상당한 부를 축적했다.

유목민들은 계절에 따라 가축을 데리고 목초지 사이를 이동했다. 겨울은 스텝에서 가장 힘든 계절이다. 겨울 야영지로는 폭풍우를 피할 수 있는 계곡, 바람이 들지 않는 산비탈, 숲 인근 지역이 선호되었다. 이러한 점에서 일부 숲들은 신성한 땅과 피난처로 여겨졌다. 유목민들은 또한 강기슭에 거주하며 이동하지 않는 시기에는 물고기를 잡았다. 여름 야영지로는 민물 근처의 고지대가 선호되었다. 평지에서는 타는 듯이 더운 여름에 물이 종종 말라버렸던 까닭이다. 유목민들은 일반적으로 겨울에는 남쪽으로, 여름에는 북쪽으로 이동했다. 이동 거리는 다양했다. "수평적" 이동을 하는 유목민들은 초원을 가로질러 종종 수백 킬로미터를 옮겨 다녔다. 일종의 "수직적" 이동을 하는 유목민들은 산 위아래로 가축 떼를 몰고 다니며 훨씬 더 짧은 거리를 옮겨 다녔다. 이동 루트들은 한 씨족 혹은 부족이 소유했다. 따라서 목초지를 둘러싼 유목민들 사이의 투쟁은 일부 부족들을 정주 세계로 밀어내는 일종의 도미노 효과를 가져오기도 했다. 역사가들이 유목민들에 대해 주로 기록을 남기는 것은 바로 이런 상황에서였다.

외부인들은 (정작 자신들의 탐욕은 외면하면서) 계속해서 유목민들을 탐욕스러운 존재로 묘사했다. 그러나 실제로는 유목민들이 탐욕을 바탕으로 정주 세계와 교류한 것도 아니었고 유목민과 정주민 사이의 관계가 늘 적대적이었던 것도 아니었다. 양자는 공생 관계를 맺기도 했다. 미국인 학자, 여행가, "중국통"이자 한때 북중국과 몽골을 여행한 오언 래티모어Owen Lattimore는 다음과 같이 적었다. "가난한 유목민이 완전한 유목민이다."[4] 비록 유목민들은 자신들이 생산하는 육류와 유제품, 일부 제한된 농산품만을 소비하며 살아갈 수 있지만(진정 고대 유목민들은 고대 농경민들보다 더 잘 먹고 더 잘 살았다고 할 수 있다[5]), 이들은 정주사회에서 생산된 옷, 술과 식료품, 금은 및 다른 보석으로 만든 공예품들도 얻고자 했다. 더욱이 정주사회는 유목 생활에 직접적 혜택을 주는 무기(유목민 금속공들도 무기 제작 능력이 우수했지만)와 같은 제조품들과 발명품들의 주요 공급자였다.

일례로 안장 고정끈과 복합궁은 정주 세계에서 전파된 것들이었다. 기마민족의 삶과 밀접한 관련이 있는 쇠등자도 동아시아에서 중앙아시아로 유입되었을 수 있다(초기의 등자들은 가죽과 같은 내구성이 떨어지는 유기물질로 만들어졌다). 등자가 발명되고 전파된 정확한 지점에 대해서는 이견이 존재한다. 이런 점들을 감안한다면 정주 세계에 대한 접근성이 부족했던 "완전한" 유목민은, 적어도 유사有史 시대에는, 종종 더 가난한 유목민이었다고 할 수 있다. 정주 세계에 대한 접근성은 보통 힘의 우열에 달려 있었다. 유목민들에게 약탈 공격이나 교역은 동일한 목적의 달성을 위한 대체 전략이었을 뿐이다. 유목민들은 이 둘 중 비용효과가 가장 높은 수단을 선택했다. 유목민들의 이웃들, 특히 중국은 국경 시장을 개방하거나 폐쇄함으로써 유목민들을 통제하려 했다.

유목국가의 기원과 특성

유목민들이 정주 세계와 교류하기 위해서는 유목민 집단(씨족, 부족, 혹은 민족)을 대변해줄 자가 필요했다. 이것은 곧 정치 조직을 의미했다. 영구적 국경이 없는 유목사회에서는 친족 관계가, 그것이 진정한 관계건 "지어낸" 관계건 간에, 가장 중요한 정치적 결속력을 제공했다. 유목민들은 외부인들이 종종 부정확하게 이해했던 "씨족"과 "부족"(씨족들의 연합)으로 이루어졌다. 이론적으로 한 씨족의 모든 구성원은 공통 조상의 후예였다. 또 한 부족 내의 모든 씨족은 보다 먼 공통 조상의 후예였다. 실제로 이와 같은 유대 관계들은 훨씬 더 가변적이었으며 정치적 필요에 따라 만들어지거나 잊혔다. 유목 부족들은 종종 연합을 결성했는데 보통 정치적으로 가장 강력한 부족의 명칭을 채택했다. 부족연합이 해체될 경우 부족들은 종종 새로 패권을 차지한 부족의 이름 아래 약간 변화된 구성으로 재결집했다.

유목 세계에서 국가의 존재는 예외적 현상이었다. 군사적 침공 혹은 주변 국가들의 획책으로 초래된 내부 위기에 대응해 형성된 유목민의 정치 조직은 유목제국 아니면 다양한 비非국가적 부족연합의 형태를 띠었다. 유목민들은 중국의 부를 탈취하기 위해 혹은 간혹 이루어진 중국의 무력 침공에 대응하기 위해 국가를 건설했다. 이러한 외적 자극들은 서부 유라시아 초원에서는 대체로 존재하지 않았다. 이곳의 유목국가들은 예외 없이 동부 유라시아 초원에서 이동해온 국가들이었다. 유목민들은 보통 정주사회들을 정복하려 하지 않았다. 마찬가지로 중국과 이슬람 이전 시기의 이란과 같은 이웃 정주제국들도 스텝 지역을 정복하려 들지 않았고 이따금 공격했을 뿐이다. 이와 같은 군사 원정은 비용이 많이 들고 또 위험했다. 중국과 비잔티움은 매수, 외교, 이이제이以夷制夷 정책을 선호했다.[6]

그런데 유목민들이 정주 지역을 정복하는 경우에는 강력한 지배 왕조들을 탄생시켰다. 이 왕조들은 신속하게 정주제국들을 모방했고 휘하 유목민들을 정착민으로 변모시키려 했다. 그러나 이것은 일반 유목민들이 바라는 보상이 아니었다. 유목민 정복자들의 정치 문화는 피정복 정주국가들의 일부 정치 제도들을 변화시켰다.

유목제국의 건설은 먼저 한 유목민 집단이 다른 유목민들을 정복해 종종 불안정한 부족연합에 편입시키면서 시작되었다. 유목국가들은 민족적으로 다양하고 여러 언어를 사용하는 경쟁 집단들로 이루어졌고, 귀족과 평민으로도 구성되었다. 어떤 씨족들은 다른 씨족들보다 지위가 높았다. 씨족이나 부족의 족장은 부하들과 부의 일부를 나누어야 했다. 부의 분배에 인색한 지도자들은 부하들을 잃었고 목숨을 잃기도 했다. 불만을 품은 복속민들은 반란을 일으켰다.

유목민과 실크로드 교역

상업 또한 먼 거리에 떨어진 사람들을 서로 연결해주었다. 팽창하는 아케메네스조朝 페르시아 제국(기원전 559~기원전 330)에 통합된 중앙아시아는 고대 세계의 대륙 횡단 교역망에 편입되었다. 중세 전기에 중앙아시아는 실크로드Silk Road의 중심적 연결 고리가 되었다. 실크로드는 유라시아 도시들을 잇는 교역로 네트워크였는데 이를 통해 중국의 물품들, 특히 비단이 서방의 이란으로 전해졌다. 이란은 상당한 이윤을 거두며 이 물품들을 지중해 세계에 팔았다. 전근대 세계의 기술 강국이었던 중국은 중앙아시아(진귀한 "사마르칸드의 황금 복숭아" 등)와 서방 지역(이란의 사자 등)에서 이국적인 물품과 식료품을 수입했다.[7]•

유라시아 초원의 유목민들은 이 중요한 교역로들을 보호했다. 특히 사막을 가로지르는 교역로들은 사람과 짐승의 백골들이 흩어져 있었을 만큼 위험한 루트였다. 몽골에는 고비사막(고비Gobi는 몽골어로 사막을 의미한다), 신장에는 무시무시한 타클라마칸사막(사하라사막 다음으로 가장 큰 사막이다), 투르크메니스탄에는 카라쿰Qara Qum(검은 사막 Black Sands을 의미한다) 사막이 있다. 오늘날에도 투르크멘인 부모들은 아이들이 변화무쌍한 사막의 모래 속에서 식별될 수 있도록 옷에 작은 방울을 달아준다.[8] 때때로 바람은 모래 언덕을 움직여 고대 건물

• 7세기에 사마르칸드는 당나라 궁정에 금빛을 띠며 크기는 거위알만 한 노란 복숭아들을 선물로 보냈다. 당나라에서는 이를 중앙아시아의 이국적인 물품의 상징으로 여겼다.

들의 흔적을 드러내 보이기도 한다.[9] 타클라마칸은 도달하는 것도 힘들지만 빠져나오는 것은 더더욱 어렵다. 민간 어원에 따르면, 타클라마칸은 "한번 들어가면 떠날 수 없다"를 뜻한다. 투르판Turfan(현대 위구르 주민들은 Turpan이라고 발음한다)에서는 여름 기온이 섭씨 78도/화씨 128도까지 치솟을 수 있다. 기원후 1세기에서 2세기 초까지 활동한 로마의 역사가 퀸투스 쿠르티우스Quintus Curtius는 소그디아(또는 소그디아나)의 사막(우즈베키스탄 소재)에서 펼쳐진 알렉산더 대왕Alexander the Great의 군사 작전에 대해 다음과 같이 기록했다. 여름의 열기는 모래를 붉게 빛나게 했고, "마치 끊임없는 큰불처럼 모든 것을 태운다." 그 결과 정복자의 군대도 "바싹 탔다."[10] 그럼에도 상인들과 순례자들은 그들의 종교, 알파벳, 기술, 그리고 수많은 문화 공예품, 오락물, 물품, 도구들을 가지고 동서 스텝 교역로들을 횡단했다.

유목민들은 중간 상인과 문화 전파자로서 더 넓은 세계에 장거리 교역을 적극적으로 장려했다. 특정 형태의 옷(아마도 바지), 현악기, 마구馬具는 십중팔구 유목민들이 전파한 것으로 보인다. 초기 교류의 결과, 유목민들은 유럽 문화 유산의 일부인 고대 세계의 민족 전설들속에 등장하게 되었다. 일례로, 유목민 여성들의 전쟁 참가는 아마존Amazon(그리스 전설에 나오는 소아시아 지방의 여성 전사 부족)에 대한 그리스 전설의 탄생에 영향을 주었던 듯하다. 유목 세계에서는 여성들도 정치권력을 행사했다.

아케메네스조 페르시아 제국을 중앙아시아까지 확장시킨 다리우스 대제가 전차를 타고 사자를 사냥하는 모습. 사냥은 통치자들에게 스포츠 이상의 것으로서 자연계에 대한 그들의 힘을 과시하는 행위였다.

오아시스 도시국가

초기의 유목민들은 필요한 물품의 교역 활동 외에는 중앙아시아 도시들과의 관계를 꺼렸다. 그렇지만 역설적으로 오아시스 도시국가들을 더 큰 정치 단위들의 일부로 만든 것은 유목민들이었다. 원래 지리적, 안보적 제약 때문에 유목민들의 가장 흔한 정치 조직은 느슨한 연합이었다. 트란스옥시아나(아무다리야강과 시르다리야강 사이의 정주 지역)의 오아시스들은 본래 이란어를 사용하고, 독립 성향이 강하고, 국제적이며, 귀족적이고, 상업 중심적인 도시국가들이었다. 각국은 "동등한 사람들 중 우두머리first among equals"에 불과했던 군주의 지배를 받았다. 상업 중심적이고 부유했던 도시국가들은 초대륙적 성격의 상업적, 지적 관심사를 반영하는 활기찬 문화를 창출했다. 이 도시국가들은 정치적 지배가 아닌 상업적, 문화적 교환을 추구했다. 오아시스 도시국가들의 상인, 관료, 종교인들은 유목제국의 행정과 문화 발전에도 크게 기여했다. 중세의 한 투르크 속담에 따르면, "머리 없이는 모자가 절대로 있을 수 없듯이, 페르시아인[타트Tat인, 이란계 정주민] 없이는 투르크인이 있을 수 없다."[11] 오아시스 도시국가들과 유목국가들의 이런 관계는 서로에게 이로웠다.

투르크-몽골 유목민들은 영속성 있는 도시들을 거의 건설하지 않았다. 중앙아시아의 대도시들은 주로 이란계 민족들이 건설했다. 고古투르크어Old Turkic(돌궐인들이 사용했던 투르크어)에서 "도시city"를 의미하는 단어 중 'kend/kent'(켄드/켄트)는 분명 이란어(예컨대 사마르칸드Samarkand에서 kand/qand[칸드/칸드])의 차용어다. "도시"를 뜻하는 또 다른 고투르크어 단어 'balïq'(발릭)의 유래는 정확이 알려져 있지 않다.[12] 몽골어의 'balghasun'(발가순, 소도시town, 도시)은 같은 단어(발릭)에서 유래했고 십중팔구 고투르크어에서 차용되었을 것이다. 유목민들이 건설한 도시들은 대체로 'ordu'(오르두)—혹은 'orda(오르다)' 'ordo(오르도)'—에서 기원했다. 오르두는 흉노 시대부터 사용된 용어로 원래 "지배자의 야영지"를 의미했는데 이후 그 의미가 확대되어 수도를 지칭하게 되었다. 지배자는 언제나 군대를 동반했던 데서 오르두는 또한 "군대army"를 의미하게 되었다—영어의 "horde"(유목민 집단, 떼, 무리)는 ordu에서 파생되었다. 이처럼 오르두에서 유래한 "도시들"에는 찰흙이나 벽돌과 같은 내구재로 만들어진 건축물들이 별로 없었다. 이 도시들은 사실 외국인 상인들을 포함해 유목민 천막에 거주하는 사람들의 집합체에 불과했다. 그런 만큼 이들 (오르두에서 유래한) 도시들은" 고고학적으로 그 흔적을 찾기 어렵다.

유목국가들은 과거의 이란계 부족들이 만든 요새화된 오아시스 정착지들에서 기원한 진정한 도시들도 지배했는데, 이란계 부족들의 일부는 기원전 500년경에 정착 생활을 시작한 바 있다. 9~10세기 이슬람 지리학자들과 역사가들은 이 도시들의 튼튼한 성벽, 성문, 성벽과 성문 사이 거리, 성벽과 성문들로 이어지는 도로 등에 대한 기록을 남겼다. 이슬람 지리학자들과 역사가들은 또한 모스크들과 여타 종교적 혹은 문화적 건축물들과 지역 산품들에 대해 특별히 기록했는데, 이러한 모든 것이 동시대의 독자들에게 상당한 관심사였다. 고고학자들은 여러 해 동안 부하라, 사마르칸드, 타슈켄트(이전에는 차츠라고 불렸다) 등의 도시에 대한 조사를 해오고 있다. 여행자들이 남긴 기록들도 이 도시들의 규모에 대한 정보를 어느 정도 제공한다. 현대의 기준으로 볼 때, 이 도시들은 그리 크지 않았다. 7세기의 중국인 여행자이자 불교 순례자 현장玄奘에 따르면, 사마르칸드의 크기는 약 20리 즉 약 7킬로미터였으며 그 중심부는 약 2제곱킬로미터였다.

이와 같은 도시들 중 다수가 유사한 패턴을 보였다. 곧 다수의 도시가 중세 페르시아어나 아랍어 이름으로 가장 잘 알려진 구획들로 나뉘어 있었다. 군사, 정치 중심지는 '아르크ark/arq' 혹은 '쿠한디즈kuhandîz/quhandîz'(때로는 '쿤두즈kundûz 혹은 쿤디즈kundîz'로 축약되었다)라 불렸다. 페르시아어로 "구舊요새old fort" 혹은 "성채citadel"를 의미하며, 종종 아랍어로 '칼라qal'a(요새)'로 번역되었던 쿠한디즈는 주로 도시의 중심부에 위치했다. 이곳에서 지배자들은 개인 경비병, 군지휘관들과 함께 성안에서 살았다. 재무 관청, 문서 작성 관청, (이슬람 이전 시기의) 토착 종교 사원뿐만 아니라 감옥도 아르크 내에 있었다. 이슬람 지리학자들이 이 도시들에 대해 기록하기 시작했을 때, 많은 성채는 이미 폐허가 된 상태였다. 이런 까닭에 아르크들이 "구요새"라 불렸던 것이다. 후대의 강력한 지배자들은 엘리트층을 위한 도시 재개발의 일환으로 이 요새들을 재건했다. 다른 많은 소규모 도시 거주지에도 쿠한디즈가 있었다.

도시 중심부는 '샤흐리스탄shahristân'이라 불렸는데, '샤흐리스탄'은 도시를 의미하는 페르시아어 '샤흐르shahr'(아랍어로 '마디나madîna')에서 파생된 단어다. 그러나 부하라와 판지칸드에서는 쿠한디즈가 샤흐리스탄의 성벽 밖에 위치해 있었으며 독자적 정치·군사 행정 중심지를 이루었다. 교외 지역은 '라바드rabaḍ'라 불렸다. 라바드는 음이 유사한 '라바트rabat'(복수형 '리바트ribât')와는 다른 아랍어 단어였다. 라바트는 원래 변경 지역을 방어하고 이교도 투르크계 유목민들을 공격하던 "신앙을 위해 싸우는 전사들"이 거주하던 요새들을 지칭했다. 리바트는 또한 여행자들과 상인들을 위한 중세 시대의 모텔이라 할 수 있는 "카라반사라이caravansary〔caravansaray, 대상隊商 숙소〕"를 의미하게 되었다. 라바드는 도시 중심부와 교외를 둘러싸고 있는 성벽을 의미하기도 했다.

도시 주변에는 '루스탁rustak/rustâq'이라고 불린 농경 정착지들이 있었다. 루스탁에서는 유명한 중앙아시아산 멜론과 더불어 여러 과실류, 포도, 채소, 곡물 및 여타 식품이 생산되었다. 직물, 도자기, 유리 제품, 그리고 조리 기구에서 무기에 이르는 다양한 도구의 제조 또한 〔오아시스 도시〕 경제의 주요 부분을 차지했다. 타라즈(카자흐스탄 소재)와 사마르칸드 같은 도시들에서 출토된 고고학적 유물들은 정주민들이 종종 지역 도시민들뿐 아니라 이웃 유목민들이 선호하는 양식에 맞추어 제품들을 디자인했음을 보여준다. 일례로, 고대 사마르칸드(아프라시얍Afrasiyab 고고학 발굴지)에서 발견된 원석에 새겨진 인장들에는 두 가지 다른 양식의 그림들이 그려져 있다. 첫째, 날개가 달린 황소. 이 그림은 도시민들이 선호하던 신화적 주제를 반영한다. 둘째, 목에 화살을 맞고 도주하는 염소. 이 그림은 유목민들이 무척 중요시하던 사냥의 한 장면이다. 광석이 풍부히 매장된 산들을 인근에 두었던 도시들은 청동, 철, 금, 은 채굴과 그 관련 제품 생산의 중심지가 되었다.

오아시스 도시들은 실크로드의 거점이었거니와 스텝 지역으로 흘러들어 가는 물품들의 주요 공급지이기도 했다. 일부 상인들은 극도로 부유해졌고, 지역 통치자들과 마찬가지로 대저택에 거주하며 부를 과시했다. 적어도 기원전 500여 년 이전에 건설된 사마르칸드는 이슬람 이전 시기부터 중앙아시아의 핵심 도시였다. 기원전 329년에 알렉산더 대왕이 그리스인들이 "마라칸다Marakanda"라고 부른 사마르칸드를 정복했을 때 사마르칸드는 이미 번성하는 도시였다. 940년대에 《부하라사History of Bukhara》를 쓴 나르샤키Narshakhi는 이 지역의 또 다른 대도시인 부하라의 성채가 당시로부터 3000년 전에 건설되었다고 저서에 적었다.

중앙아시아의 도시와 농경 지역에서 사회 계층은 귀족과 평민으로 나뉘어 있었다. 그런데 기원후 3~4세기 이후부터 투르크어 사용 유목민들이 이전의 이란계 유목민들을 몰아내고 새로운 지배층이 됨에 따라 언어적 분열 또한 일어났다. 그렇지만 도시들은 잘 적응했다. 도시민들은 교역을 장려하고 다른 유목민들로부터 자신들을 보호해 주는 유목민들을 필요로 했다. 정치, 경제, 사회, 문화 생활의 모든 차원에서 발생한 이와 같은 정주민과 유목민 사이의 영향 관계는 중앙아시아의 역사에서 지속적으로 나타난 현상이다.

2장

초기의 유목민들:
"전쟁은 그들의 직업이다"

인도-이란인의 기원과 이동

기원전 3000~기원전 2500년 전후에 인도-유럽어 공동체가 해체된 후 여기에 속했던 민족들이 유라시아 전역과 그 인접 지역으로 이주했다. 토하라인(또는 토하리아인)의 조상은 기원전 제3천년기 후반 혹은 제2천년기 초반 신장에 도달했다.[1] 신장은 중국인들과 서양인들 사이의 접촉이 이루어진 최초이자 가장 오래된 지역의 하나다. 또 다른 집단인 인도-이란인 혹은 인도-아리아인들도 동쪽으로 이주해 시베리아, 몽골, 신장, 북파키스탄에 도달했다. 부족명 '아리아Ârya/Âriya'(영어의 Aryan)는 "장長, 자유인" "외부인을 환대하는 집 주인"을 의미하는 인도-유럽어 단어에서 파생되었다.[2] 이 집단명은 그것이 20세기에 얻게 된 인종주의적 함의와는 아무런 관계가 없었다. 농경민이자 목축민이었던 인도-이란인들은 늦어도 기원전 2000년경에 현대 남아시아의 인도어 사용 주민들과 이란과 중앙아시아의 이란어 사용

주민들의 언어적 조상 집단들로 분화되었다.

인도-아리아인들은 기원전 1500년경에 십중팔구 아프가니스탄을 통해 남아시아에 진입했으며, 이곳에서 더 오래된 하라파 문명 및 드라비다인들과 맞닥뜨렸다. 예전에는 인도-아리아인들이 갑작스러운 대규모 침공을 통해 원주민들을 축출·파괴하고, 혹은 노예로 만들었다고 여겨졌다. 좀 더 최근의 연구들은 인도-아리아인들이 이미 오래전부터 쇠퇴하고 있던 지역을 차지했던 것이고 따라서 양 집단의 접촉은 보다 점진적이자 평화롭게 이루어졌다는 설명을 제시한다.[3] 한편 이란어 사용 부족들은 기원전 1500년에서 1000년 사이에 현재 이란이라고 불리는 지역에 진입해 다양한 계통의 주민들을 정복했다. 이들은 고대 페르시아어로 자신들의 새 나라를 아리아남 크샤트람 âryânâm khshathram(아리아인들의 왕국)이라고 불렀던 듯하다. 중세 전기 페르시아어에서 아리아남 크샤트람은 이란샤흐르Êrânshahr가 되었고 나중에는 간단히 이란Irân이 되었다.[4]

시베리아로 진출한 인도-이란인들은 북방 삼림 지대의 우랄계 주민들(핀인과 헝가리인 등의 언어적 조상이다)과 접촉했다. 그 결과 인도-이란어의 '다이누dhainu(소)'는 헝가리어의 '테헨tehen'으로, 인도-이란어의 '파르사parsa(돼지)'는 핀어의 '파르사스parsas'로, 인도-이란어의 '마두madhu(꿀)'는 핀어의 '메테mete'와 헝가리어의 '메즈méz'로 차용되었다.[5] 이후 이란계 유목민들은 몽골과 시베리아에서 투르크계와 여타 알타이 민족들과 접촉했다. 이들이 유목 생활 양식을 전파했는지의 여부는 정확히 알 수 없다. 여하튼 인도-이란계 주민들의 이동으로 선사 시대에서 역사 시대로의 전환이 이루어졌다. 우리는 인도-이란계 유목민들의 역사를 고고학자들이 발굴한 일상생활의 파편 뿐만이 아니라 이웃 민족들이 남긴 기록을 통해서도 파악할 수 있다.

페르시아인들이 '사카Saka'라고, 그리스인들이 '스키티아Scythia 〔스키타이〕'라고 불렀던 중앙아시아의 이란계 유목민들은 중동과 중국에서 발전 중이던 문명들 사이의 필수적 연결고리 역할을 했다. 그렇지만 정주사회들의 발전에 중추적 역할을 한 문자와 같은 중요한 도구들은 기원후 제1천년기 전까지는 유라시아 초원에 전파되지 않은 듯하다. 다른 곳에서 인구 증가를 촉발한 농업혁명은 유라시아 초원에서는 큰 반향을 일으키지 못했다. 유목민들은 말 위나 전차 위에서 활을 쏠 수 있는 전투 능력으로 가장 유명했다. 고대 이란어에서 귀족과 전사를 뜻하는 '라타에슈타르rathaeshtar'라는 단어는 문자 그대로 "전차에 서 있는 자"를 의미했다.

고대 이란인의 종교: 조로아스터교

고대 이란인들은 모든 것이, 추상적인 생각들까지도, 살아 있는 정신을 가지고 있다고 믿었다. 고대 이란인들은 물의 신, 불의 신, 그 외 여러 다른 신에게 제물을 바쳤다. 신자들은 또한 사람을 취하게 만드는 마황으로 만든 하오마haoma(산스크리트어 '소마soma')를 마셨다. 전투에 앞서 황홀경을 경험하려는 전사들은 이 흥분제를 마셨다. 특수 계층의 사제들은 매일 정화 의식을 거행했다. 세계와 우주의 자연 질서인 아샤asha를 보존하는 데에는 의례의 순수성을 유지하는 것이 필수였다. 아샤는 일출, 일몰, 계절, 그리고 정의를 지배했다. 인간은 진리와 정의를 위해 거짓(드룩drug)과 악을 상대로 투쟁함으로써 이 아샤에 기여하기 위해 창조되었다.

조로아스터Zoroaster(자라투스트라Zarathushtra, 옛 이란어로 "낙타를 모는 사람camel driver"을 의미한다)는 조로아스터교를 창시한 종교 개혁가다. 그는 필시 기원전 1200~기원전 1000년경에 중앙아시아의 아무다리야강 상류 지방에 살았을 것이다(어떤 학자들은 그가 이르게는 기원전 1500년경 혹은 늦게는 기원전 600년경에 생존했던 인물로 본다. 다른 학자들은 그가 서북 이란 지역에 거주했다고 본다). 조로아스터는 이 "아리아인의 땅('아리아남 바에조âryânâm vaêjô')"에서 고대 이란 종교의 윤리적 기반을 강조하며 아후라 마즈다Ahura Mazda(지혜의 신)를 절대적 존재이자 선善의 세력의 지배자라며 찬양했다. 아후라 마즈다는 악惡의 세계의 우두머리인 아리만Ahriman과의 투쟁을 이끄는 존재였다. 아리만은 유대교-그리스도교-이슬람교의 악마Devil와 유사한 존재였다. 조로아스터는 악과 싸워야 하는 인간의 책임을 강조했다. 그는 자신이 4번의 3000년 주기 중 마지막 주기가 시작하는 시점에 예언적 계시를 받았다고 믿었다. 조로아스터는 자신의 뒤를 이어 천 년마다 구원자 같은 존재가 나타날 것이라고 주장했다. 그 마지막 인물은 기적적으로 이어진 조로아스터의 후손으로 아리만과의 최후 투쟁, 심판의 날, 종말, 선한 사람들을 위한 낙원이 그와 함께 시작될 것이라고 예언했다. 조로아스터의 이러한 사상은 그의 동족에게 즉각적으로 수용되지는 않았지만 유대교, 그리스도교, 이슬람교에 깊은 영향을 끼쳤다.

이후 페르시아의 사산 왕조 통치자들은 조로아스터교를 제국의 공식 종교로 삼았다. 그러나 조로아스터교는 중앙아시아 국가들에선 공식 종교의 지위를 얻지 못했다. 이란에는 고페르시아어로 '마구 magu'라 불린 왕정과 밀접한 관계에 있던 세습 사제 계층이 있었는데, 페르시아인들과 마찬가지로 이란어를 사용했던 메디아인의 사제 부족의 후손들이었다. 메디아인들은 기원전 728년부터 550년에 아케메네스 제국의 창시자 키루스Cyrus〔키루스 2세, 키루스 대왕〕가 이끄는 페르시아인들에게 정복될 때까지 이란과 인근 지역을 지배했다. 따라서 조로아스터교는 간혹 "마기Magi의 종교"라 불린다.• 중앙아시아에서 마즈다교Mazdaism 혹은 마즈다야스나Mazdayasna(마즈다 예배교)로도 불리는 조로아스터교는 토착 신앙 및 여타 종교들의 교리를 흡수했다.

스키타이계 유목민과 이란계 정주민

이러한 종교적 관념들은 이란계 스키타이인(기원전 8세기 말~기원전 4세기)들과 이들을 대체했던 사르마티아인에게 혹은 우크라이나에서 몽골에 이르는 지역에서 부족연합들을 형성했던 후대의 이란계 유목 부족들에게 영향을 끼치지는 않은 듯하다. 헤로도토스Herodotus는 스키타이인들이 군사적으로 천하무적이라고 생각했다. 헤로도토스에 따르면, 스키타이인들은 자신들이 죽인 적들의 피를 마셨으며

• "마기"는 고페르시아어 마구(세습 사제 계층)의 라틴어 복수형(라틴어 단수형은 magus)이다.

스키타이계 유목민인 파지리크Pazyryk 기마인(기원전 300년경). 기마술의 달인 들이었던 스키타이인들은 전쟁과 스포츠에 말을 사용했다. 맹렬한 속도로 말을 달리며 짧은 창을 이용해 토끼를 사냥하는 것이 특히 인기 있었으며, 스키타이 미술에 자주 묘사되어 있다.

적들의 머리를 왕에게 바쳤다. 스키타이 전사들은 자신들이 죽인 자들의 머릿가죽으로 손수건과 옷을 만들었고, 두개골로는 술잔을 만들었다. 스키타이인들은 맹세를 할 때 (당사자들의) 피와 술을 섞은 다음 여기에 화살이나 다른 무기를 살짝 담근 뒤 그것을 마셨다. 매년 부족 모임이나 씨족 모임에서는, 적들을 죽인 자들은 특별히 담근 술을 족장과 함께 마실 수 있었다. 그러지 못했던 자들은 이 의식에 참여하지 못했는데 이는 꽤나 불명예스러운 일이었다.

헤로도토스에 따르면, 스키타이인들과 유사한 종족이었던 이세도네스인들은 죽은 아버지의 살을, 잘게 썬 양과 염소 고기와 섞어서 먹었다. 그러고 나서 고인의 머리를 깨끗이 닦은 후 금박을 입혀 "성상 聖像"으로 모시며 그것에다 매년 제물을 바쳤다. 이질적 관습 외에, 헤로도토스는 이세도네스인들이 "정의의 규율을 엄격하게 준수하며" 여성들은 남성들과 "동등한 권력"을 누린다는 점에 주목했다.[6] 기원전 1세기의 그리스 지리학자 스트라본Strabo은 이세도네스와 유사한 종족 집단이었던 마사게타이에 대해 거의 비슷한 기록을 남겼다. 그에 따르면, 마사게타이인들은 "무례하고, 야만적이고, 호전적"이며 "상거래에서는 솔직하고 잘 속이지 않는" 자들이었다.[7] 후대 스키타이인들의 "동물 양식"은 동물들을 현실적이고 극적으로 묘사했으며 사냥과 자연 세계에 대한 스키타이인들의 사랑을 표현했다. 스키타이인들은 동물들이 신비한 능력을 가지고 있다고 믿었고 자신들의 옷, 일상 용품, 무기들을 동물의 이미지로 장식했다.

한편 오아시스 지역과 비옥한 강 유역에 정착한 다른 이란계 주민들은 오늘날의 우즈베키스탄 지역에서는 소그디아인과 화라즘인으로, 오늘날의 아프가니스탄 지역에서는 박트리아인으로 발전했다. 호탄의 사카인과 같은 집단들은 더 동쪽으로 이동해 신장의 여러 오아시스 도시에 자리 잡았다. 이 다양한 이란계 민족들은 중앙아시아 전역에 퍼져 있었지만 공통점이 많았다. 중국의 태사공太史公 사마천司馬遷에 따르면, 페르가나(우즈베키스탄 동부와 타지키스탄과 키르기즈스탄의 인접 지역)에서 이란에 이르는 지역의 이란계 주민들은 "일반적으로 비슷한" 풍습을 가지고 있었으며 "서로 알아들을 수 있는" 언어들을 사용했다.[•] "그들은 장사에 능하며 아주 작은 푼돈을 두고 흥정을 한다. 여자들은 귀한 대우를 받고, 남자들은 아내들의 충고에 따라 의사 결정을 한다."⁸ 대체적으로, 이들에 대한 정보는 희소한 편이다. 어쩌면 화라즘(서우즈베키스탄)과 박트리아(아프가니스탄)에는 느슨한 국가 조직들이 존재했는지도 모른다. 어쨌든 유목 세계의 경계 지대에 거주하며 유목민들에 대해 잘 알고 있던 박트리아인, 화라즘인, 특히 소그드인들은 무역에서 중간 상인이 될 수 있는 아주 좋은 위치에 있었다.

페르시아 제국의 중앙아시아 침공

근동 지역에서 북인도에 이르는 사상 최초의 대大육상제국을 세운 페르시아인 키루스 2세(재위 기원전 559~기원전 530)가 중앙아시아를 침공했다.^{••} 그는 박트리아, 소그디아, 화라즘을 복속시켰으나 기

•   사마천의 《사기史記》〈흉노열전〉에서 "페르가나"는 "大宛(대완)"으로 표기되어 있다.

원전 530년 스키타이 원정 중 사망했다. 스키타이[의 일파 마사게타이] 여왕 토미리스Tomyris는 아들의 죽음에 대한 복수를 하기 위해 키루스의 머리를 "사람의 피가 담긴 가죽" 안에 넣고[9] 피에 굶주린 정복자가 이제 갈증을 해소할 수 있게 되었다라고 선언했다. 키루스 2세가 끔찍하게 사망한 후 8년 뒤에 권좌에 오른 다리우스 1세Darius I(재위 기원전 522~기원전 486)는 그리스는 정복하지 못했으나 중앙아시아에서는 일부 유목 민족들을 정복하는 등 성공을 거두었다. 마르기아나(오늘날의 투르크메니스탄), 소그디아, 화라즘, 박트리아 등은 알렉산더 대왕(재위 기원전 336~기원전 323)이 기원전 330~기원전 329년에 중앙아시아를 정복할 때까지 협상을 통해 아케메네스조 페르시아 제국의 '사트라페이아satrapy' 즉 총독령(지방)이 되었다. 스키타이인들과 후대의 이란계 유목민들은 그렇지만 독립 상태를 유지했다. 아케메네스 왕조의 통치 하에서 이란권 중앙아시아는 서아시아와 남아시아를 잇는 장거리 교역 네트워크에 연결되었다. 교역은 도시 발전과 대규모 수로 시스템에 기반을 둔 농경의 확대를 촉진했다. 카리즈kârîz(페르시아어 단어다)라 불리는 지하 관개 수로 시스템은 오늘날에도 신장의 농업에서 중요한 역할을 하는데 중앙아시아가 아케메네스 왕조의 영향 아래 있던 시기에 건설되기 시작했을 수 있다.[10] 고대 페르시아는 현대 이란에서 아랍어로 카나트qanât라 불리는 이런 종류의 지하 수로를 처음 개발했다.

●● "근동Near East"은 유럽인의 관점에서 유럽과 가장 가까운 서아시아 지역을 부르는 말이다. 터키반도, 터키와 이집트 사이의 지중해 연안 지역, 이라크·메소포타미아 등이 포함된다.

알렉산더의 중앙아시아 원정

알렉산더 대왕의 이란 정복(기원전 331~기원전 330)과 중앙아시아 원정 결과 화라즘, 소그디아, 박트리아는 그리스-마케도니아의 지배 하에 놓이게 되었다. 다른 곳에서와 마찬가지로 알렉산더는 자신의 성취를 기념하기 위해 알렉산드리아 에스카테Alexandria Eschate("가장 먼 알렉산드리아"를 의미한다. 오늘날 타지키스탄의 호젠트 인근 지역이다) 같은 도시를 건설하거나 기존의 도시들을 개칭했다. 그는 박트리아의 한 토착 수령의 딸인 록사네Roxane와 혼인했다.[11] 동부 이란 세계와 유대 관계를 강화하기 위해서였다. 록사네와의 사이에서 낳은 아들 알렉산더 4세Alexander IV는 끝내 권좌에 오르지 못했다. 서로 싸우던 그리스-마케도니아 장수들은 기원전 309년에 알렉산더 4세와 록사네를 죽이고 제국을 분할했다. 기원전 3세기 중반경 박트리아의 그리스-마케도니아 식민지는 분리 독립을 해 아프가니스탄의 북부 지방에서 독자적 국가를 이루었다.

헬레니즘과 이란 및 인도의 예술 전통을 풍부하게 융합했던 그리스-박트리아Graeco-Bactria 문화는 단편적인 고고학적 발굴을 통해 그 일부만이 파악되고 있다. 인도의 선교사들이 전파한 불교는 이곳에서 어느 정도 성공을 거두었다. 정치적으로 그리스-박트리아는 북인도, 페르가나, 아마 신장의 일부 지역까지 그 영역을 확장했다.

흉노 제국의 출현과 팽창

사카인들의 침략과 내분에 시달리던 박트리아의 그리스-마케도니아 식민지는 기원전 2세기 중반에 쇠퇴했다. 기원전 128년 혹은 이보다 더 이른 시기에는 중국의 북부 변경 지역에 거주하던 이란계와 토하라계 유목 부족들이 이 지역을 침략했다. 중앙아시아 초원을 가로지르는 이러한 이동들은 몽골에서 새로운 세력 즉 흉노가 부상하고 팽창한 데서 기인했다.

기원이 불분명한 흉노Xiongnu, 匈奴는 기원전 3세기에 출현했다. 당시 중국은 진秦(기원전 221~기원전 206)이 여러 중국 왕조들을 통합하면서 장기간에 걸친 내부 투쟁을 끝내고 국력을 회복하는 중이었다. 진과 그 계승 국가인 한漢(기원전 202~220)은 공격적 북방 정책을 펼쳤다. 이들 국가들은 훗날 만리장성으로 발전할 요새화된 성벽들을 건설했다. 새로 획득한 영토의 방어와 추가적 팽창을 위한 발판으로 활용하기 위해서였다. 흉노는 이를 자신들에 대한 위협으로 간주하고 한과의 전쟁을 준비했다.[12] 사마천은 위기에 대한 흉노의 대응책은 "약탈과 도적질"이라고 기록했다. 그리고 "흉노는 공격하여 싸우는 것을 일로 삼는다"라고[13] 단정 지었다. 흉노는 군대를 10, 100, 1000, 1만 명 단위로 편성해 좌익, 우익, (사령관이 이끄는) 중앙으로 나누었다. 이러한 형태의 십진 군사 조직은 중앙아시아 유목 세계에 널리 퍼져 있었다.

진나라는 오르도스(내몽골 소재)에 있는 흉노의 목초지를 침공해 기원전 215년에 흉노의 선우單于(최고 지도자 혹은 황제를 의미한다)인 두만Touman, 頭曼을 북쪽으로 몰아내며 초원 지역을 혼란에 빠뜨렸다. 당시 흉노는 (필시 스키타이 혹은 토하라 혈통의) 또 다른 유목 민족이었던 월지月氏에 예속된 상태였다. 월지는 간쑤 지방 및 신장과 몽골의 일부를 지배하고 있었다. 두만은 맏아들 묵특(또는 묵돌)Modun, 冒頓을 월지의 궁정에 볼모로 보냈었는데, 묵특은 후계자로 자신의 이복동생을 선호하던 아버지 두만이 자신을 배신할 것이라 예상했다. 실제로 두만은 월지를 급습했다. 분노한 월지가 보복 차원에서 묵특을 죽이리라 기대했던 것 같다. 묵특은 대담하게 탈출했고, 그의 용기에 대한 보상으로 두만은 그에게 1만 명의 기병을 주었다. 묵특은 "내가 우는살(명적鳴鏑)로 쏘는 모든 것을 쏘아라!"라고 명령하면서 이 부대가 자신을 절대적으로 복종하도록 훈련시켰다. 그러고는 부하들에게 자신이 총애하는 말과 총애하는 아내, 그리고 자신의 아버지 두만이 총애하는 말을 쏘라고 명령해 시험해본 후, 묵특은 아버지를 겨냥했다. 두만은 화살 세례에 맞아 죽었다. 묵특 선우(재위 기원전 209~기원전 174)는 이어 "계모와 이복동생, 그리고 자신을 따르지 않는 흉노의 모든 고위 관리를 처형했다."[14] 국내의 경쟁 세력을 제거한 묵특 선우는 이웃 북방 민족들을 정복함으로써 흉노 부족장들을 자기편으로 끌어들이고 정통성을 확보할 수 있었다.

흉노와 한의 대결

이어 한나라와 흉노 사이에 충돌이 발생했다. 양국은 기원전 198년 화친 조약을 체결하며 보다 평화로운 관계를 수립했다. 이 조약에 따라 한나라는 [선우의 부인 또는 첩으로 보내는] 왕실 공주와 함께 상당량의 비단, 여타 직물, 술을 포함한 음식물들을 흉노에 제공했다─사마천에 따르면 흉노는 중국의 비단, 식료품, 그리고 특히 곡물을 선호했고, 이들에 대한 "정확한 양과 품질"을 중국에 요구했다.[15] 이로써 흉노는 공물 징수에 기반한 첫 유목국가가 되었다. 그리고 선우는 중국의 황제와 대등한 지위를 인정받았다. 그 대신 선우는 중국을 침략하지 않기로 약속했다. "천자天子"를 자처한 중국의 황제가 가죽과 펠트로 만든 옷을 입은 "야만족"을 동등한 존재로 인정한 것은 이례적인일이었다. 그러나 중국은 결코 강자가 아니었다. 더욱이 이러한 관계는, 일부 중국 관리들이 주장했듯, 야만족 왕을 길들이고 궁극적으로는 예속적 존재로 만들 것이라고 기대되었다.

이후 북방 유목민과 중국 사이의 외교에서 왕실 공주와 비단의 제공은 하나의 특징이 되었다. 유목민들에게 보내진 중국인 공주들은 펠트를 벽으로 삼는 "반구형 가옥"과 말고기(여전히 중앙아시아 식당의 대표적 메뉴다)와 쿠미스koumiss(발효된 말젖)로 구성된 식단에 대해 불평했다. 여전히 쿠미스를 좋아하는 현대 중앙아시아 유목민들은 쿠미스 1파인트pint에는 항생 성분과 더불어 건강에 좋은 하루 분량의 모든 비타민이 함유되어 있다고 주장한다. 한 혜제惠帝(재위 기원전 195~기원전 188)는 기원전 192년에 슬퍼하는 신부를 또다시 흉노에 보냈다. 그러나 묵특 선우는 더 많은 것을 넘보았다. 그는 혜제의 모친 여태후呂太后[여후呂后]에게 보낸 서신에서 자신이 중국과의 친선을 도모하고자 하는 홀아비로서 과부가 된 당신과 만나 즐거움을 나누고 싶다는 의사를 밝혔다. 여태후는 자신은 머리카락과 이빨이 빠졌으며 선우가 자신과 같은 이를 상대해 스스로를 "더럽히지" 말라고 하며 이를 거절했다. 묵특 선우는 기원전 176년경에 월지를 패주시키고 유목민에 대한 지배를 공고히 한 후 한나라에 사신을 보내 자신이 "활을 당기며 사는 모든 사람을" 복속시켰다고 통보했다.[16]

한 문제文帝(재위 기원전 180~기원전 157)는 흉노와의 교역을 위해 국경 시장을 열고 묵특 선우의 아들이자 후계자인 계육Jizhu, 稽粥[나중의 노상Laoshang, 老上 선우]에게 한나라의 신부를 보냈다. 환관이자 유학자였던 중항열中行說이 동행했다. 그 후 중항열은 흉노에 망명한 후 자신의 새 주군들에게 중국이 제공하는 물자들의 위험성에 대해 경고했다.● 그는 비단은 유목민에게 가죽과 펠트만큼 유용하지 않고, 중국의 음식은 "젖과 쿠미스만큼 실용적이거나 맛있지 않다"라고 말했다.[17] 정주 세계를 직접 접해본 유목민 지배층 인사들은 유목민들이 정주사회의 물품들을 너무 많이 소비하면 전투 능력을 상실하게 될지 모른다고 우려했다. 그럼에도 유목민들은 대량의 비단을 의복으로 사용했다. 비단은 유목민들에게 교역품으로서 더더욱 유용했다. 흉노를 통해 중국의 비단은 유라시아를 지나 로마 제국에 전달되었다.

기원전 162년에 한 문제는 흉노와 한나라 사이 권력과 주권의 경계를 재정립하려 했다. 그는 흉노에 서신을 보내 다음과 같이 말했다. "활을 당기는" 장성 북쪽 주민들은 선우의 백성이고 "의관을 갖춘" 장성 남쪽 주민들은 중국의 신민이다. "짐과 선우는 만백성의 부모가 되

● 《사기》〈흉노열전〉에 따르면, 중항열은 흉노로 가는 공주를 보좌하는 임무를 맡는 것을 거부한 자신을 강제로 보낸 한나라 조정에 원한을 품고, 흉노에 도착하자 곧 노상 선우의 측근이 된다.

어야 한다."[18] 한 문제는 이러한 합의가 평화를 보장할 것이라고 주장했다. 그러나 평화는 오래가지 못했다.

흉노는 유목 세계에서 패권을 굳혀나갔는데 이는 유라시아 전역에 영향을 미쳤다. 기원전 162년에 계육 선우(곧 노상 선우)는 또 다른 유목민족 오손烏孫과 동맹을 맺었다. 오손은 감숙회랑甘肅回廊에 거주하던 이란계로 추정되는 유목 민족으로서 월지와 적대 관계에 있었다. 노상 선우는 월지의 왕을 죽이고 (그의 머리로 술잔을 만들었다) 월지를 더 서쪽으로 아프가니스탄까지 몰아냈다. 오손은 "동맹 관계"에 있던 흉노를 믿지 않고 현명하게도 일리강Ili 유역으로 이주했다. 흉노는 이어 "서역西域"(신장)의 오아시스 무역 도시들을 복속시켰다. 흉노는 농경민과 도시 상인들이 다수 거주하던 이 지역을 특별 통치 구역으로 삼았다.

흉노의 정복 활동은 중국의 변경 지대에서 서방으로의 민족 이동을 수차례 촉발시켰다. 월지와 이란계 유목민들은 초원을 가로질러 박트리아와 이란까지 이주했다. 그리스-박트리아 왕국은 이들에 의해 멸망했고 그 소식은 중국과 유럽까지 전해졌다. 이처럼 중국 북방의 유목민들 사이에서 일어나는 격변은 서방의 민족들과 국가들에까지 영향을 끼칠 수 있었다.

중국은 갈수록 더 많은 평화 비용을 지불해야 했지만 흉노의 위협은 줄어들지 않았다. 이에 한나라는 화친 외교에서 군사적 대결로 태세를 전환했다. 기원전 138년 한 무제武帝(재위 기원전 141~기원전 87)는 (기원전 139년에) 대對흉노 동맹 결성을 위해 비밀리에 특사로 장건張騫을 월지에 파견했다. 그러나 장건은 월지로 가는 도중 흉노에 붙

잡혀 약 10년 동안 흉노 땅에 살아야 했고 이 기간에 흉노 사회에 대한 상세한 지식을 얻었다. 장건은 결국 그의 흉노인 부인 및 아들과 함께 탈출했고 중앙아시아를 가로질러 멀리 떨어져 있던 월지까지 갔다. 장건은 비록 중국의 대흉노 전쟁에 동참하도록 월지를 설득하지는 못했지만 북방 유목민족과 중앙아시아에 대한 직접적 정보를 수집해 〔기원전 126년에〕 중국으로 돌아올 수 있었다. 무제는 이미 기원전 134~기원전 133년에 전략적으로 중요했던 "서역" 지역 원정에 착수한 상태였다. 무제의 목표는 흉노에 공물, 인력, 농작물, 제조품들을 제공해온 서역을 흉노로부터 빼앗는 것이었다. 서역은 또한 중국이 서아시아 및 남아시아와 보다 쉽게 교류할 수 있게 해 줄 통로였다.

중국의 이 위험한 변경 지대로의 진출은 전략적으로 그리고 경제적으로 정당화될 수 있었다. 한 무제에게 특히 중요한 것은 페르가나〔대완〕 지방의 "천마天馬" 혹은 "한혈마汗血馬〔피땀을 흘릴 정도로 매우 빨리 달리는 말〕"라 불린 말들이었다. 초원 유목민의 조랑말보다 몸집이 더 컸던 이 말들은 십중팔구 피부의 기생충으로 인해 땀이 엷게 붉은 색조를 띠었고 이 때문에 한혈마란 이름을 갖게 되었다. 중국은 유목민을 상대하고 중앙아시아로의 장거리 군사 원정을 감행하는 데서 말들이 필요했다.

장건이 제공한 정보를 바탕으로 한나라는 기원전 127년과 119년 사이에 중앙아시아를 깊숙이 침공했다. 중국은 오르도스〔황하의 만곡부彎曲部와 만리장성으로 둘러싸인 고원 지대〕를 점령하고 주민들을 정착시켜 이 지역의 지배를 공고히 했다. 한나라 군대는 간쑤 지방을 점령하고 바이칼호까지 진격했다. 초원 지역에서 장기전을 수행하는 것이 위험한 일임을 알았던 중국은 외교로 눈을 돌렸고, 기원전 115년 그 시대의 가장 유능한 첩자였던 장건을 다시 중앙아시아에 파견했다. 이번 그의 임무는 오손과 같은 중앙아시아 민족들을 중국 편으로 끌어들이는 일이었다. 그러나 상대방도 외교적 이해관계에 따라 행동했다. 오손의 왕은 한나라 공주와 흉노 공주 모두와 혼인했다. 한나라는 공세를 계속해 기원전 101년에 페르가나를 정복했다. 한 무제는 이제 "한혈마"를 확보할 수 있었고, 한나라 군대가 유목민의 본토에 도달할 수 있다는 것을 보여주면서 중요한 정치적, 심리적 승리를 거두었다.

중국이 서방으로 진출하고, 비단을 외교적, 상업적 수단으로 사용하고,[19] 중앙아시아 시장을 확보함으로써 실크로드는 더 안정된 형태를 갖추게 되었다. 실크로드는 이제 유라시아 전역에 물품을 유통시키는 육상 교역 네트워크로 기능했다. 고대로부터 복잡한 루트와 불규칙적 교환을 통해 그리스와 로마에 전달되었던 중국의 비단이[20] 이제는 정기적으로 지중해 세계에 도달하게 되었다.

흉노의 분열과 쇠퇴

"서역"의 지배권을 둘러싼 흉노와 한나라 사이의 치열한 투쟁은 기원전 60년까지 지속되었으며, 이것은 흉노의 내부 분열을 초래했다. 흉노는 "국가" 혹은 더 나아가 "제국"이라고 보통 불렸지만 사실은 부족연합에 가까웠다. 선우는 군사, 외교, 사법, 그리고 이에 더해 제사장 관련 직무를 수행하는 일종의 최고 경영자였다. 선우 밑에는 좌익과 우익에 24명의 "현왕賢王"들이 있었고, 또 다른 24명의 수령들이 각각 1만 기의 병사를 거느렸다. 이 "제국적 연합"은[21] 유연하고 협의를 통해 기능하는 정치 조직이었으며 부족과 씨족들에게 상당한 자치를 허용했다.

선우의 권위는 대외 관계에서 가장 잘 드러났다. 외부 세계를 상대할 때 흉노의 부족들은 적어도 원칙적으로는 선우와 한목소리를 냈다. 흉노는 자국 지배하의 정주 지역에서 공물을 징수하고 주민들을 노동에 동원했다. 유목민을 상대로 흉노는 매년 가을철에 호구戶口와 그 가축 수를 조사하는 것 말고는 거의 간섭하지 않았다. 유목민 사회의 유연성은 강점이자 동시에 약점으로 작용했다. 변화하는 상황에 신속하게 대응할 수 있게 해주었지만 빈번한 파벌 싸움을 불러일으켰기 때문이다. 이러한 시스템은 중앙정부가 정주 세계의 물자를 효과적으로 착취해내는 군사적, 외교적 승리들을 거두어나가는 동안에는 잘 작동했지만, 그렇지 않을 경우에는 내부 혼란을 발생시켰다.

흉노에 예속되었던 민족들은 기원전 72~기원전 71년에 흉노에 굴욕적인 패배를 안겼다. 한나라의 선제宣帝는 기원전 60~기원전 59년에 서역 지방을 중국의 보호령으로 만들었다. 중국과의 장기전으로 타격을 받은 흉노는 쇠퇴하기 시작했다. 중국은 흉노 사회, 특히 왕실의 내분을 조장했고 또한 활용했다. 결국 흉노는 북흉노와 남흉노로 분열되었다. 북흉노는 중국의 압박을 받아 질지Zhizhi, 郅支 선우를 따라 북쪽으로 이동했다가 서진을 계속해 강거康居〔시르다리야강 이북 지역에 거주하던 이란계 유목민들이 세운 나라〕까지 옮겨갔다. 중국은 다시 한번 초원 깊숙이 진격해 질지 선우를 패사시켰다. 강거에 남은 흉노 부족들은 훈Hun이라는 새로운 부족연합의 토대를 형성했다. 이후 이 부족연합은 유럽 쪽으로 서진했다.

그사이, 질지 선우의 동생인 호한야Huhanye, 呼韓邪 선우를 따르던 남흉노와 북흉노의 잔존 세력은 한나라에 신속臣屬하고 그 보상으로 중국과의 교역권을 얻었다. 흉노가 여러 집단으로 더 분열되자 한나라의 명장 반초班超는 수차례 중앙아시아 원정을 단행해 카스피해까지 도달했고, 이 지역에 걸쳐 있던 실크로드를 장악했다. 87~93년과 155년 한나라는 초기 형태의 몽골어를 사용한 유목민족들이었던[22] 만주의 오환烏桓 및 선비鮮卑와 손을 잡고 흉노를 공격했다. 그 결과 흉노는 다시 서진하게 되었고 결국 북흉노는 쇠락했다. 중국의 변경 지역에 남아 있던 남흉노는 220년에 한이 멸망한 후 북중국 지역에 들어선 선비 계열과 강羌(티베트)계 국가들에 흡수되었다. 이후 분열된 동부 초원의 유목민들은 한동안 단일 지배 체제를 구축하지 못했다.

월지의 쿠샨 제국

당시 서부에서는 유목민들이 세운 쿠샨 제국Kushan Empire과 훈이 부상 중이었다. 쿠샨 왕조는 그리스-박트리아를 멸망시켰던 월지 출신의 쿠줄라 카드피세스Kujula Kadphises에 의해 기원후 1세기에 세워졌다. 쿠샨 제국은 그 전성기에 박트리아, 동이란 일부, 동서 투르키스탄, 파키스탄(오늘날 파키스탄 북서부의 페샤와르는 쿠샨 제국의 수도 중 하나였다) 일대를 지배했다. 쿠샨 제국은 당대의 가장 강력하고 중요한 국가 중 하나였지만 그 정치사는 우리에게 잘 알려져 있지 않다. 주화들과 고고학적 발굴물들을 통해 재구성할 수 있을 뿐이다. 쿠샨 통치자들의 재위 기간도 정확히 알려져 있지 않다. 쿠샨 제국은 기원후 2세기 중엽에, 아마 쿠줄라 카드피세스의 증손자 카니슈카 1세Kanishka I (재위 120?~143?)의 치세 혹은 후비슈카Huvishka의 치세에 전성기를 누린 듯하다—후비슈카는 카니슈카가 사망한 후 약 4년 뒤 왕좌에 올라 32년 동안 통치한 것으로 보인다. 카니슈카는 그의 선조 쿠줄라 카드피세스처럼 "왕 중의 왕"이라는 칭호와 "신의 아들"을 뜻하는 '데바푸트라devaputra'라는 인도의 칭호를 사용했다. 이러한 칭호들의 사용은 쿠샨 왕조가 신성한 혈통을 내세웠거나, 아니면 중국, 인도, 로마의 황실 이데올로기를 모방했음을 시사한다.

중앙아시아의 교차로에 위치했던 쿠샨 제국은 여러 문화를 훌륭하게 융합했다. 초기에 제작된 주화들에는 그리스-박트리아 왕국의 전통에 따라 그리스어가 공식어로 사용되었다. 그러나 이후에 제작된 주화들에는 그리스 문자로 적은 현지의 동이란계 언어였던 박트리아어가 사용되었다. 주로 금 또는 구리로 만든 쿠샨 제국의 주화들은 한 면에는 이란, 인도, 그리스의 신들의 모습이, 다른 한 면에는 통치자의 모습이 그려져 있다. 유적지에서 발견된 이 주화들과 다양한 신들의 작은 조각상들은 쿠샨 제국 내에서 조로아스터교, 토착 종교, 불교와 같은 여러 종교가 공존했음을 알려 준다. 일부 쿠샨 지배자들은 남부 중앙아시아를 거쳐 중국으로 확산된 불교를 후원·장려했다. 불교 사원과 수도원은 이슬람 이전 시기 아프가니스탄의 흔한 풍경이었다.

쿠샨 제국의 예술은 그리스-로마 미술 양식의 특징인 인간 형상의 사실적 표현, 곡선미가 있고 유연한 인도의 양식, 보다 정형화된 이란의 토착 전통을 혼합했다. 쿠샨 제국에서 제작된 부처상은 로마의 헐렁한 토가toga[고대 로마인들이 몸에 둘러 입었던 긴 모직 옷]를 걸치고 있다. 쿠샨의 보살Bodhisattva, 菩薩(불교에서 인간과 다른 생물들을 구제하기 위해 열반에 드는 것을 유보하고 윤회의 세계에 머무는 사람들) 조각상들은 당시의 실제 사람들, 십중팔구는 예술 활동 후원자들의 옷과 스타일에 따라 만들어졌을 것이다. 이 조각상들은 앞선 시기의 그리스-로마 전통뿐 아니라 동시대 지중해 세계의 그리스-로마 전통도 반영했다. 실제로 지중해 세계의 장인과 예술가들이 간다라(오늘날 아프가니스탄의 남동부와 파키스탄의 북서부 지역) 지역까지 와서 활동했다. 일부는 자신들의 작품에 이름을 남기기도 했다.

쿠샨의 예술은 특히 제국 후기에 들어 주로 불교를 주제로 삼았다. 그러나 일부 작품들은 유목민 전통을 반영해 (종종 금으로 장식된) 긴 외투와 바지를 입고 있고 목이 긴 신발을 신은 통치자들을 묘사하기도 했다. 이때 강조점은 권력의 표현에 주어졌다. 간다라 양식은 훗날 동서 투르키스탄으로 전파되었다. 수르흐 코탈Surkh Kotal 사원 (아프가니스탄의 바글란 소재)과 같은 쿠샨의 기념비적 유적은 제국의 웅장함을 잘 드러낸다. 이 건축물은 천상의 왕들을 숭배하는 사원으로 이어지는 네 개의 층계참層階站으로 이루어져 있다. 쿠샨 제국의 명문銘文들은 여러 다른 언어와 문자로 제작되었는데 쿠샨 왕조의 제국주의적, 보편주의적 성향을 잘 드러내준다.

국내적으로 쿠샨의 왕들은 관개 사업을 통해 농업을 발전시켰다. 이들은 중간 상인으로서 국제무역에서도 경제적으로 중요한 역할을

1~2세기경 제작된 간다라 불상(도쿄국립박물관 소장). 쿠샨 왕조에서 번성한 간다라 미술은 알렉산더 대왕의 중앙아시아 군사 원정 이후 헬레니즘 문화가 인도에 전파되어 탄생한 미술로, 그리스-불교 미술이라고도 불린다. 인체를 사실적으로 표현한 것이 특징이다. 간다라 미술은 불교와 함께 중국, 한국, 일본 까지 전파되었다(옮긴이).

했다. 쿠샨 제국은 대상caravan, 隊商을 통해 중앙아시아로 물품들을 수출했고, 인도의 항구들을 거쳐 바다를 통해서도 그렇게 했다. 그리고 이집트, 중국, 인도로부터 물품들을 수입했다. 쿠샨 제국은 실크로드, (우랄로부터의) 모피 교역, 보석의 거래에서 필요불가결한 존재였다. 쿠샨 왕궁의 유적들에서 발견되는 중국과 로마의 물품들은 쿠샨의 상업적 활동이 얼마나 광범위하게 이루어졌는지를 자세히 보여준다. 교역과 순례 루트들이 서로 얽혀 있음으로 해서 쿠샨 제국은 불교 순례 활동과 국제무역 활동을 동시에 장려했다.

흉노와 훈

쿠샨 제국은 이란의 새 지배자 사산Sasanid 왕조에 십중팔구 230년 대부터 약 270년경까지 지속된 대결 끝에 멸망당했다. 사산 왕조의 옛 쿠샨 영역 지배는 4세기 들어 페르시아어로 '히아오나Hyaona' 혹은 '히온Hyon', 그리스어와 라틴어로 '치오니태Chionitae'라 불린 새로운 유목민들의 도전을 받았다. "히온" "치오니태" 두 명칭은 모두 흉노의 다른 전사轉寫라고 여겨지고 있다. 이후 이 명칭("흉노")은 유럽에서 "훈Hun"이라는 이름으로 등장했다. 치오니태, 훈, 그리고 유사한 이름들을 가졌던 다른 집단들은 흉노와 동일한 집단이었을까? 이 질문에 대해 학계는 의견이 분분하다. 가장 최근의 연구들은 이들 집단이 서로 연결되어 있었다고 본다.[23] 흉노의 흥망은 여러 유목민족, 특히 투르크계 집단들을 중국과 몽골의 변경 지역으로부터 서쪽의 카자흐 초원 방면으로 이주하게 만들었다. 이런 과정 속에서 흉노계 유목민들이 지배 집단의 일부를 이룬 부족연합이 유목 세계에서 잘 알려진 이름이었던 흉노를 집단명으로 사용하며 카자흐스탄으로 진출했을 가능성이 크다. 카자흐 초원에서 다른 부족들이 여기에 합류했고 이들이 훈이라는 새로운 부족연합을 형성했다.

훈은 아마 중앙아시아에서 발생한 부족들의 이동으로부터 압박을 받아 375년에 볼가강을 건너 알란과 그들의 이웃인 고트 부족연합을 격파했다. 알란은 1세기경부터 카스피해−흑해 초원 지역에 거주해온 강력한 이란계 민족으로서 현 코카서스〔캅카스〕지방의 오세트인의 선조다. 이러한 혼란은 로마 제국의 변경 지역에 거주하던 게르만 부족들이 로마 제국의 방어 체계를 무너뜨리며 제국의 영내로 이주하는 민족 대이동을 촉발했다. 이후 훈은 흉노가 중국에서 그랬던 것처럼 로마 제국의 변경 지역을 약탈 공격 했다. 훈의 왕 아틸라Attila는 440년대에 들어 판노니아(오늘날의 헝가리 일대)와 인접 지역에서 훈과 훈의 지배를 받는 게르만, 슬라브 및 여타 민족으로 이루어진 대규모 집단의 리더로 부상했다. 아틸라는 로마 제국을 약탈 공격 했는데, 그가 원한 것은 영토의 정복이 아니라 노획물과 공물이었다. 로마 제국은 내분으로 약화된 상태였지만 아틸라 때문에 실제로 위험에 처하지는 않았다. 아틸라는 453년에 자신의 혼인 잔치에서 사망했는데 아마 신부에 의해 독살되었을 수 있다. 이후 훈 연합은 급속히 붕괴되었다. 훈은 다시 초원 지역으로 퇴각했고 이후에는 로마 제국의 용병 집단으로 간혹 모습을 드러냈다.

흉노의 멸망은 유목민들의 서방 이동을 처음으로 촉발시켰다. 이로써 유럽인들은 중앙아시아 유목민들을 처음으로 가까이 접하게 되었으며, 이것은 실제의 영향보다 훨씬 더 과장된 기억과 전설을 만들어냈다. 훈은 난폭한 야만인의 상징이 되었다. 그러나 흉포한 이미지와는 달리 동양의 훈(흉노)과 서양의 훈은 중국 혹은 로마 제국의 존립에 결코 위협이 되지 않았다.

3장

하늘의 카간들:
돌궐 제국과 그 계승 국가들

북중국을 지배한 타브가츠(북위)

흉노와 한의 멸망이 불러온 정치적 혼란기 이후 중앙아시아에 세 강국이 출현했다. 곧 북중국의 타브가츠Tabghach(중국어 명칭, 탁발 Tuoba, 拓跋), 몽골 초원의 아바르Avar(중국어 명칭, 유연Rouran, 柔然), 쿠샨 땅의 헤프탈Hephthalites(중국어 명칭, 활Hua, 滑)이다. 북위北魏(386~534) 라는 중국식 왕조명을 채택한 타브가츠는 439년경 황하 이북의 중국, 신장, 몽골 초원의 일부를 지배하고 있었다. 북위의 수도 평성平城 (오늘날의 다퉁大同)은 10만 명의 병사와 약 100만 필의 말들의 주 공급 지였던 몽골 초원에서 멀지 않은 곳에 위치했다.

북위의 지배층은 119개 씨족 및 부족과 중국인들로 구성되었다. 타브가츠인들은 아마 북위 지배층의 약 20퍼센트를 차지했고, 피지배 층의 대다수는 중국인들이었다. 소수의 지배 집단이었던 타브가츠인 들은 중국인들과 부족민들에게 별도의 행정 제도를 적용하는 선비의 옛 통치 방식을 취했다. 그러나 북위 지배층은 중국 문화에 동화되어 중국의 언어, 복식, 음식, 궁정 문화를 채택했다. 5세기 말, 반半중국인 황제였던 북위 효문제孝文帝(재위 471~499)는 궁정에서 타브가츠 언어, 이름, 복식을 금지시켰다—타브가츠인들은 몽골계 언어를 사용한 것으로 추정된다.[1] 효문제는 자신의 성씨 탁발을 [한화漢化 정책의 일환으로] 중국식인 원元으로 바꾸고, 수도를 중국의 중심부에 보다 가까운 남부의 낙양으로 옮겼다.

그러나 타브가츠인들은 불교를 적극적으로 장려했다는 점에서 중국인들과 어느 정도 구별되었다. 실크로드를 통해 쿠샨 제국에서 한나라로 전래된 불교는 당시 중국에서는 이질적인 종교였다. 북위에서 불교는 5세기 말 중앙아시아와의 교역 관계가 심화하면서 더욱더 융성했다

몽골 초원의 아바르 제국

아시아의 아바르인 즉 유연의 종족적 기원은 정확히 알려져 있지 않다. 위나라 사서에 따르면, 유연의 시조는 4세기 초 북위에서 노예 생활을 한 목골려Mugulü, 木骨閭다. 목골려는 "머리가 벗겨졌다"는 뜻인데 목골려의 머리털이 눈썹 언저리부터 나기 시작한 데서 그의 주인이 붙여준 이름이다. 목골려는 몽골 초원으로 도망친 후 100여 명의 도주자들과 무법자들로 이루어진 집단의 우두머리가 되었다. 그의 아들 거록회Juluhui, 車鹿會는 북위의 종주권을 인정하고 북위에 매년 말,

소, 모피를 공물로 바치면서 중국과의 교역권을 얻었다. 거록회의 통치하에 일개 도적 집단에 불과했던 유연은 새로운 민족 집단으로 탈바꿈했는데, 이는 유목 세계에서 카리스마 있는 수령이 이끄는 전사 집단이 때로는 아주 급속하게 새로운 유목민족으로 발전한 정치적 패턴의 첫 사례라 할 수 있다. 5세기 유연의 지배자 사륜Shelun, 社崙은 스스로 '카간Qaghan'을 칭했다. 카간은 선비가 사용하던 칭호로서 그 기원이 불분명하지만 유목 세계에서 "황제emperor"를 지칭했다.

유연은 스스로를 아바르라고 불렀다. 유연은 목골려의 아들 거록회가 채택한 명칭인데 이후 중국 사가들은 이 명칭을 아바르의 집단명으로 사용했다(유연柔然의 중국어 병음은 러우란Róurán이다). 북위는 유연을 낮추어 이르기 위해 '연연(롼롼)Ruǎnruǎn, 蠕蠕'(벌레가 꿈틀거리는 형상을 의미한다)으로 고쳐 적기도 했다. 유연은 막강한 군사력을 바탕으로 고비사막에서 바이칼호, 한반도의 변경에서 신장에 이르는 영역을 정복했다. 중국 측 기록에 따르면, 유연의 샤먼들은 (유연군이 전투에서) 패배 후 몰래 퇴각하기 위해 눈보라를 불러일으켰다고 한다. 사실 투르크-몽골계 민족들에게는 날씨를 조종할 수 있는 능력이 있다고 믿어졌다.

마니교를 받아들인 헤프탈 왕조

헤프탈은 350~370년 사이 알타이 산지를 떠나 옛 쿠샨 땅에 정착한 다양한 "훈" 계열 집단의 후예로서 5세기 중반 헤프탈 왕조를 건설했다.[2] 헤프탈 왕조는 소그디아, 신장의 대부분, 북인도를 지배하며, 이웃 사산 왕조의 내부에도 개입해 몇몇 샤Shah들을 돕거나 몰아냈다.*

헤프탈은 그리스-박트리아와 쿠샨의 문화 전통을 계승·발전시켰으며 박트리아어를 채택했다. 불교, 조로아스터교, 힌두교 및 다양한 인도-이란계 종교들도 수용했다. 이와 더불어 그리스도교와 중앙아시아로 새로 전파되었던 마니교를 받아들였다. 마니교의 창시자는 이란인 마니Mani(216~277)다. 마니는 다양한 종교사상이 존재했던 메소포타미아 지역 출신이었는데 조로아스터, 부처, 예수를 잇는 마지막 예언자라고 자처했다.

마니교는 조로아스터교, 불교, 그리스도교의 교리들을 결합시켰고, 각 지역의 정서에 맞추어 포교를 했다. 그럼에도 대부분의 국가들은 마니교의 〔내세 지향적인〕 타세성otherworldliness을 불신하며 마니교도들을 박해했다. 마니교도들은 세상이 물질로 대표되는 악과 빛으로 대표되는 영적 경지인 선이 대결하는 장이라고 보았다. 마니교는 물질적·육체적 욕망을 최대한 억제하는 금욕적 삶을 통해 빛/정신을 물질로부터 해방시키는 것을 목표로 삼았다. 마니교 신앙에 온전히 입문한 마니교 성직자("선택된 자the elect")들은 청빈과 순결을 실천했고 일반 신도("듣는 자the listeners")들은 이들을 따랐다.

헤프탈의 관습은 외부인들의 눈에는 특이하게 비쳤다. 형제들은 아내를 공유했고, 아내들은 머리 장식에 뿔을 꽂아 남편의 수를 나타

● "소그디아"는 오늘날의 우즈베키스탄 사마르칸드 및 부하라 지방과 타지키스탄의 수그드 Sughd 지방을 포괄했다. "사산 왕조"는 기원후 224년부터 651년까지 페르시아를 지배한 왕조로 로마·비잔티움 제국의 주요 경쟁국이었다. "샤"는 페르시아어로 "왕" 또는 "지배자"라는 뜻이다.

냈다. 헤프탈은 유아들의 머리를 묶어두어 두개골을 기형적이고 길쭉하게 만들었다. 사실 고의로 두개골을 변형시키는 관습은 일부 유목민족들 사이에서는 널리 퍼져 있었다. 이와 같은 관습은 일부 개인에게 환각 상태의 샤먼들처럼 발작을 일으키게 했을 것이다.

돌궐 제국의 수립

이 북위(타브가츠), 유연(아바르), 헤프탈은 당시 유라시아 전역에 큰 영향을 끼쳤다. 유연과 북위 사이의 전쟁은 유목민들의 서진을 불러왔는데, 이러한 민족 이동은 원래 이란어 사용 지역이었던 내륙아시아 초원을 점차 투르크화시켰다. 당시 유라시아 초원에는 중국어로 철륵Tiělè, 鐵勒이라는 투르크계 유목민족이 널리 퍼져 있었는데 철륵의 한 갈래인 오구르 투르크족은 460년경 흑해 초원에 도달했다.[3] • 유연의 아나괴Anagui, 阿那瓌(520~552)는 철륵의 반란과 내분으로 북위에 원조를 청했으나 북위 또한 〔궁정 내부의 권력투쟁 결과 534년에〕 동위東魏와 서위西魏로 분열되어 있는 상태였다. 이런 정치적 혼란 상황은 돌궐제국Türk Empire, 突厥이 부상하는 계기를 마련해주었다. (이 책에서 Türk로 표기된 투르크인은 이 집단명을 사용했던 특정 민족 즉 돌궐인을 지칭한다.

• "철륵"은 고대 투르크계 유목민 집단으로 중국 사료에는 칙륵敕勒 혹은 정령丁零/丁令/丁靈, 고차高車라고도 기록되었다. 흉노 제국의 멸망 이후 오늘날의 몽골에서 카자흐스탄에 이르는 지역에 광범위하게 거주했다. 돌궐에 이어 유목제국을 건설한 위구르도 철륵의 한 갈래다. 7세기에 흑해 초원에 불가르국Great Bulgaria을 세운 오구르 투르크족 역시 철륵계 부족으로 알려져 있다.

Turk와 Turkic은 투르크계 언어를 사용하는 모든 민족을 통칭하는 용어들이다.)

돌궐인들의 기원에 대해서는 알려진 것이 거의 없다. 돌궐 지배 씨족의 이름은 아시나Ashina(아사나阿史那)였는데, 이는 십중팔구 동이란어 혹은 토하라어로 "파란색"을 의미하는 단어 아슈셰이나ashsheina 혹은 아슈나ashna에서 유래했다.[4]• 중국에서 도입된 특정 색과 방향을 연관 짓는 투르크 전통에서 파란색은 동쪽을 의미했다. 중국 사가들이 기록한 돌궐의 기원 신화에 따르길, 아시나 돌궐인들은 암늑대와 적에게 전멸당한 한 부족의 유일한 생존자 사이의 교합을 통해 탄생했다.[5] 늑대 혹은 늑대에게 양육된 자를 시조로 둔 기원 신화들은 유라시아에 널리 퍼져 있다.[6] 중국 사서들은 아시나 씨족의 원거주지가 간쑤와 신장 지방이었다고 기록하는데, 간쑤와 신장은 원래 이란계 주민과 토하라계 주민들이 살던 지역이다. 초기 돌궐 집단이 가졌던 동이란계 특성들은 여기서 비롯되었을 수 있다. 아시나 집단은 5세기에 투르크계 언어 사용 주민들과 함께 알타이산맥으로 이주한 뒤 유연에 복속되어 철공 일에 종사했다.

야심가였던 돌궐의 수령 부민Bumïn, 土門은 546년 자신의 종주宗主였던 유연을 도와 철륵 부족의 반란을 진압하고, 551년에 유연에 통혼을 청했다. 유연의 아나괴는 모욕적인 언사로 부민의 요청을 거절했다. 반면 돌궐과 가까웠던 서위는 즉시 왕실 공주를 부민에게 주었다(중국 남북조 시대인 535년 세워진 서위는 선비계 우문씨宇文氏 일족이 실권

• "토하라어"는 타림분지의 북부에서 사용되다 8~9세기경 소멸된 인도-유럽어족으로 이란어와 같은 동방 인도-유럽어족이 아닌 그리스어와 같은 서방 인도-유럽어족에 속했다. 연구자들이 편의상 붙인 "토하라어"라는 명칭은 토하리스탄(박트리아) 지방과는 무관하다.

을 행사한 나라였다). 부민은 552년 유연 제국을 격파했고 아나괴는 자결했다. 555년경에 유연은 동부 초원 지역에서 그 세력이 소멸되었다.

부민이라는 이름은 다른 초기 돌궐 제국 지배자들의 이름처럼 투르크계 이름이 아니었다. 그는 카간(돌궐의 제1대 카간, 재위 552~553)이 된 후 얼마 지나지 않아 사망했다. 부민의 아들들인 카라Keluo와 무간Mughan, 부민의 동생 이슈테미Ishtemi(이스테미Istemi)는 중국의 북부에 거주하는 부족들과 작은 나라들을 정복하고 만주에서 흑해에 이르는 제국을 건설했다.* 돌궐 제국은 유럽과 동아시아를 잇는 최초의 유라시아 횡단 국가였다. 동부 유럽과 서부 중앙아시아 지역은 부副카간에 해당하는 '시르 야브구 카간Sir Yabghu Qaghan'이라는 칭호를 사용한 이슈테미가 정복했다. 시르는 산스크리트어의 '스리Sri'("길조의" "상서로운")란 단어에서 유래했고, '야브구'는 이란어 단어였을 가능성이 있다. 이것은 돌궐의 황실 문화가 그 초창기에 비非투르크계 집단으로부터 폭넓은 영향을 받았다는 사실을 알려준다.

이슈테미는 사산조 이란과 동맹을 맺고 헤프탈을 557년과 563년 사이 멸망시켰다. 돌궐인들은 소그디아를 포함해 트란스옥시아나("옥수스강의 건너 편 지역"을 의미한다)를 정복한 이후 자신들로부터 도피한 아바르(유연) "노예"들을 추격하며 흑해 초원으로 진출했다. 비잔티움 측 기록에 보면, 자신들을 아바르라고 부르는 집단이 560년대에 동쪽에서 이주해왔는데, 일부 비잔티움인들은 이 집단을 "가짜 아바

● 카라(재위 553)와 무간(재위 553~572)은 돌궐 제국의 동부를, 이슈테미(재위 553~575)는 서부를 지배했다.

르인들"이라고 여겼다―7세기 비잔티움 역사가 테오필락트 시모카타 Theophylakt Simocatta는 "유럽의 아바르인"들은 아시아의 아바르인〔유연인〕들의 집단명을 사칭한 사람들이라고 보았다.[7] 이들이 실제로 아시아의 아바르인의 잔존 집단인지 아니면 아바르 집단명을 차용한 집단인지에 대해서는 정확히 알 수가 없다. 그 기원이 무엇이든 간에 이들은 곧 돌궐 제국, 사산 제국, 비잔티움 제국 사이의 상충되는 정치적, 상업적 이해관계에 휘말렸다.

중앙아시아에서 비단은 외교에서 중요한 역할을 했고 국제 통화通貨의 기능도 했다. 중국으로부터 받아낸 비단은 경제적 부를 제공해주는 동시에 유목 군주의 지배권을 강화해주었다. 비단은 상업적으로나 정치적으로나 중대한 물품이었던 것이다. 사산 왕조와 소그드인 상인들은 중앙아시아와 지중해 세계를 잇는 실크로드 교역에서 주된 중간자 역할을 했다. 실크로드를 따라 존재한 소그드인들의 교역 거점들은 내몽골 지역과 중국까지 이어졌다. 숙련된 자금 관리인이자 동서 무역 상인들이었던 소그드인들은 돌궐 제국이 비단의 주요 거래자가 되는 데에도 한몫했다. 중국 사서들은 돌궐의 성공이 가능했던 것은 "사악하고 교활한" 소그드인 참모들 덕분이었다고 기록한다.[8] 돌궐과 소그드인들 사이의 밀접한 협력 관계는 돌궐과 사산 왕조의 동맹 관계에 악영향을 미쳤다.

돌궐 제국과 비잔티움 제국

568년 주로 소그드인들로 구성된 돌궐의 대규모 사절단이 〔비잔티움 제국의 수도〕 콘스탄티노플에 당도했다. 사절단의 목표는 비잔티움 제국과 지속적 교역 관계를 수립하는 것과 비잔티움 제국이 돌궐로부터 도주한 아바르 "노예들"에 대한 "유화 정책"을 중단하게 하는 것이었다. 비잔티움 측 기록에 따르면 이슈테미는, 그의 표현대로, 새처럼 날지도 못하고 물고기처럼 "바다 깊숙이" 숨지도 못하는 아바르인들을 소탕하는 데 혈안이 되어 있었다.⁹ 당시 "유럽의 아바르인"들은 과거 아틸라의 근거지였던 판노니아(오늘날의 헝가리) 지방으로 도주한 상태였다. 이후 아바르인들은 헝가리의 초원을 중심으로 발칸반도를 뒤흔들어 놓으며 (종종 슬라브인들을 이끌고) 비잔티움 제국을 침략해 많은 양의 공물을 갈취했다. 아바르 왕국은 8세기 말 샤를마뉴 Charlemagne의 프랑크 왕국에 멸망을 당했다.

돌궐 제국은 콘스탄티노플에 비단뿐 아니라 철까지도 제공하는 동시에 반反이란 동맹을 제안했다. 비잔티움 제국은 돌궐 제국의 제안에 호응하면서도 이란과의 전쟁에 대해서는 신중한 입장을 견지했고, 아바르인들을 돈으로 매수하는 쪽을 선호했다. 비잔티움 사절들은 돌궐 카간들을 만나기 위해 (아마 오늘날의 키르기즈스탄까지) 중앙아시아를 횡단했다. 568년 첫 비잔티움 사절단을 이끈 제마르쿠스Zemarchus는 이슈테미에게서 강렬한 인상을 받았다. 이슈테미는 비단으로 만들어진 천막들에 거주했으며 (말들이 끌 수 있도록) 두 개의 바퀴 위에 놓인 금장식 옥좌와 다양한 황금 옥좌들에 번갈아 앉았다—이 중 하나는 금으로 만든 4마리의 공작새가 떠받치고 있었다. 교섭은 순조롭지 못했다. 576년 이루어진 후속 회동에서 이슈테미의 [아들이자] 후계자 타르두Tardu는 비잔티움 사절 발렌티누스Valentinus를 화를 내며 맞이했다. 타르두는 콘스탄티노플이 이란을 공격하지 않은 데 대해 따졌고, 비잔티움인들이 "열 개의 혀로 말하며" 모두 거짓말을 했다고 질책했다.[10]

서돌궐과 동돌궐

돌궐 제국은 내부적으로 복합적 정치체제를 이루었다. 행정적으로는 동부[동돌궐]와 서부[서돌궐] 두 개의 카간국으로 나뉘었다. 아시나 가문의 카간들이 두 카간국을 통치했는데 동부의 카간이 서부의 카간보다 정치적으로 더 지위가 높았다. 이 이중 왕정 체제는 각 지역의 효율적 통치를 보장해주었지만 내분으로도 이어졌다.

서돌궐의 군주 이슈테미의 후계자들은 때때로 동돌궐 정권을 장악하려 시도했다. 그런데 이는 "적법한" 행위였던 것이, 대부분의 중앙아시아 유목국가들에선 왕족 구성원 모두에게 권좌에 오를 수 있는 자격이 주어졌기 때문이다. 돌궐인들은 왕위 계승 분쟁을 미연에 방지하고자 형제 승계 원칙을 따랐다. 형제들이 차례대로 왕권을 이어받았고 그다음에는 맏형의 아들들이 막냇삼촌의 왕위를 이었다. 그러나 많은 왕족 구성원은 자신의 차례를 기다리지 못했고, 이에 따른 카간위 계승 분쟁들은 국력을 약화시켰다. 안정된 승계 시스템을 구축하는 일은 사실상 모든 중앙아시아 유목국가가 당면했던 난제였다.

이슈테미가 서부에서 돌궐의 패권을 확립해나가는 동안 동돌궐은 북제北齊(550~577)와 북주北周(557~581) 사이 경쟁 관계를 이용하며 두 국가로부터 강화를 조건으로 왕족 신부와 비단을 얻어냈다 〔북제와 북주는 각각 동위와 서위의 후신 국가였다〕. 타트파르Tatpar〔타스파르 Taspar〕 카간은 자신의 "남쪽의 충성스러운 두 아들"이[11] 서로 싸우는 사실에 의아해하면서도 분열된 중국의 부를 능숙하게 착취했다.

수隋가 581년 패권을 잡으며 중국을 재통일했다. 수(581~618)는 민족적으로 중국계 왕조였지만 북방의 비중국계 정권들과 유목 세계에 대해 정통했다. 수나라는 즉시 북방 방어를 강화했으며, 장손성長孫晟과 같은 첩자를 통해 돌궐 궁정 내에 첩자들을 양성하며 아시나 씨족의 내분을 부추겼다. 동돌궐 내부의 분열이 심해지자 서돌궐의 타르두 카간은 동돌궐의 정권마저 장악하고 수년 동안 돌궐 제국을 지배했다. 그러나 그의 제국 통치는 아마 수의 사주를 받은 철륵의 반란으로 603년 막을 내리게 되었다.

통 야브구(통엽호統葉護, 618~630)는 서돌궐을 부흥시키고 아프가니스탄 남부까지 지배 영역을 확대했다. 그는 비잔티움 제국이 중동과 트란스코카시아〔코카서스산맥 곧 캅카스산맥 남쪽의 코카서스 지방. 남南캅카스〕 지역에서 사산조 이란과 벌인 전쟁에서 628년 승리하는 데에도 크게 기여했다. 그러나 가혹한 통치 방식이 원인이 되어 그는 암살되었고 서돌궐은 내전에 휩싸이게 된다. 이후 서돌궐은 온 오크On Oq, 十姓("10개의 화살")라 알려진 두 개의 부족연합(좌익의 5 돌륙咄六 부와 우익의 5 노실필弩失畢 부)으로 분열되었다.

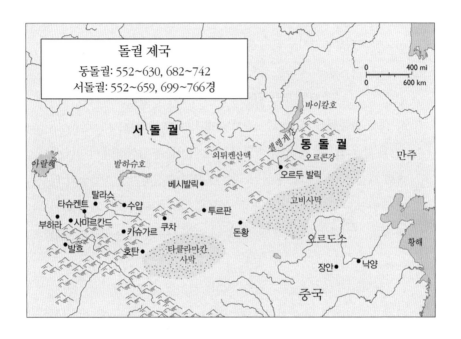

돌궐 제국

동돌궐: 552~630, 682~742
서돌궐: 552~659, 699~766경

바이칼호

서 돌 궐

외튀켄산맥

셀렝게강

동 돌 궐

오르콘강

만주

아랄해

발하슈호

오르두 발릭

베시발릭

타슈켄트

탈라스

수얍

고비사막

오르도스

황해

부하라

사마르칸드

카슈가르

쿠차

투르판

돈황

발흐

호탄

타클라마칸
사막

장안

낙양

중국

630년경 현장은 인도로 가는 길에 수얍에 위치한 통 야브구의 궁정을 방문했다. 그의 순례기《대당서역기大唐西域記》는 비잔티움 측 기록에 언급된 돌궐의 부유함을 확인시켜준다. 카간은 "녹색 예복을 걸치고 있었으며" 머리카락을 "약 10피트〔3미터〕 길이의 비단 띠"로 묶고 있었다. 그의 측근들 중 "200명의 장교들"은 "양단洋緞옷"을 입고 있었으며, "휘하 병사들"은 "모피옷과 섬세한 털옷을 입고" 있었다. 장교들과 병사들은 낙타와 말에 올라 타 있었고 "창과 활과 군기를 들고 있었다. 눈으로는 그 수를 가늠할 수 없었다."[12] 카간의 천막은 "눈을 부시게 하는 황금 꽃장신구로 꾸며져 있었다." 그의 "장교"들은 모두 "비단을 수놓은 빛나는 옷을 입고" 있었고 카간의 앞에 두 줄로 긴 깔개 위에 앉아 있었으며, 카간의 근위병들은 "그들의 뒤에 서 있었다." 현장은 "유목민 집단의 통치자"가 "자신의 주위를 품위 있게 꾸민" 것에 감명을 받았다.[13] 카간은 방문객들에게 술과 음악, 호화로운 양고기와 닭고기 요리들을 제공했다. 현장을 특히 놀라게 한 것은 수얍의 서쪽에 카간이 조성한 자연 방목장이었는데, 그곳에는 종을 달고 있고, 사람과의 접촉에 익숙한 사슴 떼가 방목되고 있었다. 이 사슴들을 죽이는 자는 누구든 다 처형되었다.[14]

돌궐 제국의 쇠퇴

그사이, 동아시아에서는 중대한 변화들이 일어났다. 수나라는 베트남과, 한반도 및 만주를 지배하던 고구려를 침공했는데 이는 수나라에 큰 손실을 초래했고 내부 반란들을 불러일으켰다. 이때 동돌궐은 반란 세력들을 도왔다. 결국 당唐(618~907)이 수를 멸망시키고 중국의 전성기를 열었다. 당나라는 동돌궐의 힐리Xieli, 頡利 카간(재위 620~630)이 계속해서 중국을 침략하자 그에게 재화를 바치는 동시에 몰래 아시나 씨족 내부의 다툼과 반란을 조장했다. 자연환경도 힐리 카간에게 불리하게 돌아가 몇 년 동안 폭설과 서리가 내려 초원 지역에 기근이 발생했다. 유목민들은 가혹한 징세와 불운을 피해 힐리 카간으로부터 떠나갔다. 결국 힐리 카간은 당나라에 생포되었고 630년 감금 상태에서 사망했다.

동돌궐이 멸망하면서 약 100만 명에 이르는 유목민들이 투항해 오자 당나라는 이들을 중국의 북방 변경 지역에 정착시켰다. 돌궐의 부족장들은 중국식 칭호와 관직을 하사받았다. 상층 귀족들은 당나라 궁정에서 활동했는데 다수는 무인으로 성공했다. 중국 측 기록에 따르면, 북방 유목민 수령들은 당 태종太宗(재위 626~649)에게 "하늘의 카간"을 뜻하는 '천가한天可汗'(투르크어 텡그리 카간Tengri Qaghan)이라는 칭호를 바쳤다. 당 태종을 유목 세계의 군주로 받아들인 것이다. 당 태종은 자신만이 유목민들을 "사랑한다"라고 선언했고 그 결과 유목민들은 그를 "아버지나 어머니처럼" 따랐다고 한다.[15] 당 태종이 이와 같은 주장을 한 것이나 북방 유목민들이 이를 받아들인 것 모두 놀랄 만한 일이었다.

중국은 이제 본격적으로 중앙아시아로 진출하기 시작했다. 640년 당 태종은 실크로드상의 도시인 신장의 코초〔고창高昌〕를 정복했다. 코초는 오랜 기간 중국과 밀접한 관계를 유지해온 도시였지만 당시에는 서돌궐의 세력 아래 있었다. 얼마 지나지 않아 다른 도시국가들도 당에 복속되었다. 문화 수준이 높았던 이들 중앙아시아의 무역 도시들은 이미 국제화되어 있던 당나라의 궁정 문화에 상당한 영향을 끼쳤다. 중앙아시아의 음악(신장의 왕들은 악사樂士들을 당에 "공물"로 보내곤 했다), 악기, 춤, "서역" 출신의, 특히 소그디아와 쿠차 출신의 연주자들, 예술인들, 미술 양식 모두 중국의 수도에서 인기를 끌었다. 3만 명의 악사들을 거느렸던 현종은 쿠차의 "거세한 숫양의 가죽으로 만든 북"을 연주할 수 있었고, 악명 높은 그의 후궁 양귀비楊貴妃는 뛰며 빙빙 도는 동작으로 유명했던 소그드 춤을 좋아했다. 일부 궁정 관리들은 "찬물을 야만인에게 뿌리기Sprinkling Cold Water on the Barbarian"라는, 분명컨대, 나체 연주자들과 진흙 및 물을 주위에 끼얹는 동작이 포함되었을 소그드 춤을 불쾌해했다. 이 춤은 713년에 금지되었다.

그럼에도 춤꾼, 마술사, 곡예사를 포함하는 소그드인 연예인들은 중앙아시아의 의복 스타일 및 갖가지 직물들과 더불어 계속해서 인기를 누렸다. 이와 함께 중앙아시아의 먹거리, 이국적 식물, 동물(공작새 등), 술, 식기, 보석, 예술품들이 당의 수도인 장안과 낙양으로 유입되었다. 이란과 비잔티움의 물품들도 서쪽으로 멀리 뻗어 있던 교역망을 통해 중국으로 수입되었다. 중앙아시아의 도시들은 이와 같은 교역 관계에서 중개자였을뿐더러, 특히 직물의 활발한 생산자이자 멜론과 "사마르칸드의 황금 복숭아"와 같은 특수 식품의 공급자였다.

659년경 분열된 서돌궐은 중국의 공세에 무릎을 꿇었다. 중국의 헤게모니는 한동안 아프가니스탄의 일부와 이란의 변경 지역에까지 확대되었다. 그러나 제국을 유지하는 데에는 막대한 비용이 들었고 또한 경쟁 상대가 없는 것도 아니었다. 티베트인들은 660년대와 670년대에 신장으로 진출하기 시작해 타림분지의 일부 지역에서 중국인들을 몰아냈다. 이후 수십 년간 티베트인들은 신장의 대부분 지역을 지배하며 강자로 군림했다(당시 중국에서는 티베트 제국을 토번吐蕃이라고 적었다).[16]

돌궐 제2제국

서돌궐인들과 동돌궐인들의 반란은 당나라의 지배력을 더욱 약화시켰다. 돌궐의 심장부였던 몽골의 오르콘강 유역에서 8세기 초 제작된 대형의 투르크 룬 문자 비문碑文들은 돌궐 제국의 극적 부흥에 대해 기록하고 있다.* 돌궐 군주들의 복합 매장지에 세워진 비문들은 고인들의 말을 돌궐 백성에게 직접 전하는데 그중 하나는 726년경 만들어진 톤유쿡Tonyuquq 비문이다. 톤유쿡은 중국에서 교육을 받은 인물로서 돌궐 제2제국 초기 카간들의 핵심 참모를 지낸 자다.** 그는 이 비문에서 지도자 없는 피지배 민족이 되었던 돌궐인들의 비참한 상태에 대해 말한다. "텡그리Tengri["하늘"을 뜻하는 돌궐인들의 최고신]는

● "투르크 룬 문자Türkic runic script"는 그 직접적 관계는 없지만 여러 게르만 민족이 사용했던 룬 문자Runes/Runic alphabet와 형태가 비슷하다고 붙은 이름이다. 돌궐 문자Old Turkic script, 오르콘 문자Orkhon script라고도 한다.

●● "돌궐 제2제국"은 7세기 말부터 745년까지 몽골 초원을 지배한 돌궐 제국을 말한다. 6세기 중반부터 7세기 중반까지 존속한 돌궐 제1제국(서돌궐과 동돌궐로 분열)과 구분하기 위한 명칭이다.

틀림없이 이렇게 말했다. '나는 너희들에게 칸을 주었다. 그러나 너희들은 칸을 떠나 다시 속민이 되었다.' 너희들이 속민이 되었기에 텡그리는 분명 '죽어라!'라고 말했을 것이다. 돌궐 민족은 소멸되었고, 파괴되었고, 무無가 되었다."[17]

이어서 톤유쿡은 산속에 숨어 있던 기병과 보병으로 구성된 700명의 작은 무리가 어떻게 682년경 일테리시Ilterish 카간(재위 682~691)을 추대하고 돌궐 제국을 재건한 군사 집단으로 변모했는지에 대해 이야기한다. 킹메이커로서 자신의 역할을 분명히 중요시한 톤유쿡은 다음과 같이 덧붙인다. "텡그리가 내게 지혜를 주셨기에 그[일테리시]를 카간으로 추대할 수 있었다."[18] 일테리시 카간의 아들들인 빌게Bilge 카간(재위 716~734)과 (빌게의 동생이자 참모였던) 퀼 테긴Kül Tegin은 자신들의 비문에서 중국의 "달콤한 말"과 황홀한 "금, 은, 비단"의 유혹에 넘어가고, 선조들의 전통을 포기했던 돌궐인들을 꾸짖는다. 비문들에 따르자면, 일테리시는 비록 17명의 전사들만 데리고 군사를 일으켰지만 "늑대와 같았고 그의 적들은 양과 같았다."[19] 돌궐 제국은 일테리시의 동생이자 후계자인 카파간Qapaghan 카간(묵철默啜)의 치세(691~716)에 옛 전성기를 회복했다.

돌궐인들의 사상과 종교, 경제와 통치

돌궐 제국의 국가기구·관직·칭호들은, 그 상당수는 중국·소그디아·토하라·인도에서 유래했는데, 주로 유연에서 계승했다. 카간은

"하늘과 같은, 하늘이 내린" 존재이며 하늘이 내린 통치권의 징표인 '쿠트qut'(하늘의 복福)를 소유한 자라고 여겨졌다. 카간은 신성하며, 피를 흘리면 안 되는 존재였다. 카간이 —영구히— 제거되어야 할 때는 비단줄로 목이 졸려 살해되었다. 카간은 즉위식에서 목이 졸리는 의식도 치러야 했다. 분명 영적 세계로의 여행을 유도한 이 의식에서 카간은 정신을 잃을 때까지 목이 졸렸는데, 이런 상태에서 자신이 몇 해 동안 권좌에 머무를 것인지에 대해 말해야 했다. 신성한 외튀켄Ötüken 고지대와 오르콘강 유역에 위치한 성스러운 땅들을 지배하는 것은 카간의 정치적 정통성을 완성시켜주었다. 쿠트 사상은 황제가 "하늘의 아들"이며 황제권은 하늘이 부여한 것이라는 중국의 천자天子 사상과 비슷했다. 그런데 이와 같은 유사성이 차용의 결과인지 공통 사상의 산물인지는 확실히 알 수 없다.

돌궐인들과 그들의 피지배민들은 텡그리 신을 믿었다. 그리고 다산과 관계가 있는 여신 우마이Umay와 길road(혹은 운명)의 신 욜 텡그리Yol Tengri 또한 숭배했다. 더불어 물, 성산聖山, 숲을 신성시했다. 돌궐인들은 조상을 공경했고, 아시나 씨족의 발원지라고 간주되던 조상 동굴에서 매년 특별한 제례를 지냈다. 돌궐인들은 다른 문명들과의 접촉을 통해 새로운 종교들을 받아들이기도 했다—주로 소그드인들을 매개로 했다. 타르파르 카간은 불교에 관심을 갖게 되어 투르크어로 번역된 불교 경전들을 읽었다. 그는 불교 사원의 건설도 명했으나 유목민 지배층은 이를 반대했다. 빌게 카간 또한 도교와 불교 사원들을 건설하려 했다. 그러나 톤유쿡은, 다른 이들이 그보다 앞서 말했듯, 돌궐인들의 힘은 유목 생활 양식에서 비롯되었다고 주장하며 빌게 카간의 사원 건설에 반대했다. 그는 영구적 건축물은 돌궐인의 상무적 기상을 약화시킬 것이라는 점, 돌궐인들의 "수도"는 다름 아닌 카간의 수레가 머무는 곳 혹은 카간의 천막이 세워지는 곳이라는 점, 사원은 운반이 가능하지 않다는 점 등을 들며 빌게 카간을 설득했다.

돌궐 제국의 경제와 군사력은 유목 생활과 기마군단에 각각 기반을 두었다. 기동성이 높은 군대는 돌궐 제국이 유라시아대륙 횡단 교역로를 장악할 수 있게 해주었다. 돌궐인들은 피지배 부족들과 도시국가들로부터 교역세, 공물, 농작물 및 가공품을 받아냈다. 약탈은 또 다른 소득원이었다. 유목 군주들은 이렇게 획득한 부의 재분배를 통해 부족들에 대한 지배력을 유지할 수 있었다. 카간은 그의 부하 병사들을 잘 먹이고, 잘 입히고, 잘 살게 해주는 경우에만 부하들로부터 "사랑"받고 존경받을 수 있었다.

돌궐인들은 부유해졌지만, 광활한 동시에 다양한 종족으로 구성된 제국을 통치하는 데 드는 비용은 막대했다. 돌궐 제국의 통치는 가혹했고, 계속해서 반란을 일으키는 부족들에 대한 응징 원정에 많은 힘을 소모해야 했다. 카파간 카간은 이런 원정에 나섰다 사망했다. 내분도 끊이지 않았고 일테리시의 아들 빌게 카간은 734년 경쟁 세력에 의해 독살당했다. 외부의 위협도 만만치 않았다. 아랍인들은 651년 사산조 이란을 정복한 후 8세기 초 소그디아에서의 서돌궐 지배권에 도전해 실크로드에 대한 서돌궐의 지배력을 약화시켰다.

위구르 제국의 수립

돌궐 제국은 742년 (아시나 왕족이 이끈) 바스밀Basmïl 등이 일으킨 피지배 부족들의 반란으로 멸망했다. 이어서 위구르인들이 744년 바스밀을 축출하고 몽골 초원과 신장, 인근 시베리아 지역을 아우르는 위구르 카간국Uighur qaghanate(744~840)을 수립했고, 이후 당나라를 괴롭혔다. 약 80만에 달했던 위구르인들은 토쿠즈 오구즈Toquz Oghuz("9개의 친족 집단"〔혹은 "구성九姓"〕)라 불린 동철륵계 부족연합의 맹주였다. 위구르의 시조 쿠틀룩 빌게 퀼 카간Qutlugh Bilge Kül Qaghan은 자신을 기리는 비문(759년 제작)에서 자신이 제압한 돌궐인들이 "그후 소멸되었다"라고 자랑스럽게 백성들에게 말한다. 그는 또한 자신이 공격하지 않은 일반 유목민들에게 자신을 따를 것을 종용한다. 이 비문에 따르면, 쿠틀룩 빌게 퀼 카간은 잠재적 경쟁자들을 축출하고, "죄 많은 귀족들"을 뒤쫓아 "그들의 가축, 재물, 미혼 여성들, 과부들을 탈취했다."[20]

소그드인과 돌궐인 혈통의 당나라 장군 안녹산安祿山은 〔현종 말엽인〕 755년 당나라를 상대로 반란을 일으켰다. 후궁 양귀비의 연인이라고도 알려졌던 안녹산은 2년 뒤 암살되었지만 당나라 내부의 반란들은 그 이후에도 지속되었다. 당나라는 (결국) 위구르 제국에 도움을 청해야 했다. 위구르 제국은 군사를 보내 반란군들을 진압했지만 그 대가로 당의 수도들을 약탈했다. 위구르 제국은 이후에도 중국의 부를 착취하기 위한 방편으로 당을 지원해나갔다. 선물과 교역이라는 명목으로 많은 양의 비단과 재화를 중국으로부터 갈취하며 그 대가로 노쇠하거나 병약한 말들을 당에 제공했다. 당나라 역시, 당연하게도, 위구르 제국에 공물의 지급을 제때에 하지 않았다.

위구르 제국의 종교와 도시

위구르의 이와 같은 정책은 당나라 공주를 어머니로 두었던 뵈귀 Bögü 카간(재위 759~780)의 작품이었다. 762년에 그는 소그드인들을 통해 마니교로 개종했다. 당시 중국에 거주하던 상당수의 소그드인들은 안녹산의 반란을 지지했던 것으로 보인다. 소그드인들은 이민족에 대한 중국인들의 보복으로부터 자신들을 지켜줄 보호자를 찾기 위해 뵈귀 카간을 마니교로 개종시키려 노력했는지도 모른다. 그러나 뵈귀 카간이 마니교로 개종한 정확한 이유는 알 수가 없다. 위구르의 지배층은 마니교를 수용했는데 이를 통해 영적 수혜 외에도 정치적, 경제적, 문화적, 사회적 이익을 얻을 수 있다고 여긴 듯하다. 마니교를 위구르 제국에 전파한 소그드인들이 정치적으로 미약한 세력이었던 만큼 위구르인들은 마니교 개종에 따른 정치적 위험 부담이 크지 않다고 보았을 것이다.

위구르 제국 내에는 소그드인들의 영향력이 너무 커지는 것을 경계한 세력도 있었다. 마니교와, 소그드인 참모들이 주도한 대중국 공세 정책을 반대하던 뵈귀 카간의 삼촌 툰 바가 타르칸Tun Bagha Tarqan은 궁정 쿠데타를 일으켰다. 뵈귀 카간은 제거되었지만 마니교는 살아남았다.

위구르 제국은, 돌궐 제국과는 달리, 소그드인과 중국인들의 도움을 받아 도시들을 건설했다. 757년에는 오르콘강 유역에 수도 오르두 발릭Ordu Balïq을 건설했다. 9세기 초 오르두 발릭을 방문한 아랍인 여행가 타밈 이븐 바흐르Tamîm ibn Bahr는 위구르 제국의 규모, 부, 국력에 감탄했다. 카간의 군대는 1만 2000명에 달했으며, 17명의 휘하 부족장들은 각기 1만 3000명의 병사를 지휘했다. 막강한 군사력이었다. 위구르 군대 내에는 위구르가 당에 보냈던 "말 타는 솜씨가 뛰어난 7명의 여성 궁수"[21]와 같은 여성 전사들도 있었다.

성벽으로 요새화된 수도 또한 감탄할 만했다. 카간의 궁전뿐 아니라 사원들과 관청들이 있는 수도의 중심부도 성벽으로 둘러싸여 있었다. 수도의 외벽에는 12개의 대형 철문이 있었는데 자기나 석공예품 등을 파는 상점들로 가득 찬 분주한 시장 거리들로 이어져 있었다. 동종의 물품을 취급하는 상점들은 중세의 여느 도시들과 마찬가지로 주로 같은 거리에 모여 있었다. 주변 초원 지역으로부터의 침입자들을 감시하는 높은 탑들도 있었다. 오르두 발릭에서는 유목 세계의 전통 또한 찾아볼 수 있었다. 위구르 카간의 성 위에는 금으로 만든 천막이 세워져 있었는데 수 킬로미터 밖에서도 보였다. 이 천막은 100명을 수용할 수 있었다. 오르두 발릭은 구운 진흙으로 만든 건물 몇 채와 천막들로 구성된 임시 야영지에 불과했던 일반적인 유목 "도시들"과는 달리 진정한 도시였다.[22]

중세의 여행자들은 가끔 폐허가 된 중앙아시아 초원의 도시들과 마주쳤다. 타밈 이븐 바흐르도 이식쿨호湖 근처에서 "고대 도시의 흔적"을 목격했는데 현지의 투르크 유목민들은 이 도시가 누구에 의해 건설되었고 왜 버려졌는지에 대해 몰랐다고 한다. 쾨크 오르둥Khökh Ordung("푸른 궁전". 몽골 항가이산맥의 동쪽 기슭 소재)에서 6세기 말에서 7세기 초까지 거슬러 올라가는 위구르 궁전 단지가 최근 발견되면서 위구르 제국의 도시 개발 역사를 새롭게 조명할 수 있게 되었다. 흰색 벽돌과 분홍빛의 회색 기와로 지어진 이 도시는 유목민의 야영지를 닮았다. 이 도시의 중심 건물인 카간의 궁전은 웅장한 천막 모양을 하고 있다. 〔카간의 궁정인〕 쾨크 오르둥은 외부인의 경외심을 불러일으키기 위해 지어졌는데, 건물은 744년의 제국 수립 훨씬 이전에 위구르인들이 이미 제국적 야망을 가지고 있었음으로 보여준다. 이곳에서 위구르 카간은 일종의 태양 숭배 의식을 매일 행했다.[23] 위구르 제국의 위엄을 보여주는 또 다른 사례는 베제클릭Bezeklik(문자 그대로 "그림들이 있는 장소")이다. 베제클릭은 77개의 인공 석굴들로 이루어져 있으며 5세기에서 9세기 사이에 건설되었다. 이곳에 있는 불교적, 마니교적 테마의 그림들에는 소그디아, 중국, 인도의 미술 양식이 섞여 있다. 발굴의 규모 면에서 학자들은 베제클릭을 "사막의 폼페이the Pompeii of the Desert"라고 불러왔다.

위구르 제국의 멸망과 그 계승 국가들

9세기 전반기는 격동의 시기였다. 중국은 쇠퇴하고 있었고, 당시까지 지역 강대국으로 군림했던 티베트는 842년 이후 친불교파와 반불교파 사이의 내전에 휩싸이게 되었다. 티베트는 중앙아시아로부터

베제클릭 벽화에 그려진 위구르 공주들. 화려하게 머리를 땋고 아름다운 비단옷을 입은 8세기 혹은 9세기의 위구르 공주들을 그린 이 벽화는 베제클릭 "천불동千佛洞"(신장의 투르판 인근에 위치했던 오아시스 도시 고창高昌 소재)에 보존되어 있다. 위구르인의 중요한 마니교와 불교 미술·문화 중심지였던 베제클릭은 어느 점에서 불교 사원-석굴 문화 단지인 돈황(중국 간쑤 지방 소재)과 비슷하다.

물러났고 이후 다시는 군사 강국이 되지 못했다. 위구르인들은 내부 권력투쟁을 벌이는 동시에 티베트, 카를룩Qarluq, 키르기즈Kyrgyz를 상대로도 싸웠다. 키르기즈는 〔몽골의 북서부 지역과 접한 남시베리아 지방인〕 투바의 〔러시아 시베리아 중부를 흐르는〕 예니세이강 유역에 위치한 강력한 투르크계 혹은 투르크화된 부족연합이었다. 키르기즈는 위구르 제국이 제위 다툼과 초원에서 발생한 질병과 기근으로 약화되자 840년 위구르 제국을 공격해 그 수도를 점령했다. 이 원정에 참여했던 티릭 벡Tirig Beg이라는 인물을 기리는 키르기즈 비문은 그가 "날카로운 송곳니를 가진 야생 멧돼지"처럼 22명의 적을 죽였다고 기록한다.[24] 부유함과 도시 생활에 젖어 약화되었던 위구르인들은 손쉬운 약탈 대상이 되었다.

몇몇 위구르 부족은 중국 변경 지역으로 도주해 신장과 간쑤 지방에 소규모 국가들을 세웠다. 위구르인들은 현지의 동이란계와 토하라계 주민들과 섞였고 결국은 토착민들을 투르크화시켰다. 그때까지 대부분이 유목민이었던 위구르인들은 도시민과 농촌민이 되어 정주 생활을 시작했다. 위구르인들은 자신들의 스승이었던 소그드인들처럼 실크로드 상인으로서 화려한 상업 문화를 발전시켰고, 마니교·불교·그리스도교를 모두 수용하는 복합적인 영적 생활을 영위했다. 동부 내륙아시아에서 위구르인들은 소그드인을 대신해 문화 전파의 주체가 되었다. 위구르인들은 소그드인들이 자신들의 언어를 적기 위해 도입했던 다양한 형태의 아람–시리아 문자Aramaeo-Syriac script(히브리 문자 및 아랍 문자와 연관된 문자)를 사용해 위구르어를 기록했다. 훗날 몽골인들은 위구르인들로부터 이 문자를 도입했는데 현대 내몽골인

베제클릭 벽화에 그려진 위구르 왕자들(9~12세기경 작품. 베를린 인도미술박물관 소장). 위구르 왕자들이 관모를 쓰고 있고 두 손에 꽃 한 줄기씩을 잡고 있다. 중앙 아시아사 연구자들에 따르면, 베제클릭 벽화에 묘사된 위구르 왕자들의 외모는 위구르 귀족층이 신장의 동이란계 주민들과 섞이기 이전에는 몽골 인종에 속했 음을 보여준다(옮긴이).

들이 여전히 사용하고 있다. 만주인들도 몽골인들로부터 이 문자를 차용했다. 위구르 제국의 후예들은 아마 인구의 3분의 1만이 글을 알았지만 다채로운 종교 문헌들을 출판했다. 10세기 초 아랍인 역사가 이븐 알파키흐Ibn al-Faqîh는 위구르인들을 "투르크 집단 내의 아랍인the Arabs of the Turks"[25]이라 불렀는데, 위구르인들의 역할 변화가 잘 드러나는 표현이다.

키르기즈

위구르 제국을 멸망시키고 몽골 초원의 새 주인이 된 키르기즈인들은 유목-농경 복합사회에서 기원했다. 그러나 유목민이었던 위구르인들만큼 문화적으로 발전된 집단은 아니었다. 키르기즈인들에 대해선 그 초기 역사뿐 아니라 840년과 10세기 초 사이 "제국 시기"의 역사 또한 잘 알려져 있지 않다. 키르기즈인들은 오르콘강과 셀렝게강 유역을 국가의 중심부로 삼는 흉노까지 거슬러 올라가는 유목제국의 전통을 따르지도 않았고 추가적 정복 활동을 벌이지도 않았다. 그대신에 본거지인 예니세이강 지역으로 되돌아가 그곳에서 중국과 중동과의 교역 관계를 이어나갔다. 당대의 이슬람 지리학자들은 키르기즈인들이 목축에 종사하며 시베리아 삼림 지대의 물품들인 사향, 모피, 특수 목재, 상아로 쓰인 후투khutu 뿔(땅에서 파낸 매머드의 엄니) 등을 수출했다고 기록했다.

"천불동"이라고도 불리는 돈황 막고굴莫高窟의 벽화에 묘사되어 있는 당나라 승려 현장(9세기 제작). 기원후 4세기부터 건설되기 시작한 이 인조 석굴들에는 거의 500개의 사원이 있었다. 예술품과 필사본들로 가득 찬 이 종교·문화 단지는 중국에서 실크로드로 들어가는 입구에 위치했다. 승려들은 중앙아시아를 가로질러 순례 여행을 할 때 교역 루트들을 따라갔다.

거란 제국(요)

　이처럼 권력 공백 상태였던 몽골 초원의 새 주인이 된 것은 몽골 어족에 속했던 거란Qitan, 契丹이었다. 거란은 남만주 지역 출신의 수렵민, 덫사냥꾼, 돼지 사육 농경민, 양-말 사육민들로 구성된 강력한 부족민 집단이었다. 한때 돌궐 제국의 지배를 받았지만 거란은 북중국과 만주 지역에 제국(916~1125)을 세우고 중국식 왕조명인 요遼를 국가명으로 채택했다. 거란인들은 몽골 초원을 차지한 후 과거 이 지역을 지배했던 위구르인들에게 재이주를 권하기도 했는데 위구르인들은 정중히 사양했다. 거란은 몽골 초원에 군대를 주둔시키는 한편 중국의 통치에 보다 집중했다. 거란의 통치기에 많은 투르크계 집단이 가혹한 통치와 무거운 세금을 피해 서쪽으로 이주했다. 그 결과 10~11세기 동안 몽골 초원에서는 몽골어 사용 유목민들이 투르크계 유목민들을 수적으로 앞지르기 시작했다. 이제 몽골 초원은 몽골어 사용권이 되었지만, 거란 통치자들은 몽골보다는 중국의 황제가 되는 것을 선호했다.

　돌궐인들은 만주에서 흑해에 이르는 중앙아시아의 첫 대륙 횡단 제국을 건설했고 물품과 사상의 이동을 촉진하는 광범위한 교역 네트워크를 구축했다. 또 다른 제국이 초원 지역을 돌궐인들처럼 통일한 것은 거의 500년이 지나서였다. "하늘이 내린 카간들"의 시대는 비록 막을 내리게 되었지만 돌궐 제국은 흉노로 거슬러 올라가는 통치 모델을 유산으로 남겼다. 이 통치 모델은 이후 등장한 크고 작은 유목민 계승 국가들의 전형이 되었다.

4장

실크로드의 도시들과
이슬람의 도래

화라즘

7~8세기 아랍의 침공 직전에 트란스옥시아나에는 북부 실크로드를 연결하는 일련의 오아시스 도시국가들이 존재했다. 소그디아 도시들인 차츠(타슈켄트), 부하라, 사마르칸드의 서쪽에는 화라즘 Khwârazm이 위치했다. 농업, 제조업, 교역의 중심지였던 화라즘은 북부 삼림 지대의 핀-우그리아계와 슬라브계 민족들의 물품들을 중동 지역으로 보내는 전달자 역할을 했다. 아랍인 지리학자 알무까다시 Al-Muqaddasî가 985년경에 기록한 화라즘의 특이한 수출품들은 다음과 같다. "흑담비 모피, 다람쥐 가죽, 어민ermine〔북방 족제비의 흰색 털〕, 족제비 가죽, 담비 가죽, 여우 가죽, 비버 가죽, 다양한 색상의 토끼 가죽, 염소 가죽, 밀랍, 화살, 모자, 부레풀, 생선 이빨, 해리향海狸香, 호박琥珀, 꿀, 헤이즐넛, 매, 칼, 갑옷, 할란즈khalanj[자작나무], 노예, 양, 소."[1]

소그디아

당시 소그드인들은 중국에서 크림반도에 이르는 유라시아 일대 교역 거점들을 중심으로 중앙아시아의 상업 세계를 지배했다. 소그드인들은 농민, 수공예인, 상인으로서 기술적, 재정적 전문 지식을 발휘했다. 그 활동 흔적을 일본과 벨기에에서까지 찾아볼 수 있다. 소그드인 대상隊商들의 일부는 유라시아대륙을 횡단하며 교역 활동을 했고, 다른 일부는 이웃 소도시들과만 물자 거래를 했다. 운송되는 물품의 양은 다양했다. 최근에 와서야 학자들은 고고학적 발견들, 일부만이 보존된 서한들, 아랍 측의 정복 활동 기록들을 통해 소그드인들과 그들의 남쪽 이웃인 박트리아인들의 활동 내역에 대해 어느 정도 파악할 수 있게 되었다. 소그드인 상인들은 보통 가족 경영을 했으며 주요 도시와 소규모 정착촌에 대리인을 두었다. 소그드인들은 중국에서 관리, 군 장교, 농민, 말 사육업자로서 활동했다. 소그드인 공동체의 리더는 '사르타파오sartapao'(중국어 살보sabao, 薩寶)라 불렸다.[2] 사르타파오는 산스크리트어 단어 '사르타바하sârthavâha'(대상의 리더)의 차용어다. 이 단어 하나만으로도 우리는 소그드인들이 다중 언어를 사용하는 국제화된 집단이었다는 사실을 알 수 있다.

4세기에 간쑤 지방에 거주했던 소그드인 상인들이 고향 소그디아로 보낸 "고대의 서한들Ancient Letters"[소그드어로 쓰인 최초의 주요 문서들이라서 이렇게 불린다]은 소그드인들의 일상생활, 개인적 문제들, 동시대 사건들에 대한 단편적이지만 일부 생생한 정보들을 제공한다. 미우나이Miwnay란 이름의 한 소그드인 여인은 자신의 어머니에게 보내는 편지에서 남편 가족의 반대로 인해 고향집으로 돌아가기 힘들다고 말한다. 미우나이는 자신의 비참하고 가난한 삶에 대해 한탄한다. 미우나이에 의하면, 오직 한 "성직자"만이 그녀를 돕고 있었고 낙타와 안내자를 그녀에게 제공해줄 의사가 있었다. 그러나 미우나이는 어머니의 답변이 필요했던 듯하다. 미우나이는 자신을 버린 남편 나나이-다트Nanai-dhat에게 보낸 다른 편지에서는 그의 부인으로 사느니 차라리 개나 돼지와 혼인하는 편이 낫겠다고 적었다.[3]

박트리아

소그디아의 남부에는 일찍이 쿠샨 왕조와 헤프탈 왕조의 지배를 받은 박트리아가 위치했다. 박트리아는 조로아스터교와 불교의 중심지였다. 현장이 기록하기로, 박트리아에는 "100개의 수도원과 3000명의 승려들이 있었다."[4] 금과 보석으로 장식된 부처상들은 신도들뿐 아니라 약탈자들의 눈길을 끌었다. 전설에 따르길, 알렉산더 대왕이 박트리아의 주요 도시인 박트라(훗날의 〔아프가니스탄 북부의〕 발흐)를 건설했다. 소그디아보다는 도시화가 덜 되었고, 성들과 마을들로 이루어졌던 박트리아는 이웃한 사산 왕조 지배하의 이란을 닮았었다. 주로 그리스 문자로 기록되었던 이란계 박트리아어에는 셈어파 언어들, 그리스어, 산스크리트어, 사산조 페르시아어, 중국어, 투르크어 차용어들이 존재해 박트리아의 복합적 문화사를 잘 보여준다.

낙타를 모는 소그드인 상인을 묘사한 당삼채唐三彩. 소그드인 상인들은 5~8세기에 실크로드 무역의 주역들이었다. "당삼채"는 당나라 때 유행한 도자기를 말하며, 주로 갈색과 백색과 녹색 3가지 색깔의 유약으로 여러 무늬를 묘사했다고 하여 "삼채"라고 부른다(옮긴이).

신장의 호탄, 쿠차, 아그니, 코초

소그디아의 동쪽에 위치한 신장에는 북부의 타림분지와 투르판 지역 그리고 남부의 호탄 지역에 또 다른 일련의 오아시스 도시국가 혹은 왕국이 밀집되어 있었다. 이 도시국가들은 초원의 유목 세력과 중국 사이에 끼어 한나라 시기 이후로 불안한 독립 상태 혹은 자치 상태를 누려왔다. 7세기에 중국과 티베트는 이 지역의 지배권을 놓고 경쟁했다. 중국은 카슈가르, 아그니(오늘날의 카라샤흐르), 쿠차, 호탄을 안서사진安西四鎭으로 삼았다(안서는 "서역을 안정시킨다"를 의미한다). 중국은 751년까지 안서사진을 지배했다.

신장에서 호탄은 남부 지역을 지배했고 카슈가르는 서부 지역을 지배했다. 호탄의 전설들은 호탄의 기원을 기원전 3세기에 불교를 받아들인 인도의 지배자 아쇼카Ashoka[아소카, 마우리아 왕조 왕, 재위 기원전 268~기원전 232]와 결부시킨다. 호탄에서 인도 불교의 영향력은 여전히 컸으며 인도인들은 이란계 사카인에 이어 두 번째로 큰 인구 집단을 이루었다. 호탄은 백옥白玉·창옥蒼玉과 비단의 중심지였다. 벽화에 묘사된 호탄의 전설에 따르면, 호탄의 왕과 혼인하기 위해 호탄으로 온 2세기의 중국 공주(다른 전설에서는 쿠차 출신의 공주였다)가 누에를 화려한 머리 장식 속에 숨겨 몰래 가지고 왔다.[5] 이 이야기를 기록한 현장이 말하기로, 호탄의 주민들은 세련된 불교도들이었으며 음악과 춤을 좋아했다. 호탄인들은 또한 조금 특이한 관습들도 가지고 있었다. 예를 들어, 호탄인들은 은빛이나 황금빛을 띤 현지의 커다란 쥐들에게 제물을 바치는 사원을 지었다. 현지의 전설에 따르길, "흉노"

의 침공을 받은 호탄 왕은 침략자들을 물리치기 위해 쥐들에게 도움을 청했다. 당시 흉노군은 도시 외곽에 위치한 언덕에 진을 치고 있었는데 거대한 쥐가 꿈에 왕에게 나타나 도와주겠다고 했다. 이어서 쥐들은 흉노군의 가죽 갑옷, 말장구, 활시위를 파먹음으로써 호탄의 승리에 한몫했다.[6] 한 영국인 탐험가가 "쥐 머리 형상의 신"이라 이름 붙인 그림은 호탄에서 영국으로 옮겨져 현재 대영박물관에 소장되어 있다.[7]

쿠차, 아그니, 코초는 적어도 8세기까지 토하라어를 사용한 주민들이 거주했던 중요한 도시국가들이었다. 이 도시국가들은 농업, 목축업, 수공예품 생산에 경제의 기반을 두었고, 식료품, 술, 비단, 직물, 펠트, 옥, 화장품 등을 수출했다. 이 세 도시국가는 중국과 인도의 문화적 영향을 많이 받았다. 유라시아의 교차로에 위치했던 쿠차·아그니·코초에서 사용된 언어와 문자들은 무척 다양했다. 각종 문서들과 명문銘文들은 중국어, 티베트어, 투르크어, 토하라어, 인도어, 그리스어, 아르메니아어, 다양한 셈어파 언어, 이란어, 그 밖에 덜 알려진 언어들로 쓰였다.

소그드 시대의 부하라

트란스옥시아나는 650년까지 돌궐의 직간접적 지배를 받았다. 트란스옥시아나의 도시국가들 중에서는 화라즘만 화라즘샤Khwârazmshâh라 불린 군주들의 통치하에 중앙집권적 국가 형태를 이루었다. 소그드인들은 보다 더 분권화된 연합을 형성했다. 부하라와 사마르칸드는 자묵Jamûg 왕실 가문의 지배를 받았다.[8] "부하라 군주"는 낙타 모양의 왕좌를 사용했는데, 이는 분명 대상 무역이 부하라의 경제에서 차지 하던 중요성을 상징적으로 보여준다. 사료에는 '소그디아 왕'이라는 표현이 간혹 등장하는데 소그디아의 왕들은 기껏해야 "동등한 사람들 중 우두머리"일 뿐이었다. 소그디아 왕들은 실질적 권력을 거의 행사 하지 못했으나 나르샤키가 940년대에 쓴《부하라사》를 보면 소그디아 궁정에서는 성대한 의식이 많이 열렸다. 아랍의 부하라 정복이 있기 직전인 8세기 초에는 어린 나이의 "부하라 군주" 투그샤다Tughshâda 대신 그의 모친 카툰Khâtûn(여왕의 호칭)이 섭정을 했다. 카툰은 왕좌에 앉아 노예, 환관, 귀족들을 모아놓고 궁중 회의를 열었다. 매일 200명 의 "금띠를 두르고 칼을 (어깨에) 찬 젊은이들이" 그녀를 섬기기 위해 농촌 지역에서 소환되었다. 카툰은 오전에 집무를 보고, 자신의 성에 가서 점심을 먹고 (이때 요리들을 자신의 "수행원들 전원"에게 보냈다), 오후 에 정사를 재개해 해질녘까지 계속했다.[9]

　나르샤키가 주장하기로, 부하라에는 상점 1000곳이 있었다. 이중 에는, 성벽 근처에 "청과물 상점"과 "피스타치오 상점"도 있었다. 향신 료를 파는 상점들은 다른 구역에 있었으며 이 상점들의 이름을 딴 관 문이 있었다. 부하라의 각 구역들은 벽으로 분리되어 있었고 사람들 은 관문들을 통해 다른 구역들로 이동했다.

소그드인들의 사회와 도시 문화

통치자 밑에는 귀족, 상인, 평민으로 구성된 세 계급 혹은 신분이 있었다. 소그디아에서는, 과거에 이곳까지 세력을 확장했었던 이웃 사산조 이란에서와는 달리, 성안에 거주하던 귀족들과 호화로운 저택 및 사유지를 소유했던 대大상인들 사이에 큰 격차가 없었다. 부하라의 카슈카쓰Kashkath 씨족은 부유하고 강력했던 상인들의 전형이었다. 나르샤키에 따르면, 카슈카쓰 일족은 부하라를 정복한 아랍인들에게 자신들의 저택 일부를 빼앗긴 뒤 정원, 공원, 하인들의 숙소가 딸린 "700채의 저택들을 교외 지역에" 지었다.[10]

소그드인 통치자들과 고위 귀족들은 경호를 위해 고도로 훈련된 엘리트 병사들로 구성된 차카르châkar 부대를 운용했다. 그들은 차카르 병사들을 후원하고 교육시켰거니와 병사들의 충성심을 얻기 위해 그들을 입양하기까지 했다. 차카르 병사들은 용맹하기로 정평이 나 있었다. 그 일부는 사마르칸드 소재 궁정 벽화에 그려져 있을 수도 있다. 차카르 부대의 병력은 주로 평민 집단에서 징집되었다.[11] 이러한 유형의 군사 수행단은 고대 및 중세 유럽과 중앙아시아의 전사 공동체 내에 흔하게 존재했다. 땅을 일구는 농민들은 권력의 중심부에서 멀리 떨어진 집단이었다. 농민들은 신분상으로는 자유민이었지만 종종 토지 보유 귀족인 디흐칸dihqân의 지배를 받았다. 빚 때문에 중세 유럽의 농노와 비슷한 지위로 전락하는 농민들도 생겨났다.

소그디아는 광범위한 대외 교류를 통해 국제화되고 아주 세련된 공동체가 되었다. 동시에 상업적이고 세속적인 세계관을 그 특징으로 했다.[12] 소그드인들은 여러 종교에 관심을 갖고 또 관용적 입장을 보였지만 현세의 일들에도 몰두했다. 이는 소그디아 도시 판지칸드(펜지켄트[또는 판자켄트]라고도 불린다)의 유적지에 보존되어 있는 색다른 벽화에서 뚜렷이 드러난다. 판지칸드는 [8세기 초] 스스로를 "소그디아 왕"이라고 칭한 데와슈티츠Dêwâshtîch 왕이 잠시 수도로 삼은 도시였다. 덜 부유한 사람들의 집들을 포함한 판지칸드의 많은 주택은 문화적 융합을 보여주는 벽화들과 예술 작품들로 꾸며져 있다. 일례로, 어느 한 주택의 벽은 이솝 우화의 독자들에게 잘 알려진 황금알을 낳는 거위 이야기를 그린 그림들로 장식되어 있다. 또 다른 방에는 중국 복식의 여성 관현악단이 그려져 있다. 또 다른 벽화들은 인도와 중국에 이문異文들이 존재하는 사업상의 사기 관련 일화들을 묘사한다[13]—이러한 것들은 소그드 상인들에게는 너무 잘 알려진 주제였다.

판지칸드에서는 이란의 신들이 조각상으로 제작되었는데 과일을 들고 있는 다산의 여신 아나히드Anahid도 있다. 스키타이 "동물 양식"에서 유래하는 기법들을 따르는 동물들의 형상도 있고, 인도 미술의 영향을 받은 것으로 보이는 출렁이는 복장을 한 인물들의 목각 작품들도 있다. 종교적 성격의 기념비적 작품들 또한 있다. 이런 작품들의 훌륭한 사례들은 이웃 박트리아에서도 찾아볼 수 있다. 가장 유명한 작품은, 아마, 2001년 탈레반이 파괴한 아프가니스탄 바미안의 거대한 불상들이다.

이와 같은 소그드인들의 도시 문화는 많은 양의 문헌도 만들어냈는데 그 내용이 다 종교적인 것은 아니다. 어떤 작품들은 교훈적인 도덕 이야기를 다루고 있다. 성경의 욥 이야기와 비슷한 이야기도 있다.

아프라시압 궁전 벽화의 고구려 사신들(우즈베키스탄 아프라시압박물관 소장).
7세기에 제작된 이 벽화에는 소그디아의 왕 바르후만Varkhuman을 만나는
고구려 사신들이 그려져 있다. 이들은 두 개의 새 깃털을 꽂은 모자 즉 조우관鳥
羽冠을 쓰고 허리에는 둥근 고리 손잡이가 달린 환두대도環頭大刀를 차고 있다
(옮긴이).

이 이야기에는 아내와 아이를 여럿 둔 아주 부유한 사람이 등장한다. 그는 자식들에게 호화스러운 혼인 잔치를 열어주었다. 그는 마을 주민들로부터 많은 존경을 받았다. 그러나 그의 삶이 결딴나기 시작했다. 자녀들과 손주들이 죽었고 그는 모든 것을 잃었다. 그는 사회적으로 소녀 노예들보다도 더 하찮은 존재가 되었다. 이야기의 일부만 전해져 오는 까닭에, 안타깝게도 우리는 이 이야기가 어떻게 끝을 맺는지 알 수 없다.[14] 세속적 문헌들은 서사시적 이야기, 사랑 이야기, 법령, 무그산山에서 발견된 데와슈티츠 왕의 공문서들과 같은 정부 서신들을 포함한다. 소그드인들의 문해율은 높은 편이었다. 당연히 상인들은 상업 활동, 교역로, 물품들에 대해 기록을 해야 했다. 농촌 지역에서도 덜 공식적인 기록들이 발견되었는데, 보통은 사람들이 진흙으로 만든 도구들과 같은 일상 용품이나 벽에 적은 것들이다.

소그드인들의 종교

여러 다른 문화의 융합은 소그디아의 종교에서 가장 뚜렷이 확인할 수 있다. 소그디아는, 중세의 근동 지역 및 유럽과는 대조적으로, 국교가 없었고 여러 다른 종교를 관용했다. 소그드어로 쓰인 마니교, 그리스도교, 불교 서적들은 소그드인들의 종교적 관심의 폭이 넓었음을 보여준다. 불교는 여전히 옛 쿠샨과 헤프탈 땅에 널리 퍼져 있는 종교였으며, 아무다리야강(옥수스강) 숭배 신앙 등 여러 토착 신과 여신을 숭배하는 종교들과 공생하고 있었다. 당시 쿠차, 코초, 호탄과 같은 중국 인근의 중앙아시아 도시들은 이미 몇 세기 전부터 불교를 믿어왔다. 이 도시들은 불교 연구와 산스크리트어로 쓰인 불교 경전들을 중국어(한문), 호탄의 사카어, 토하라어로 옮기는 번역가들로 유명했다. 불교 경전을 한역漢譯한 초기의 번역가 중 한 명은 쿠차 출신의 토하라 귀족 쿠마라지바Kumārajīva(구마라집鳩摩羅什, 344~413)였다. 중국의 불교도들은 불교 공부를 위해 쿠차로 왔다.

현장과 후대의 중국인 여행자들은, 십중팔구 불교가 융성한 적이 없었던, 소그디아 본토에서 불교의 일부 흔적만을 발견했다. 현장은 사마르칸드의 왕과 주민들은 불의 숭배자라고 말한다. 그는 사마르칸드에는 "두 종교 사원들"(사찰들)이 있었는데 "그 안에 승려들은 거주하지 않는다"라고 썼다.[15] 그러나 《당서唐書》는 "그들은 불교를 숭상한다. 그리고 하늘의 신에게 제사를 지낸다"라고 기록했다.[16] 후자는 마즈다교에 해당하는 것이었다. 전반적으로 불교는 동방의 소그드인 정착지들에서 더 번성했다. 자연의 요소들(불, 물, 흙, 공기)을 중시하는 조로아스터교 이전의 신앙들 외에도 소그드인들과 화라즘인들은 탄생, 죽음, 부활과 관련된 이란의 신화적 영웅 시야부슈Siyâvûsh(시야바슈Siyâvash)를 추앙했다. 부하라 주민들은 시야부슈가 부하라의 성채를 건설했다고 믿었고, 매년 이란의 (3월 말 춘분날에 해당하는) 신년(축제)인 노루즈Nawrûz(Nowruz)에 날이 밝기 전 수탉을 그에게 제물로 바쳤다. 노루즈는 현재에도 이란과 중앙아시아에서 기념되고 있다.

마즈다교는 이란어 사용권 중앙아시아에서 많은 지역적 변종이 있었지만, 이란의 조로아스터교와는 달리, 국가의 후원을 받는 사제 계급은 없었다. 사람들은 개인, 가족, 지역의 신들을 포함해 다양한 신을 숭배했다. 이웃 간에도 종종 서로 다른 신을 선호하며 가족의 수호신으로 삼았다.

부하라인들은 대모신大母神 아나히드(페르시아어 '아나히타Anāhitā'), 사람의 머리와 황소의 몸을 가진 신 고파트샤Gopatshah, 그 밖에 여러 다른 신을 숭배했다. 고파트샤는 생명을 창조한 원초적 힘으로 여겨졌다. 페르시아 조로아스터교의 주신主神이자 선의 지도자인 아후라 마즈다는 소그디아에서 후르마즈타 바그Khurmazta Bagh("후르마즈타 신")로 불렸다. 소그드인들이 숭배한 신들 중에는 때때로 "신들의 왕"이라 불린 자르바나Zarvana, 와셰근Washeghn 혹은 위샤근Wishaghn (페르시아어 '베레트라그나Verethraghna', 승리의 신), 나나이야Nanaiya (비非이란계 신. 메소포타미아인 혹은 엘람인들의 여신으로서 조로아스터교도들이 숭배했다), 파른Parn("행운" "왕실의 영광") 등 이란 세계에서 잘 알려진 신들이 있었다. 쉼누Shimnu (페르시아의 조로아스터교에서는 아리만으로 불린다)는 악의 세력의 지도자로 여겨졌다. 610년 "서역"을 방문한 수나라 사신 위절韋節은 소그드인들의 한 숭배 의식에 대한 기록을 남겼다. 그는 다음과 같이 말한다. 소그드인들이 믿는 한 천상의 신에게는 7개월 만에 사망한 유아가 있었는데 신자들은 7개월마다 검은색 옷을 입고 애도를 하며 시골에서 이 신성한 유아를 찾아 다녔다. 소그드인들은 조상 또한 공경해, 한 해의 끝이 되면 음식을 제물로 바치고 자신들의 얼굴을 칼로 그었다.[17]

많은 수의 소그드인 정착지는 사원을 의미하는 '바근vaghn, 바간 vaghan(-바근-baghn, -파근-faghn, "사원temple")'이라는 단어를 그 이름에 포함하고 있어, 소그드인들이 사원 주위에 모여 살았다는 것을 알려준다. 11세기 화라즘인 대大학자로서 역사, 지리, 철학, 신학, 수학, 역학曆學, 천문학에 관한 중요 저작들을 아랍어로 남긴 알비루니Al-Bîrûnî는 현지의 조로아스터교와 분명 연관이 있었던 소그드인과 화라즘인의 축제들에 주목했다. 일례로, 바사카나즈Basâkanaj 달(소그드 해의 넷째 달)의 열다섯째 날에 열리는 잔치에서는 일정 기간 불에 닿은 것을 먹지 않거나 마시지 않아온 사람들이 발효된 빵을 먹을 수 있었다. 한 해의 중간에 오는 축제일인 파가칸Faghakân 달의 둘째 날에 사람들은 불의 사원에 모여 기장·버터·설탕으로 만든 특별한 요리를 먹었다.[18] 안타깝게도 알비루니는 이런 잔치(소그드인 축제일들의 명칭은 그 상당수가 "먹기"를 의미하는 "화라khwâra"라는 단어를 포함한다)들이 어떠한 종교적 의미를 지녔었는지에 대해서는 기록을 남기지 않았다.

중앙아시아의 조로아스터교는 우상들을 숭배했던 점에서 페르시아의 조로아스터교와 분명한 차이를 보였다. 나무와 점토로 만들어진 우상들은 보석과 귀석들로 장식되어 있었다. 《수서隋書》 등의 중국 기록들을 보면, 소그디아의 이슈티칸Ishtikhan(중국어로는 "조Cao, 曹"로 불림) 지방에는 "데시Desi"라는 정령을 형상으로 만든 황금 우상이 있었는데 어떨 때는 한꺼번에 1000명이나 모여 이 우상에 매일 낙타 5마리, 말 10마리, 양 100마리를 제물로 바쳤다.[19] 데시 숭배 의식은 널리 퍼져 있었다. 그런데 이 우상들이 어떻게 생겨났고 현지의 종교 제도 내에서 정확히 어떤 기능을 했는지는 잘 알려져 있지 않다. 일부는 힌두교와 불교의 영향을 받았을 수도 있다. 우상들은 그 수가 아주 많아서 아랍인들이 사마르칸드를 정복하고 우상들을 불태울 때 그 쌓아올린 더미가 성의 높이와 같았다고 한다.

중국 측 기록에 따르면, 강국康國(소그디아)의 왕과 사람들은 새해 첫날이 되면 새 옷을 입고 머리카락과 수염을 깎았다. 그리고 수도 근처의 숲에서 말을 탄 채로 활을 쏘는 대회를 7일 동안 열었는데, 누구든지 과녁(종이 한 장에 달린 금화)을 맞히는 자가 하루 동안 왕이 될 수 있었다.[20] 페르가나 지방에서는 덜 친선적인 분위기 속에서 시합들이 열렸다. 이때 두 라이벌 귀족 파벌을 대표하는 두 챔피언이 죽을 때까지 싸웠다. 이것으로 새해가 좋은 해가 될지 나쁜 해가 될지를 예측했다고 한다.[21]

소그디아에는 불교와 현지의 〔토착〕 종교들 외에도 예수의 인성人性을 강조하는 네스토리우스파〔경교景敎〕가 전파되어 있었다〔네스토리우스파는 예수 그리스도 안에 신성神性과 인성이라는 두 가지의 분리된 인격이 존재한다고 주장했다〕. 사산조 페르시아 제국의 샤 카바드 1세Kavad I (재위 488~496, 498/489~531)가 잠시 중앙아시아로 피신해왔을 때 그를 수행했던 네스토리우스교도 중 일부는 샤가 페르시아로 돌아간 후에도 선교 활동을 위해 중앙아시아에 남았다. 635년에 네스토리우스교는 중앙아시아를 거쳐 중국에 전파되었다. 메르브〔오늘날의 투르크메니스탄 마리 근처에 위치했던, 실크로드상의 고대 오아시스 도시〕에 근거지를 두었던 네스토리우스교도들은 6세기 초에 사마르칸드로 진출해 투르크 부족들을 상대로 성공적인 포교 활동을 벌였으며, 이후 몽골 부족들을 상대로도 포교했다. 페르시아인들이 590년대에 콘스탄티노플에 보낸 투르크계 전쟁 포로들은 전염병을 피하기 위한 부적으로 이마에 십자가 문신을 하고 있었는데, 이들은 네스토리우스파 개종자였을지도 모른다. 7세기가 되어 사마르칸드에는 네스토리우스파의 대

주교 관구도 생겼다. 여러 측면에서 볼 때 네스토리우스교도들은 소그디아 지방에서 이슬람교도들 다음으로 가장 성공적인 종교 공동체가 되었다. 소그드인 상인들은 다른 종교의 경우에도 그랬듯 네스토리우스파 선교사 역할도 수행했다.

아랍-이슬람 제국의 중앙아시아 공략

중앙아시아 등지에서 이루어진 아랍-이슬람 제국의 정복 활동은 종교적 열정, 영토 욕심, 전리품, 제국의 심장부에서 심화되던 내부 갈등을 밖으로 돌리기 등 다양한 동기에서 비롯했다. 이슬람교도들은 사산 왕조의 마지막 군주 야즈디가르드 3세Yazdigard III〔야즈데게르드 3세 Yazdegerd III〕가 651년에 암살되고 이란이 아랍인들에게 점령된 후 마와라안나흐르Mâ warâ'an-nahr로 진출했다. "(옥수스) 강의 건너편"을 의미하는 마와라안나흐르는 〔그리스어 지명〕 트란스옥시아나를 아랍어로 번역한 명칭이다. 아랍인들의 마와라안나흐르 침공은 예언자 무함마드 Muhammad(632년 사망)의 계승자들이자 팽창 중이던 이슬람 국가의 정치 지도자들이었던 우마이야조Umayyad 칼리프들(재위 661~750)이 전개한 아랍 정복 활동의 일환이었다. 당시 아랍인들은 북코카서스〔북캅카스〕 지방의 돌궐 계승 국가인 하자르Khazars, 트란스옥시아나의 서돌궐, 북아프리카의 베르베르인을 상대로 공세를 취하고 있었다. 아랍 군대는 아프가니스탄으로 진격해 중앙아시아와 중동의 경계선이었던 옥수스강〔아무다리야강〕을 건너 소그디아를 공격했다. 당시 소그디아는 서돌궐의 간접 지배 아래 있었다. 아랍인들이 침공을 시작할 무렵 중국〔당〕은 659년 서돌궐을 복속시켰다. 690년대가 되어 서돌궐은 부흥했고 이후 중국, 티베트, 돌궐, 아랍인들이 중앙아시아의 지배권을 놓고 경쟁하는 복잡한 상황이 전개되었다.

우마이야 왕조의 동방 지역 군사령관 쿠타이바 이븐 무슬림Qutaiba ibn Muslim은 705년에 아랍인들의 약탈 공격 활동을 정복 전쟁으로 전환했다. 쿠타이바는 옥수스강에서 중국에 이르는 정치적 체스판 위에서 소그드인들과 돌궐의 대립을 능숙하게 이용했다. 메르브의 일부 소그드인 상인들은 아랍 군대의 원정 활동들에 자금을 대기까지 했다. 이는 괜찮은 사업이었고 소그드인 상인들은 자신들의 몫을 챙길 수 있었다. 쿠타이바는 부하라, 화라즘, (아프가니스탄의) 토하리스탄을 연달아 정복했다. 712년이 되자 그는 사마르칸드를 침공할 준비가 되었다.

아랍 군대는 〔8세기 초 소그디아의 왕〕 구락Ghûrak의 지배하에 있던 사마르칸드를 포위 공격 했다. 그리고 소그드인 귀족들과 전사들로 이루어진 특수 구원군 부대를 매복 공격을 통해 격파했다. 아랍 군대는 적들의 머리를 잘라 귀에 자신들의 이름을 쓰고 허리띠에 매달아 장식을 한 채 쿠타이바에게 귀환했다. 이 참사에 대한 소문이 곧 퍼졌고 저항 세력은 무너졌다. 구원군이 올 가능성이 없어지자 구락은 항복했다. 712년 체결된 조약에서 아랍인들은 소그디아 왕의 칭호를 인정하거나 그에게 부여했을 것이다. 아랍인들은 자신들의 손아귀에 있는 통치자를 내세우는 것이 이익에 부합했다. 아랍 군대는 713년 동돌궐 군대를 격파한 뒤 소그디아와 화라즘에 대한 지배권을 확고히

할 수 있었다.

한편, 무슬림 정복자들은 국내의 정치적 분쟁을 겪으면서 어려움에 빠졌다. 위기의식을 느낀 쿠타이바는 715년에 반란을 일으켰으나 실패하고 살해되었다. 트란스옥시아나에서 아랍인의 헤게모니는 즉시 붕괴되었다. 서돌궐은 716년에 동돌궐의 카파간 카간이 사망한 후 동돌궐로부터 다시 독립을 시도했는데, 독립 시도는 상황을 더 복잡하게 만들었다. 기회를 감지한 소그드인들은 719년 아랍인들에게 대항해 대대적 반란을 일으켰다. 왕을 자처한 데와슈티츠도 반란군 편에 섰다.

무그산에서 발견된 소그드 문서들은 당시의 시대 상황을 엿보게 해준다. 아랍인들이 다시 소그디아를 정복해나가던 상황에서 작성된 한 서신에서 데와슈티츠의 부하는 자신의 주군에게 다음과 같이 보고한다. "군주님, 폐하, 대大수호자, 소그디아의 왕이시여" "미천한 노예인 저 파투파른Fatufarn은 차츠(타슈켄트), 페르가나 등지의 왕들에게 서신을 전했습니다. 너무 민감한 내용이라 글로 적지 않은 정보들도 구두로 빠짐없이 전했습니다." 우스트루샤나Ustrushana(또 다른 소그드계 국가)로부터는 "아무런 좋은 소식을 듣지 못했습니다. 우스트루샤나 사람들은 모두 피난을 갔습니다. 군주님, 저는 아무 일행도 없이 혼자입니다. 군주님, 그래서 감히 그곳으로 가지 못했습니다."[22] 당시 다른 지역들은 아랍인들과 타협했다는 소문도 돌고 있었다. 안타깝게도, 이 드라마틱한 서신문은 그 일부 내용만 현재 전해지고 있다. 데와슈티츠는 결국 722년에 아랍 군대에 생포되어 십자가에 매달려 죽었다. 그사이 구락은 아랍인들과 돌궐인들 사이에서 줄타기 외교를 하고 있었다. 당시 아랍인들의 승리는 불확실한 상황이었다. 아랍인들은 728년경에 사마르칸드와 몇몇 지방만을 지배하고 있었다. 소그드인 반란 세력은 돌궐 및 티베트와 동맹을 맺었다.

아랍의 지배력이 약화되자 투르게슈Türgesh[돌기시突騎施] 부족 출신의 술루Sulu[소록蘇祿]가 서돌궐을 부흥시켰다. 술루는 서돌궐 내에서 명목상의 카간을 제치고 실력자로 부상한 인물이었다. 투르게슈는 가변적 상황에 대응해가며 티베트 그리고 간혹 아랍인들 혹은 반反아랍 소그드인들과 동맹을 맺었다. 서돌궐-투르게슈는 당나라 지배하의 신장도 침략했는데, 당나라는 돌궐 내부의 분란을 조장해 술루와 서돌궐 카간이 서로 맞붙게 만들었다. 티베트인들, 투르게슈, 아랍 반군들은 서로 힘을 합쳐 트란스옥시아나에서의 이슬람 지배에 도전했다. 그런데 이러한 제국들과 지역 동맹 세력들이 개입된 전쟁의 전리품은 트란스옥시아나의 실크로드였다.

736~737년에 당나라는 투르게슈를 격파하고 티베트를 패주시켰다. 아랍인들은 737년에 술루를 상대로 압승을 거두었다. 10세기 아랍인 역사가 알타바리al-Tabari에 따르면, 술루는 이 패배 직후 주사위놀이에서 비롯된 싸움 때문에 자신의 라이벌 바가 타르칸 퀼 추르 Bagha Tarqan Kül Chur에게 취침 중에 살해당했다. 다음 날 돌궐인들은 술루의 알몸을 흩어진 채로 두고, 서로를 공격하기 시작했다.[23] 술루의 사망으로 투르케슈는 분열되었으며 더는 아랍의 패권에 도전하지 못했다. 바가 타르칸 퀼 추르는 중국[당]과 충돌했고 744년에 사망했다. 같은 해에 위구르인들이 동돌궐 땅에서 새 주인이 되었다. 그때까지 위구르의 동맹 세력이었던 투르크계 부족연합 카를룩은 이듬해 강압

적인 위구르로부터 독립해 당의 세력 아래 다시 놓이게 된 서돌궐 땅
으로 도주했다.

중앙아시아에 여전히 눈독을 들이던 두 제국인 이슬람 제국과 중
국의 충돌은 불가피했다. 소그드인 도시국가들 사이에 발생한 권력
투쟁이 계기가 되어 751년에 당과 카를룩 동맹군은 카자흐스탄의 탈
라스강 근처에서 이슬람 군대와 맞붙었다. 이 전투에서 서돌궐-투르
게슈와 라이벌 관계에 있던 카를룩이 이슬람 제국 편으로 돌아서면서
이슬람 군대가 승리했다. 사마르칸드로 끌려간 중국인 포로들 중에는
제지 기술자가 있었고, 이들로부터 종이가 더 넓은 지중해 세계로 전
파되었다고 오랫동안 주장되었다. 그러나 최근의 연구들을 보면, 중
국은 이르면 3세기 초부터 종이를 수출해왔고 종이는 이슬람 이전 시
기에 상인들과 불교 순례자들을 통해 신장과 소그디아에 전파되어 있
었다. 따라서 제지술이 중앙아시아로부터 중동의 이슬람 세계에 전해
졌을 수 있지만 이것이 반드시 751년의 탈라스전투와 관계가 있었던
것은 아니었다.[24]

중앙아시아의 이슬람화

아랍 군대의 승리에 이어 755~763년의 내란(안사安史의 난)으로
중국이 중앙아시아로부터 철수하자 이슬람교가 트란스옥시아나에서
지배적 종교가 될 수 있는 길이 열렸다. 이슬람 세력이 소그디아의 도
시국가들을 장악해나가자 일부 소그드인들은 동쪽으로 이주해 중앙

아시아와 중국 국경 지대에 있는 소그드인 공동체에 합류했다.

이제 중동에서 아랍인들이 역사상 가장 성공적인 식민 세력의 하나가 되었다. 많은 수의 아랍인이 트란스옥시아나와 페르시아의 국경 지대를 포함한 정복지들에 정착했다. 중동의 셈계 언어 사용 지역에서 아랍어는 현지의 그리스도교도들과 유대교도들이 사용하던 같은 셈계 언어인 아람어Aramaic를 대체했다. 이슬람교는 초기에는 정복 엘리트 집단이 믿는 종교였다. 이슬람교로의 개종은 점진적으로 이루어졌다. 무슬림들은 9세기까지 메소포타미아에서 다수를 차지하지 못했다. 시리아와 이집트에서는 이슬람화 과정이 더 오래 걸렸다. 반면 이란은 (아마 9세기 중엽 혹은 말엽에) 정복지들 중 가장 먼저 무슬림들이 다수를 차지한 지역이 되었지만 자신의 고유 언어인 페르시아어와 고유 문화는 상실하지 않았다.

다음 몇 세기 동안 중앙아시아의 이란어 사용 도시민의 대다수가 이슬람교로 개종했다. 다른 정복지들에서와 마찬가지로 이슬람교로의 개종은 이슬람교도와 비이슬람교도들이 가장 직접적으로 교류하는 도시들에서 시작되어 다른 지역으로 확산되었다. 일부 지역에서는 이슬람교가 옛 종교들과 혼합되기도 했다. 이슬람교 개종자들은 옛 관습을 쉽게 포기하지 않았다. 비록 정복이 개종의 토양을 마련해주었지만 이슬람교로의 개종은 보통 자발적으로 이루어졌다. 영적, 정치적, 사회적, 경제적 동기들이 합쳐진 결과였다. 상업 마인드를 가졌던 소그드인과 화라즘인 상인들은 팽창하는 이슬람 세계에 편입되는 것이 자신들에게 경제적으로 이익이 된다고 생각했다. 새로 수립된 압바스 칼리프국'Abbâsid Caliphate에서 페르시아인들과 중앙아시아의 이란계 주민들이 높은 지위를 누리게 됨에 따라 그리고 9세기에 비非 아랍계 이슬람교도들의 지위가 전반적으로 향상됨에 따라 이슬람교 로의 개종이 늘어났다. 칼리프의 권력은 10세기 들어 약화되었지만, 도시 지역에서 확고히 뿌리를 내린 이슬람교는 시골 지역으로도 확산 되었다. 11세기 혹은 12세기에는 중앙아시아의 시골 지역도 전반적 으로 이슬람화가 되었다. 전통적인 토지 소유 상류층인 디흐칸 계층 은 소멸되고 새로운 무슬림 엘리트 집단으로 대체되었다.

중앙아시아에서 페르시아어와 투르크어의 확산

도시들은 번창했고 이슬람 정부는 장거리 교역을 촉진하기 위 해 대상 교역로를 따라 요새들과 숙소들을 건설했다. 동방의 이란 세 계에서 많은 사람의 "제2언어"였던 페르시아어는 점차 "동족어〔이란 어파〕"였던 박트리아어, 소그드어, 화라즘어를 대체했다. 그러나 11세 기까지도 일부 도시들에서는 소그드어가 제1언어로 사용되었다. 알 비루니에 따르면, 아랍인들이 화라즘을 정복한 뒤 모든 서적을 불태 우고 많은 학자를 살해했다.[25] 그럼에도 불구하고, 알루비니는 자신의 고향인 화라즘의 관습, 달력, 종교적 믿음 등에 대한 귀중한 정보들을 우리에게 제공하고 있어 구전 이상의 정보들이 후대에 전해졌던 듯하 다. 화라즘어는 아마 14세기까지도 계속 사용되었던 듯하다. 페르시 아어는 동부 이슬람 세계 전역에 퍼졌다. 이란인들은 이슬람교도들을 타직Tājik/Tāzik이라 불렀다. 중앙아시아에서 타직은 처음에는 아랍인 무슬림을 지칭하는 명칭이었으나 나중에는 페르시아어를 채택한 트란스옥시아나의 모든 이슬람교도를 지칭하는 명칭이 되었다.

문어로서의 근대 페르시아어는 중앙아시아에서 처음 발전했다. 페르시아어는 기존의 아람어 계통의 알파벳 대신 아랍어 알파벳을 사용하기 시작했고 상당수의 아랍어 어휘도 차용했다. 그러나 소그드어 사용 주민들을 동화시킨 언어가 비단 페르시아어만은 아니었다. 중앙아시아의 넓은 지역에서 정치 엘리트들이 사용한 투르크어 또한 상당히 확산되었다. 11세기 후반에 아랍어로 투르크어 사전을 편찬한 마흐무드 알카슈가리Mahmûd al-Kâshgharî는 투르크어와 소그드어를 병용하던 도시들을 따로 열거할 수 있었다. 그가 주목하기로, 여타 도시에서는 투르크어가 주된 언어로 사용되었고 현지의 이란계 언어들은 도시 주변의 촌락에서만 살아남았다.

동투르키스탄의 투르크화

8세기부터 9세기 초까지 중국과 티베트 사이에 격렬한 충돌이 발생한 신장의 상황은 여러 측면에서 소그디아와 차이를 보였다. 우선 아랍-무슬림 군대는 신장까지 도달하지 못했다. 이슬람이 신장에서 발판을 마련한 것은 9세기 말과 10세기가 되어서였다. 그럼에도, 이곳에서도 중대하고 장기적인 민족의 변화와 언어의 변화가 일어나고 있었다. 중국 북서부 출신의 티베트-버마계 민족 탕구트(중국어 명칭 서하西夏)는 1028년부터 1036년까지 간쑤 지방의 위구르인들을 침략했다. 간쑤 지방의 위구르인들은 황黃위구르Yellow Uighurs〔오늘날의 중국 간쑤성 쑤난 위구족 자치현의 위구족(유고족)裕固族〕라 불리는 민족 집단으로 살아남았다. 황 위구르족은 투르크계 민족 중 드물게 불교를 믿는다. 신장의 다른 위구르계 나라들은 이후 2세기 동안 독립을 유지했다. 이들은 이란계와 토하라계 피지배민들과 더불어 불교를 믿었다. 위구르 투르크어는 점차 현지의 다른 언어들을 대체해나갔는데 이 과정은 몽골 정복이 시작될 시점에 대체적으로 완료되었다. 정착 생활을 하고 자신들의 피지배민들과 통혼하던 위구르인들 또한 변모해 중국과 서역 지방 사이의 중간 상인이 되었다. 이제, 오늘날 신장〔신강新疆〕이라고 불리는 지역은 진정으로 동투르키스탄이 되었다.

5장

초원 위에 뜬 초승달: 이슬람과 투르크계 민족들

포스트-돌궐 시대의 투르크계 유목민족들:
카를룩, 오구즈, 페체네그, 키멕, 킵착, 키르기즈

몽골 초원에서는 돌궐 제국이 멸망하고 위구르 제국이 부상함에 따라 이동이 촉발되었다. 그 결과 투르크계 부족들이 이란-이슬람권 트란스옥시아나의 국경 지대로 이주하게 되었고 일부는 흑해 초원까지 도달했다. 이 부족들은 이슬람 제국 및 비잔티움 제국과 직접적이며 지속적인 관계를 맺었고 이후 근대 중앙아시아 투르크계 민족들로 발전했다.

카를룩은 745년에 카자흐스탄 남동부의 세미레체Semirech'e(카자흐어 명칭 제티수Jetisu. 세미레체(러시아어), 제티수(카자흐어) 모두 "일곱 개의 강"을 의미한다) 지역으로 이주했고 766년에는 서돌궐을 대체하고 카자흐 초원의 최강자로 등극했다. 840년에 위구르 제국이 붕괴된 후 잠시 동안 카를룩은 투르크계 유목민들의 맹주를 자처하며 자신들의 통치자를 "카간의 카간"이라 불렀다. 770년대에 인근 시르다리야 지방에는 강력한 오구즈가 등장해 또 다른 투르크계 민족 페체네그를 흑해 초원으로 몰아냈다. 오구즈인들은 페체네그 유목민들을 얕보며 "털이 많고 텁수룩한 개"들이라고 불렀다.[1] 페체네그의 이동으로 바시키리아에 거주하던 헝가리인들의 선조들은 흑해 초원으로 밀려났다 9세기 말에 다시 동중앙유럽으로 이주했다("바시키리아"는 오늘날 러시아의 바시코르토스탄을 말한다). 이처럼 중앙아시아 유목민들의 이동은 유목 부족들을 재배치시켰을 뿐 아니라 유럽의 정치와 민족 구조에도 영향을 미쳤다.

서시베리아에서는 8세기 말에 키멕 카간국Kimek Qaghanate이 등장했다. 키멕인들은 투르크계 부족, 타타르 부족, 그리고 여타 몽골-만주 변경 지역 출신 부족들로 구성된 혼합 집단이었다.[*] 키멕인들은 북방 삼림 지대와의 수익성 좋은 모피 교역, 그리고 이를 통해 생겨난 이슬람 세계와의 장거리 교역을 효과적으로 활용했다. 11세기 전반에는 키멕 카간국에 예속되어 있던 킵착인들이 키멕 카간국을 멸망시키고 다뉴브강에서 서시베리아에 이르는 지역에서 부족연합을 형성했다.

킵착 부족연합의 북동쪽에는 키르기즈인들이 거주했다. 키르기즈인들의 통치자는 카간 칭호를 사용하며 켐강(예니세이강)의 이름을 딴 케미즈카쓰Kemijkath라는 소도시에 거주했다. 이슬람 지리학자들

---

* 여기서 "타타르 부족"은 돌궐 제국 시기에 동몽골 지역에 거주하던 몽골어 사용 부족을 말한다. 포스트 몽골 시대의 무슬림 타타르인들과는 무관하다.

은 키르기즈인들이 "야수의 본성을 가지고 있다. (…) 이들은 방종하고 잔인하다. (…) 주위에 살고 있는 모든 사람과 전쟁을 벌이며 적대적 관계에 있다"라며 부정적으로 묘사했다.[2] 키르기즈의 일부 부족은 식인 풍습을 가졌다는 비난도 받았다. 이러한 기록들에는 사실과 공상이 뒤섞여 있는데, 먼 곳에 거주하는 민족들에 대한 기술들이 갖는 전형적 특징이었다. 외딴 삼림과 유목 세계에 거주했지만 키르기즈인들은 실크로드를 통해 사향, 모피, 목재, 상아를 공급했다.

굴람: 투르크계 군사노예

이상의 나라들과 부족연합들은 대략 서로 알아들을 수 있는 투르크어 방언들을 사용했고 유사한 유목 생활을 했다. 그리고 정주국가들을 약탈 공격 하는 것만큼이나 서로 싸웠다. 이슬람 세계의 오아시스 도시들은 이들과 교역을 했지만 다른 한편으로는 이들의 약탈 공격을 저지하고, 이들을 급습하기 위해 요새들을 건설했다.

9세기 초에 무슬림들은 유라시아 북부 지방과 초원 지역 출신 노예들을 활발히 거래하고 있었다. 볼가강 유역의 하자르 카간국(7세기 중반에서 965년과 969년 사이까지 존속했다)과 트란스옥시아나의 사만왕조(819~1005)가 노예의 주 공급자들이었다. 당시 사만 왕조의 군주들은 아미르amír 칭호를 사용하며 압바스 왕조를 명목상으로 섬겼다.[*] 무슬림들은 두 부류의 노예들을 획득했다. 곧 전쟁을 통해 생포한 투르크계 유목민들과 노예 원정을 통해 동유럽의 삼림 지대와 농경 지대에서 포획한 슬라브인들이었다. 슬라브Slav라는 집단명은 이 끔찍한 상업과 매우 밀접한 연관을 가져서 노예를 뜻하는 영어의 slave란 단어는 여기서 유래한다.

투르크계 노예들의 주 매수자는 압바스 왕조의 칼리프들이었다. 압바스 칼리프들은 명령에 복종하는 군사 기계적 인간, 특정 정파와 민족 집단의 이해에 휘둘리지 않는 외부인을 원했는데 중동의 비非토착민으로서 뛰어난 전투 능력과 인내력을 갖추었던 투르크 용병들은 이 기준에 부합하는 이상적인 군사노예들이었다. 아랍인들은 군사노예를 처음에는 '굴람ghulâm'(복수형 길만ghilmân. "소년들"), 나중에는 '맘룩mamlûk'("노예, 소유된 자")이라고 불렀다. 아마 에티오피아 혈통이었던 [9세기] 아랍인 산문 작가 알자히즈Al-Jâhiz는 저작에서 여러 민족을 논했는데 투르크인들의 강인함에 대해 극찬했다. 그는 투르크인들이 "땅에서보다 말 등 위에서 더 많은 나날을 보냈다"라고 적었다.[3] 칼리프국으로 팔려온 굴람들은 추가 군사 훈련을 받은 뒤 특수 부대에 편입되었다.

굴람 제도는 소그디아의 '차카르'와 같은 중앙아시아 군사 제도의 영향을 받아 탄생했을 수도 있다.** 아울러 중앙아시아의 소그드인과 투르크인 귀족들이 자발적으로 칼리프의 신하가 되었다. 많은 수의 투르크계 인사가 군대와 궁정 내에서 고위직까지 올랐으며 시간

● 사만 왕조의 통치자들은 압바스 제국의 명목상의 제후를 자처하며 '군주'를 의미하는 "술탄Sultan" 칭호 대신 '군사령관'을 의미하는 "아미르"를 칭호로 사용했다. 아미르는 영어로는 "에미르 emir" "아미르amir"라고 한다.

●● "차카르"는 이슬람 이전 시기 소그디아에서 왕과 귀족들이 거느렸던 친위대를 말한다.

이 지나자 칼리프국을 지배하기 시작했다. 9세기 바그다드의 유명한 굴람 중 한 명이었던 하자르 카간국 출신의 이타크Itakh는 바그다드의 한 부유한 집안에서 노예 요리사로 경력을 시작했던 자다. 권세를 가진 투르크계 군사령관들이 칼리프들을 추대하기도 하고 폐위하기도 해서 군사노예 제도는 결국 압바스 왕조를 약화시켰다. 이것은 칼리프들이 기대했던 바가 아니었다.

하자르 카간국과 불가리아

하자르 카간국의 왕가는 서돌궐의 아시나 혈통이었던 것으로 보인다. 하자르인들은 630~650년경에 서돌궐로부터 독립해 북코카서스와 우크라이나와 남러시아의 초원 지대에 새로운 국가를 건설했다. 하자르 카간국과 아랍 칼리프국은 코카서스의 지배권을 놓고 (640년대와 737년 사이에) 장기전을 치렀고 그 결과 북코카서스에 양측의 국경이 형성되었다. 하자르인들은 또한 우크라이나 초원에서 불가르 부족연합도 격파해, 불가르인 일부는 679년경에 발칸반도로 이주해야 했다. 이들 불가르인은 현 불가리아 지역에 자신들보다 앞서 이주해 있던 슬라브계 부족들을 정복했다. 864년 이미 슬라브인들과 동화하고 있던 발칸반도의 불가르인은 그리스도교로 개종해 오늘날의 불가리아 민족으로 발전했다. 그렇지만 중앙아시아의 문화 전통도 유지했다. 예를 들어, (9세기까지 거슬러 올라가는) 한 불가리아 왕명록은 불가르 투르크어와 슬라브어를 혼용하고 있으며, 동아시아에서 여전히 널리 사용되고 있고 과거에 투르크계 민족들 사이에 널리 퍼져 있던 십이지+二支 동물 주기 달력에 따라 왕들의 재위 연도를 기록하고 있다.[4]

하자르 카간국은 중세 세계의 최대 상업 중심지 중 하나가 되었다. 발트해와 북유럽 삼림 지대에서 카스피해를 거쳐 이슬람 세계로 들어오는 물품들의 주요 통로인 볼가강 루트를 지배했기 때문이다. 하자르 카간국은 비잔티움 제국과 (항상은 아니었지만) 자주 동맹 관계에 있었고, 복잡한 삼각관계 속에서 콘스탄티노플[비잔티움 제국]과 바그다드[이슬람 제국]와 정치적·경제적으로 교류했다. 하자르 카간국의 공주가 비잔티움 통치자와 혼인하기도 했다. 비잔티움 황제가 외국인 여성과 혼인하는 것은 드문 일이었다. 볼가강 하류에 위치했던 하자르 카간국의 수도 아틸은 외국 상인들뿐만 아니라 하자르 카간국의 25개 피지배 민족의 상인들로도 붐볐다. 아틸에는 이슬람교도(필시 하자르 카간국 내에 거주하던 외국인 상인들의 대다수는 이슬람교도였을 것이다), 그리스도교도, 유대교도, 이교도들이 거주했는데, 각 교도들은 각자의 종교법에 따라 재판받을 수 있었다. 하자르 카간은 8세기 말과 9세기 초 사이에 유대교로 개종했다. 많은 수의 하자르 지배 가문 인사도 카간을 따라 유대교로 개종했다. 다른 사람들은 이교도로 남아 동시대의 대다수 투르크계 민족처럼 샤머니즘을 믿었다. 일부는 이슬람교나 그리스도교로 개종했다. 하자르인들은 카간을 신성한 존재로 여기며 국가의 행운이 그에게 달렸다고 보았다. 하자르 카간국에서는 일상적 통치 활동을 위임받은 부副카간이 있었다. 현지의 이슬람교도 중에서는 국가의 재상도 배출되었다. 이 재상과 신성한 카간들의 호위병들은 화라즘 출신의 거주민들이었다.

사만 왕조의 노예 무역

사만 왕조는 노예 거래에서 〔하자르 카간국보다〕 더욱더 중요한 역할을 했다. 십중팔구 (아프가니스탄) 토하리스탄 출신의 이란인들이었을 사만 일족은 우마이야 왕조 시기에 이슬람교로 개종한 지방 영주들의 후예들로, 9세기 초에 트란스옥시아나에서 지배 세력으로 부상했다. 사만 왕조는 초원의 투르크계 유목민들을 약탈 공격 해 초기의 투르크계 군사노예들을 획득했다. 사만 왕조는 군사노예 훈련 학교들을 설립하는 등 투르크계 군사노예 공급을 하나의 사업으로 만들었다. 스스로를 "부하라 구역의 성벽"[5]이라 불렀던 사만 왕조의 이스마일Ismāʿîl 〔이스마일 이븐 아흐마드Ismāʿîl ibn Ahmad, 이스마일 사마니Ismail Samani, 재위 892~907〕은 893년에 약탈 원정을 통해 1만~1만 5000명의 포로들을 노획했다. 그중에는 카를룩 수령의 부인도 포함되어 있었다.

사만 왕조 출신의 대학자들: 알화라즈미, 알파라비, 이븐 시나

사만 왕조의 아미르들은 수도 부하라를 중심으로 문예 활동을 후원했고, 이에 페르시아 문학이 눈부시게 부활할 수 있었다. 사만 왕조 출신의 중앙아시아 학자들은 이슬람 문화와 세계 문화 발전의 주요 공헌자였다. 화라즘 출신의 수학자 아부 자파르 무함마드 알화라즈미 Abu Jaʿfar Muhammad al-Khwârazmî(780?~850?)는 알마문al-Maʾmûn 칼리프의 궁정에서 점성술사로 활약했다. 영어 단어 알고리듬algorithm은

10세기 부하라에 건설된 이스마일 이븐 아흐마드의 영묘. 이스마일은 동방의 반란을 진압한 데 대한 보상으로 압바스 칼리프국에 의해 호라산의 총독(900~907)으로 임명되었다. 이스마일 이븐 아흐마드의 권력은 트란스옥시아나와 그가 이슬람을 적극적으로 전파한 투르크 세계까지 미쳤다.

대수학algebra의 발전에 기여한 그의 이름 알화라즈미에서 유래한다. 알화라즈미는 지리학 서적과 천문학 서적들도 저술했다.

시르다리야 출신의 무함마드 알파라비Muhammad al-Farâbî(872?~950?)는 당대의 대학자였다. 소그드어와 페르시아어로 교육을 받은 그는 아랍어로 저술 활동을 펼쳤다. 그는 부하라에서 교직 생활을 했고, 이후 이란을 거쳐 바그다드와 다마스쿠스에 정착했다. 알파라비와 같이 넓은 공간을 이동하는 것은 당대 이슬람 학자들 사이에서는 드문 일이 아니었다. 그의 저작들은 철학, 정치이론, 윤리학, 자연과학, 의학, 수학, 문학, 언어학, 음악 등 광범위한 주제를 다루었다. 알파라비는 플라톤, 아리스토텔레스, 유클리드와 같은 고대 그리스 사상가들에 대해서도 논했다. 그의 일부 저작 중 예컨대 《푸술 알히캄 Fusûl al-Hikam》("지혜의 판단The Judgments of Wisdom")은 이슬람 세계의 고등 교육 기관들에서 교과서로 사용되었다. 《키탑 알무시키 알카비르 Kitâb al-Mûsîqî al-Kabîr》("음악의 위대한 책Great Book of Music")는 작곡뿐 아니라 음악의 음향과 수학에 대해서도 다루었다. 알파라비의 이론들은 19세기에도 여전히 유럽의 음악학 연구자들에게 영향을 끼치고 있었다.

부하라 인근 지역 출신의 이븐 시나Ibn Sina(980~1037, 유럽에서는 아비첸나Avicenna로 알려져 있다)는 알파라비를 능가하는 학자였다. 사만 왕조 관료의 아들이었던 그는 사실상 모든 지식 분야에서 뛰어난 학자였다. 젊은 시절 이븐 시나는 사만 왕조의 아미르 누흐 이븐 만수르 Nûh ibn Mansûr를 치료한 게 계기가 되어 왕궁 도서관을 드나들 수 있었다. 사만 왕조가 쇠퇴하게 되자 이븐 시나는 부하라를 떠나 여러 곳

이븐 시나의 아랍어 백과사전 《알카눈 피 앗티브(의학전범)》 필사본(15세기경 제작). 492장으로 구성되어 있으며 그 상당수가 컬러 잉크와 금박으로 꾸며져 있다. 이 필사본 제작에 큰 정성을 들인 것은 책 내용이 높이 평가되었다는 증거다. 크레모나의 제라드 Gerard of Cremona는 서구 세계로의 아랍 학문 전파의 중심지였던 스페인 톨레도에서 12세기에 《알카눈 피 앗티브》를 라틴어로 번역하기도 했다.

을 이동하며 지내다 화라즘을 거쳐 이란에 정착했다. 그는 비정통적인 종교적 신념으로 자주 박해를 받았고 심지어 사형에 처해질 수 있는 무신론자라는 비난을 받기도 했다. 이븐 시나는 의사로서 생계를 이어갔고, 때로는 다양한 통치자의 궁정에서 의학(40권이 넘는 책)에서부터 우주론, 철학(약 185편의 연구), 신학, 음악, 식물학을 포함하는 모든 분야에 대해 가르치고 저술했다. 그는 당대의 다른 학자들과 마찬가지로 아랍어로 번역된 그리스-로마 고전들을 연구해 체계화하고, 개정하고, 재해석했다. 이븐 시나는 이론과 전통에만 의존하기보다는 실험과 경험적 지식을 추구해야 한다고 역설했다. 그의 저서 《알카눈 피 앗티브al-Qânûn fi at-Tibb》("의학전범Canon of Medicin")는 라틴어와 여러 언어로 번역되어 유럽에서 널리 활용되었다.

사만 왕조와 중앙아시아 유목민들의 이슬람화

사만 왕조는 이슬람의 확산에서도 중요한 역할을 했다. 당시 중앙아시아 도시들의 지배적인 종교였던 이슬람교는 초원 지역으로 확산하고 있었다. 사만 왕조는 아마 옛 불교 교육 기관을 모델로 삼은 이슬람교 대학인 마드라사madrasa들을 세웠으며, 근동 지역으로 보내질 투르크인들을 이슬람교도로 양성하는 관료 기구들과 관리 전통들을 확립했다. 원칙적으로, 사만 왕조의 최고 권력자는 아미르였다. 아미르가 임명한 재상이 재정, 외교, 치안 등의 국정 업무를 수행하는 정부를 이끌었다. 정부는 궁정과 부처들로 구성되었는데 양자는 그 기능이 뚜렷이 구분되지는 않았다. 마찬가지로 아미르의 권력은 시간과 지역에 따라 차이가 있었다. 사만 왕조는 소그드인 무역 도시들의 상업 전통을 계승하고, 대륙 횡단 무역에서 중요한 역할을 수행한 동이슬람 세계의 리더였다. 사만 왕조의 주화들(혹은 그 위조품들)은 러시아와 스칸디나비아에서도 상당량이 발견되었는데, 국제무역에서 사만 왕조가 지녔던 중요성을 잘 보여준다.

이슬람 세계의 문인들은 중앙아시아의 북부 변경 지대를 지하드 Jihâd(성전聖戰)의 영역으로 묘사했다. 사만 왕조도 자신들의 정복 활동을 다르 알이슬람Dâr al-Islâm("이슬람의 집Abode of Islam")의 확장을 위한 성전 활동이라고 선전했다.* 이슬람교로 개종한 투르크 유목민들도 이교도 동족과의 성전을 통해 자신들의 새 신앙을 과시하려 했다. 이러한 정복 활동들의 결과 투르크계 수령들과 그 부하들이 이슬람교로 개종하는 경우도 더러 있었지만 무력의 사용이 초원 유목민을 이슬람교로 개종하게 만든 유일한 요인은 아니었다. 정치적 이익, 무명의 선교사들, 상인들, 수피sûfî라 불린 이슬람 신비주의자들[6] 또한 이슬람의 전파에 기여했다. 수피들은 무아경 상태에서 신과의 영적 합일을 추구한 자들이다. 수피라는 단어는 아랍어 수프sûf(양털)의 파생어로 초기의 수피들이 단순한 양털옷을 입었던 데에서 유래한다. 수피는 페르시아어로는 다르비슈darvîsh("가난한 (사람)poor")라 불렸고, 영어의 dervish(수도 탁발승)가 되었다. 수피즘은 원래 개인적 운동으

● 이슬람에서는 세계를 "다르 알이슬람"과 "다르 알하르브Dâr al-harb"("전쟁의 집Abode of War")로 이분화한다. 전자는 이슬람법 사리아가 지배하는 세계를, 후자는 이교도 법이 지배하는 세계를 의미한다.

로 시작했지만 후에는 수도회 혹은 종교 교단으로 발전했다. 정통파 이슬람교도들은 종종 수피들을 불신했다. 무슬림 상인들도 수피들에 앞서 위험을 무릅쓰고 초원으로 들어가 유목민 수령들과 호혜적 상업 관계를 맺었다. 이들이 맺은 상업적, 사회적 유대 관계는 조용히 종교적 교우 관계로 발전했다.

상인들에 뒤이어 초원에 진출한 수피들 중 일부는 카리스마 있고, 흥미진진하고, 기이한 자들이었는데 여러 측면에서 투르크 샤먼들과 비슷했다. 이들은 종종 기이한 복장을 하고 나타났다. 몇몇은 몸과 얼굴의 털을 모두 깎았고 뿔피리와 샅바만 몸에 걸쳤다. 이들에게는 샤먼들처럼 동물로 변하고, 병을 치료하고, 미래를 점치는 능력이 있다고 여겨졌다. 이미 여러 다양한 종교(불교, 마즈다교, 그리스도교, 유대교, 마니교 등)에 익숙했던 투르크인들은 이 같은 민속 이슬람folk Islam과 신비주의의 혼합을 쉽게 받아들일 수 있었다. 일례로, 소그드어 차용어들이긴 했지만 투르크어에는 이미 이슬람의 천국과 지옥 개념에 해당하는 용어들이 존재했다. 따라서 투르크인의 텡그리와 유대교-그리스도교-이슬람교의 신을 융합시키는 것은 투르크인들에게 어려운 일이 아니었다.

이슬람교는 정복이나 교역 또는 수피들을 통해 페르시아어 사용권 세계로부터 투르크인들에게 처음 전파되었다. 이슬람교도들은 (현재에도 마찬가지지만) 소수 시아파Shi'ites와 다수 수니파Sunnîs로 나누어져 있었다. 시아파는 예언자 무함마드의 사촌이자 사위이며 그의 유일한 손자들의 아버지인 알리'Ali의 후손들만이 칼리프가 되어야 한다고 믿는다. 수니파는 칼리프 지위가 반드시 알리의 가문에 국한되기보다는 예언자 무함마드의 출신 부족인 쿠라이시의 덕망 있는 일원 모두에게 주어질 수 있다고 믿는다. 초원 지역에 전파된 이슬람교는 기본적으로 수니파였지만 토착 신앙과 다양한 수준에서 혼합되었다. 이슬람교와 샤머니즘 및 여타 토착 신앙은 완전하게 구별되지 않았다. 따라서 조상 숭배나 샤먼이 영적 세계로 들어가게 해주는 황홀경을 불러오는 춤이나 영송詠誦과 같은 관습들도 용인되었다. 새로운 종교가 이식될 때 늘 그렇듯, 정통 이슬람의 이식도 여러 세대가 걸렸고 종종 한결같지는 않은 방식으로 이루어졌다.

볼가 불가르국과 카라한 카간국

중앙아시아의 이슬람화된 도시들에서 가장 가까운 곳에 거주하던 투르크계 유목민들이 가장 먼저 이슬람 세계에 편입되었다. 하자르 카간국에 복속되었던 볼가 불가르는 화라즘 및 사만 왕조와 긴밀한 상업적 관계를 맺고 있었다. 볼가 불가르인들은 정치적, 경제적 이해 때문에 이슬람 세계에 가까워졌다.[*] 볼가 불가르의 국왕은 이슬람교로 개종하고 921년에 자국에 이슬람 교육 기관을 세워줄 대표단을

● 볼가 불가리아는 7~13세기에서 볼가강 중류 지역에 있었던 나라다. 흑해 초원에서 이주해 온 오구르 투르크계 불가르 유목민들이 건설했다. 10세기 초에 이슬람교로 개종했고, 13세기에 몽골 제국의 침공을 받고 멸망했다. 몽골 제국 내에서 볼가 불가르인들은 몽골인, 킵착인 등과 융합해 오늘날의 카잔 타타르인이 되었다. 한편 흑해 초원의 불가르 유목민의 일부는 발칸반도 남부로 이주했고 슬라브계 주민들과 융합해 오늘날의 불가리아인이 되었다.

보내달라고 압바스 칼리프국에 요청했다. 13세기 아랍인 역사가 이븐 알아티르Ibn al-Athir에 따르면, 960년에 "20만 호戶의 투르크 유목민들이 개종했다."[7] 수치가 정확한지는 확인할 길이 없지만, 대규모 집단의 투르크계 유목민들이 이슬람교로 개종했던 사실에는 의심의 여지가 없다. 이 기록은 십중팔구 카라한 왕조Qarakhanid dynasty(992~1212)의 선조인 사툭 부그라 칸Satuq Bughra Khan의 이슬람교 개종과 관련이 있었을 것이다. 카라한 왕조는 동서 투르키스탄 지역 대부분을 지배한 나라였다. 유목민들은 그들의 칸 혹은 리더가 이슬람교로 개종하면 휘하의 부족민들도 보통 뒤따라 개종했다. 이처럼 10세기에 서중앙아시아의 투르크 세계는 이슬람화되는 전환기를 맞이했다. 대규모 이슬람교 개종이 이루어졌음에도, 샤머니즘 및 여타 종교적 관습은 살아남았다. 여기에는 이슬람 신앙에서 가장 중대한 죄의 하나로 여기는 우상 숭배도 포함되었다. 이러한 종교적 혼합은 개종 과정에서 일어나는 일반적 현상이었다. 이슬람 법학자들은 새 이슬람 신앙과 더불어 옛 신앙들을 간직한 사람들을 진정한 이슬람교도로 보지 않았고, 그러한 사람들을 전쟁 포로로 노획하는 것이 합법적이라고 생각했다.

카라한 왕조는, 그 기원은 불분명한데, 여러 투르크계 부족을 지배하며 1005년에 사만 왕조를 멸망시켰다. 수니파 이슬람교도들이었던 까닭에 카라한인들은 사만 왕조의 도시들을 점령했을 때 대중의 저항에 직면하지 않았다. 서카라한 왕조의 창시자 이브라힘 탐가츠 부그라 칸Ibrahim Tamghach Bughra Khan(재위 1052?~1068)은 엄격하지만 공정하게 나라를 다스리고 치안을 보장해준 것으로 유명하다. 한번은 도둑들이 사마르칸드의 성문에 다음과 같이 적었다. "우리는 양파와 같다. 우리를 자를수록 우리는 더 크게 자란다." 이브라힘은 그 밑에 이렇게 응수했다. "나는 여기에 정원사처럼 서 있다. 너희가 얼마나 자라든 나는 너희의 뿌리를 뽑을 것이다."[8]

카라한 왕실은 돌궐 제국의 정치 전통을 계승해 국가를 왕족의 공동 소유물로 보았다. 1043년경 제국이 둘로 분할되었는데 각각 한 명의 카간과 자신에게 승계권이 돌아오기를 기다리는 여러 부副카간의 지배를 받았다. 카라한 카간국의 영역은 다시 카라한 왕족들이 관할하는 영지들로 나뉘었고, 보통 그 경계가 명확하지 않았던 이 영지들은 다시 봉신封臣들에게 재배분되었다. 사료의 부족으로 학자들은 카라한 왕조의 통치 시스템이 어떻게 작동했었는지를 둘러싸고 여전히 논쟁하고 있다. 카라한 왕조의 귀족들은 유목 생활 혹은 반半유목 생활을 영위했다. 그 다수는 봉직의 대가로 토지 기반 조세 수입인 이크타 iqta'를 지급받았는데, 유럽의 봉지fief, 封地와 어느 정도 유사했다. 이크타 제도는 의심할 여지 없이 시간이 지나면서 남용되었고, 카라한 카간국의 군주들과 귀족들을 분열시키는 요인이 되었을 수 있다.

카라한 왕조 시기의 경제는 사만 왕조 시기의 경제와 본질적으로 달라진 것이 없었다. 고고학자들은 카라한 통치기에 이루어진 도시 개발의 증거들을 상당히 많이 발견했다. 농업, 포도 재배, 수공예, 무역이 발전했던 탈라스강과 추강 유역에서 특히 그 증거들이 많이 발견되었다. 일부 지역은 광범위한 관개 시스템을 갖추고 있었다. 북동부의 타라즈 지방에는 길이가 100킬로미터(62마일)에 이르는 운하도 있었다. 오트라르의 오아시스 지역은 운하, 댐, 수로들이 교차했다.

트란스옥시아나와 페르가나는 고도로 발전된 고대의 정주 문화 전통들을 계속 이어나갔다. 카라한 왕조가 농경지를 목초지로 바꾸려 한 증거는 존재하지 않는다.

그럼에도 카라한 왕조의 지배는 농촌 지역의 옛 질서에 부정적 영향을 끼쳤다. 디흐칸 계층은 높은 사회적 지위를 상실했고, 이후 디흐칸은 도시의 장인이나 자유농민을 지칭하는 단어가 되었다(현대 타직어에서 디흐칸은 "농민"을 의미한다). 백성들은 농작물, 노동력, 혹은 이 두 가지 모두의 형태로 세금을 냈다. 일부 농민들은 빚을 지고, 땅을 잃고, 소작인이 될 수밖에 없었다. 농민들은 수확량의 3분의 1은 세금으로 나라에 바치고, 3분의 1은 농지를 빌려준 지주에게 주고, 나머지 3분의 1은 자신들이 가졌다. 완전히 파산한 사람들은 종종 자신이나 가족의 일원을 노예로 팔았다. 카라한 왕조 지배하의 이란-이슬람권 정주 세계에서 유목민 여성들은 비교적 신체적인 자유를 누렸으나, 일반 여성들은 주로 집에서 격리된 생활을 했으며 외출 시에는 얼굴을 가리거나 누군가와 동행해야 했다. 카라한 왕조 시대와 관련해 드물게 존재하는 정보들은 농촌과 도시 지역의 혼란 상황에 대해 언급한다.

가즈나 왕조의 페르시아-이슬람 문화

10세기 후반기에 또 다른 투르크-이슬람계 국가가 출현했다. 사만 왕조의 강력한 투르크계 군사노예 출신의 장군 알프 티긴Alp Tigin

은 961년에 아프가니스탄 중부의 가즈니Ghazni에 자리를 잡고 사만 왕조의 명목상의 신하로서 이 지역을 지배했다. 그의 후계자 중 한 명인 세뷔 티긴Sebük Tigin(Sebük Tegin)은 사만 왕조로부터 독립해 가즈나 왕조Ghaznavid dynasty(977~1186)를 수립했다("가즈나 왕조"는 "가즈니 왕조"라고도 한다). 셰뷔 티긴과 그의 아들 마흐무드Mahmûd(재위 999~1030)는 동이란·아프가니스탄·북인도의 상당 부분을 정복하고 아무다리야강을 경계로 카라한 왕조와 대치했다. 가즈나 왕조는 힌두교권 인도를 약탈 공격 해 막대한 부와 전투용 코끼리들을 탈취했다. 역사가 알우트비al-'Utbî는, 세뷔 티긴의 군대는 "쇠줄로 연결되고 화려한 장신구와, 비길 데 없는 수송용 탑을 갖춘" 200마리의 코끼리를 보유했다고 기술하고 있다. 이 전투용 코끼리들 뒤에는 "메뚜기나 개미처럼 셀 수 없고, 사막의 모래같이 헤아릴 수 없는" 거대한 군대가 집결해 있었다.[9] 가즈나 왕조는 전투에서 코끼리 부대를 필수 자원으로 활용한 최초의 이슬람 세력이었다.[10] 코끼리 부대는 이란계 관료들과 투르크계 군사 엘리트들이 지배층을 형성하고 이란계와 인도계 주민들이 피지배층을 이루는 복합적 국가에서 운용할 수 있는 전쟁 무기였다. 가즈나 왕조의 이와 같은 복합적 국가 형태는 훗날 등장할 여러 국가의 원형을 이루었다.

가즈나 왕조는 사만 왕조처럼 페르시아 예술, 특히 시를 후원했다. 많은 시인이 마흐무드의 궁전으로 몰려들었다. 그중 가장 위대한 시인은 의심의 여지 없이 〈샤나마Shâhnâma〉를 쓴 (10~11세기의) 피르다우시Firdowsî다. 〈샤나마〉는 구전과 문헌을 통해 전해지는 고대 이란에 대한 이야기들을 바탕으로 한 페르시아의 장편 민족 서사시다.

사만 왕조가 멸망하던 시기에 화라즘에서 가즈니로 이주해온 알비루니도 결국은 가즈나 궁정의 후원을 받았다. 알비루니는 마흐무드가 인도를 약탈 원정 할 때 같이 따라다니며 산스크리트어를 배웠고, 그 결과 인도 아대륙의 복합적 문화에 대한 이슬람 세계의 최고 전문가 중 한 명이 되었다.

카라한 왕조의 투르크-이슬람 문화

이웃 국가들이 신생 이란-이슬람 문화를 지원하고 이 문화에 우호적 환경을 제공할 때, 카라한 왕조는 투르크-이슬람 문화의 탄생에 중대한 역할을 했다. 카라한 왕조의 통치하에서는 이슬람 색채를 지닌 독창적 문학 작품들이 투르크어로 쓰였다. 대표적 작품은 1069년에 쓰인 《쿠타드구 빌릭Qutadhghu Bilig》("천국의 행운을 불러오는 지혜The Wisdom that Brings Heavenly Good Fortune")이다. 이란 세계뿐 아니라 더 넓은 지역에서 인기를 끌었던 "군주들을 위한 거울mirror for princes"이라는 오래된 문학 장르에 속하는 이 작품은 군주와 그의 조언자들이 대화하는 형식으로 쓰인 정치학 서적이다.* 이 책에서 조언자들은 군주에게 위대한 사람이거나 하찮은 사람 모두를 정의롭게, 동정심을 가지고, 공평하게 대하라고 요구한다. 힘보다는 지적 능력과 냉철함

● "군주들을 위한 거울"은 군주들에게 윤리적, 정치적 조언을 제공하는 문학 장르로 중세와 르네상스 시대 유럽과 이슬람 세계에서 인기를 끌었다.

을 칭찬하며 조언자들은 분명히 말한다. "진정한 귀족은 지혜와 지성을 갖춘 사람이다."[11]

《쿠타드구 빌릭》의 저자 유수프 하스 하집Yûsuf Khâss Hâjib은 동카라한 카간국의 수도 발라사군Balasaghun 출신이었다. 그는 분노 때문에 급하게 한 일은 설익은 음식처럼 병을 가져올 것이라고 저서에서 경고한다. 처벌은 신중한 숙고 끝에 행해져야 한다는 것이다. 현명한 통치자는 "일반 백성들이 부유해질 수 있도록 왕국에 질서를 확립하고, 결과적으로 그들의 부를 자신의 요새로 삼는다."[12] 유수프는 다음과 같이 덧붙인다. "세계 정복자에게는 천 가지 미덕이 필요하다. (…) 이러한 덕목들로 세계 지배자는 안개를 제거하고 왕국을 장악한다. 그는 칼을 휘두르고 적의 목을 벤다. 그는 자신의 영토와 백성을 법과 정의로 다스린다."[13] 유수프는 자신의 독자들인 카라한 왕족들이 유목민 출신이라는 사실도 의식했다. 그래서 그는(이슬람교도였지만) 의사의 기술을 칭찬하면서도 사람들은 의사가 처방하는 약과 함께 샤먼의 부적과 주문도 함께 활용해야 한다고 조언한다.

당대의 뛰어난 사전 편찬자 마흐무드 알카슈카리는 교육을 받은 일반 무슬림 독자들을 위해 아랍어로 《디완 루가트 앗투르크Dîwân Lughât at-Turk》("투르크어 사전Compendium of the Turkic Dialects", 1077년경 완성)를 저술했다. 그는 당시 중동 지역에서 지배적인 군사·정치 세력이 된 투르크인들의 문화를 독자들에게 보다 더 잘 알리려 이 사전을 썼다. 《디완 루가트 앗투르크》는 귀중한 자료들의 보고寶庫다. 수록 어휘들의 상당수는 당시의 투르크 문화를 반영한 시와 이야기들로 설명되어 있다. 이 시들은 투르크인들의 군사적 용맹성을, 특히 투르크인들이 불교와 여타 종교를 믿는 투르크계 유목민들을 상대로 거둔 승리들과 우상 파괴를 찬양한다. 사전에 수록된 어휘들은 일상생활의 모든 측면과 관련되어 있다. 추운 초원 생활에 필요한 이축ichük(흑담비 모피로 만든 외투의 일종)과 같은 옷, 키미슈게kimishge(카슈가르에서 제작된 수놓은 펠트 깔개의 일종)와 같은 세간, 비스타bista(이동 중인 상인들에게 하룻밤 숙소를 제공하고 물건들을 보관해주는 객주)와 같은 직업 등을 예로 들 수 있다.[14]

카라한 왕조의 도시민과 유목민

카라한 왕조 통치자들은 이슬람 종교 당국 울라마ulama(이슬람 신학과 법을 전문적으로 공부한 종교 지도자층)와의 갈등을 피할 수 없었는데, 특히 부하라의 울라마와 그랬다. 카라한 왕조 시대가 끝나갈 무렵, 부하라는 사실상 독립해 이슬람 성직자 가문인, "세계의 기둥Pillar of the World"이라는 존칭을 사용한, 부르한Burhân 가문의 지배하에 놓였다. 부르한 가문의 방대한 경제력과 정치권력을 비난하던 반대 세력은 부르한 가문을 "지옥의 기둥Pillar of Hell"이라고 불렀다. 카라한 왕조는 아마 (자신들을 이단이라고 비난하기까지 한) 도시 기반의 이슬람 학자들과의 불화와 도시 지역의 혼란 상황으로 모스크와 공중목욕탕 등의 공공건물들을 건설하는 데 상당한 돈을 썼다. 고고학적 발견들은, 카라한 왕조가 중세의 위생 기준으로 볼 때 도시들을 잘 유지했음을 말해준다. 카라한 왕조 도시들에는 평소에는 덮여 있는 상태로 관리되는 깊은 웅덩이 형태의 쓰레기 처리장과 하수 처리장도 있었다. 카라한 왕조의 도시들이 성장할 수 있었던 한 요인은 십중팔구 실크로드의 추가적 발전이었다. 11세기와 12세기에 도시와 무역이 확대된 것으로 보이지만, 같은 시기에 사만 왕조와 카라한 왕조가 발행한 은화들의 가치는 절하되었다는 증거들도 존재한다. 역사가들은 이러한 "은화의 위기silver crisis"의 원인과 범위를 놓고 계속 논쟁 중이다.

카라한 왕조 시대에는 그 어느 때보다 더 많은 수의 투르크계 유목민들이 중앙아시아의 농경 지대로 이주했다. 그 결과 토착 주민들도 점차 투르크어를 사용하게 되었다. 투르크어는 서로 다른 언어를 사용하는 집단들의 공통어가 되었다. 인류학자들은 이와 같은 변화가 처음에는 민족의 변화가 아닌 언어의 변화 현상이었다는 사실에 주목한다. 이전 시기의 주민들이 소멸된 것이 아니라 예전에 사용하던 언어들 대신에 투르크어로 말하게 된 것이었다. 투르크계 유목민들 중 가난한 부류는 정착 생활을 하기 시작했다. 그렇지 않은 부류는 지역적 조건에 따라 농경과 목축을 병행하는 반半유목민이 되었다.

셀주크 제국

투르크인들의 이슬람화는 이슬람 세계의 심장부에까지 영향을 끼쳤다. 11세기에 중동 지역의 대부분을 장악한 셀주크 제국의 시조는 오구즈 부족연합에 속한 키닉 부部의 수령 셀주크Seljük였다. 985년경에 그는 자신의 주군으로부터 독립해 시르다리야강 연안의 잔드에 자리 잡고 이슬람교로 개종했다. 그의 아들들은 모두 아랍어 형태로 기록된 구약성경 인물들의 이름을 가졌다─미카일Mikâ'îl(미카엘Michael), 이스라일Isrâ'îl(이스라엘Israel), 무사Mûsâ(모세Moses), 유누스Yûnus(요나Jonah). 이는 셀주크 가문이 일찍이 유대교 혹은 그리스도교와 관계를 맺었을 수도 있음을 보여준다. 잔드에서 셀주크와 그의 아들들은 이교도 오구즈 유목민들과 싸웠다. 셀주크의 후손들은 종종 편을 바꾸면서 카라한 왕조와 가즈나 왕조 사이의 전쟁에 참가했다. 당시 초원 깊숙한 곳에서 불길한 소란이 발생하고 있었다. 기근과 몽골-만주 접경 지역에서 발생한 정치적 혼란에 직면한 유목 부족들이 서진하기 시작한 것이다. 이것은 도미노 효과를 일으켰다.

초원에서 발생한 대혼란은 셀주크의 손자 토그룰Toghrul과 차그리Chaghrï에게도 영향을 끼쳤다. 둘은 1034년경 시르다리야 지방에서 호라산(오늘날의 이란 동부와 아프가니스탄 서부)으로 도주했다. 굶주리고 절박했던 토그룰과 차그리의 무리는 이곳저곳을 약탈하며 다녔다. 호라산은 가즈나 왕조에 경제적으로 중요한 지방이었던 까닭에 마흐무드의 아들이자 계승자인 마수드Mas'ûd(재위 1031~1041)는 호라산을 지키기 위해 인도의 전투용 코끼리들을 포함한 대군을 이끌고 왔다. 1040년 5월에 마수드의 군대는 셀주크 무리들을 따라 잡을 수 있었으나 급히 서두른 행군 탓에 지칠 대로 지쳐 있었다. 토그룰과 차그리는 다른 오구즈 집단들과 함께 단단칸(단다나칸)에서 벌어진 전투에서 더 우세한 전력을 갖추었던 가즈나 왕조 군대에 예상 밖의 승리를 거두었다. 이 전투의 패배로 가즈나 왕조는 크게 약화되었으며 인도와 아프가니스탄 변경 지역을 다스리는 작은 나라로 전락했다.

셀주크 왕족의 두상(뉴욕 메트로폴리탄미술관 소장). 12～13세기 제작된 셀주크 왕족의 두상들은 몽골 인종의 외모를 하고 있다. 그러나 이슬람 역사가들에 따르면, 셀주크 왕조를 건설한 오구즈 투르크인들은 이란계 정주민과의 혼혈을 통해 점차 일반 투르크인과는 구별되는 외모를 갖게 되었다(옮긴이).

1042년경에 셀주크인들은 화라즘과 이란 동부 및 중앙부를 지배하는 제국을 건설한 다음 트란스코카시아(오늘날의 조지아(구칭 그루지야), 아르메니아, 아제르바이잔에 해당하는 코카서스산맥의 남쪽 지역) 지방으로 진격하고 있었다. 시아파 부야Buyid(부와이흐Buwayh) 왕조의 통제를 받고 있던 압바스 왕조는 1055년에 셀주크인들에게 바그다드로 와서 자신들을 해방시켜달라고 요청했다. 셀주크인들은 압바스 왕조의 요청에 응했고 그 결과 수니 이슬람 세계의 맹주로 부상했다. 1071년에 차그리의 아들 술탄 알프 아르슬란Alp Arslan(재위 1063~1072)은 아나톨리아 동부의 만지케르트에서 벌어진 전투에서 비잔티움 군대를 격파했다. 이후 투르크계 부족민들이 비잔티움령 아나톨리아로 몰려들었다. 이는 룸Rûm 셀주크 술탄국(룸은 로마 즉 동로마/비잔티움 제국을 의미한다)과 뒤이어 오스만 제국이 세워지는 토대가 되었다. 알프 아르슬란의 아들 멜릭샤Melikshâh(또는 말릭샤 1세Malik-Shah I, 재위 1072~1092)는 카라한 왕조를 복속했다.

　　오구즈 투르크인들은 이란 북서부 지역과 트란스코카시아 동부 지역으로 계속해서 몰려들었다. 현대 이란과 아제르바이잔의 아제리 투르크인은 이들의 후예다. 다른 오구즈 집단인 현 투르크멘인은 이란의 북동 지역을 차지했다. 오구즈인들이 아나톨리아 전역으로 퍼져 나가면서 투르크화된 형태의 이슬람교가 그리스도교 지역이었던 소아시아(아시아 서쪽 끝에 있는 흑해, 에게해, 지중해에 둘러싸인 반도. 아나톨리아라고도 불린다) 지역으로 점진적으로 침투하기 시작했다. 투르크어의 확산은 이슬람의 전파보다 더 빠른 속도로 진행되었다. 일부 그리스인들과 아르메니아인들은 그리스도교도로 남았지만 투르크어를 채

택했다. 이처럼 중대한 민족언어학적 및 인구학적 변화가 발생하면서
중동 지역은 새롭게 변모했다. 이 과정에서 현대 터키 민족이 탄생했
다. 투르크인들은 이슬람을 받아들이기만 한 것이 아니라 이슬람 세
계의 심장부와 중앙아시아에서 이슬람의 옹호자가 되었다.

6장

몽골 회오리바람

몽골 등장 이전의 중앙아시아 제국들: 화라즘 제국, 카라 키타이, 금

13세기 초에, 중앙아시아에는 네 개의 나라가 위태롭게 존속하고 있었다. 갓 태어난 신생국 화라즘 제국은 트란스옥시아나와 중동의 일부 지역을 지배하고 있었다. 과거 셀주크 제국의 속국이었던 화라즘은 12세기 후반에 독립을 했다. 1194년에 화라즘 군대는 이라크와 이란의 마지막 셀주크 군주 토그룰 3세Toghrul Ⅲ(재위 1176~1194)의 머리를 화라즘샤 제국의 군주 테키슈Tekish(재위 1172~1200)에게 갖다 바쳤다. 테키슈의 아들 무함마드Muhammad(무함마드 2세, 재위 1200~1220)는 트란스옥시아나와 이란의 동부와 중부의 지배자로서 바그다드의 칼리프 권좌와 이웃 국가들까지도 탐냈다. 그러나 무함마드의 권력 상당 부분은 허상이었다. 화라즘 제국은 투르크계 전문 군인들, 화라즘 왕조와 혼인 관계를 맺은 동킵착 부족들, 이란-화라즘 정주민

黑契丹有城池人烟
金人馬曾至此至應
天府馬行一年

명나라 왕기王圻가 지은 《삼재도회三才圖會》에 수록된 "흑黑"거란인. 북중국과 만주의 영향을 받은 카라 키타이 복식, 특히 전투복은 중앙아시아 이웃 민족들의 복식과 구별되었던 것 같다. 카라 키타이의 무기들은, 적어도 알려진 것들은, 동시대 중앙아시아인들이 사용한 창, 활과 화살, 철·가죽 갑옷과 크게 다르지 않은 것으로 보인다. 이 카라 키타이인의 그림은 17세기 초 중국의 삽화 책(삽화가 들어 있는 일종의 백과사전)에 포함되어 있으며 상상으로 그려졌을 수 있다.

들의 불안정한 통합 집단이었다.

화라즘 제국의 동쪽에는 쇠락해가는 카라한 왕조가 있었다. 당시 카라한 왕조는 동서 투르키스탄의 명목상의 종주국인 카라 키타이 Qara Khitai의 영향력 아래 있었다.[•] 카라 키탄Qara Qitan이라고도 불리는 카라 키타이는 거란인의 요가 1124~1125년에 여진女眞이 세운 금에 멸망한 후 그 유민들이 거란 왕족인 야율대석耶律大石의 통솔하에 중앙아시아에 세운 나라였다. 카라 키타이의 군주들은 '구르 칸Gür Khan'(전 세계의 칸)이라 불렸다. 몽골계 언어와 중국어를 사용한 카라 키타이인들은 샤머니즘, 불교, 네스토리우스파를 믿으며 트란스옥시아나의 투르크-이란계 이슬람교도들을 지배했다. 카라 키타이인의 통치는 종교적 관용성, 비교적 느슨한 통치 방식, 내륙아시아와 중국의 제국 전통을 잇는 카라 키타이 황실의 위신 덕분에 무슬림 신민들의 지지를 받을 수 있었다. 카라 키타이인들은 이슬람교로 개종할 이유가 별로 없었다. 카라 키타이는 야율대석의 손자 야율직로고耶律直魯古의 오랜 통치기(1177~1211)까지 번영했으나 13세기 초가 되면 쇠퇴의 기미를 보이기 시작했다.¹

북중국과 만주 지역을 지배한 금金(1115~1234)은 여진이 세운 나라였다. 만주 지역의 수렵민이자 어민들이었던 여진인들은 농업과 목축업에도 종사했다. 과거에는 요에 복속되어 있었지만 요의 영토를 장악한 여진인들은 내륙아시아 초원의 동쪽 끝 지역도 지배했다. 초원의

•　"카라 키타이"는 "검은 거란"을 의미한다. 동아시아 학계에서는 카라 키타이를 "서요西遼"라고 부른다. 거란을 통해 이슬람 세계와 유럽에 전해진 "키타이"란 명칭은 이들 지역에서 중국을 지칭하는 용어가 되었다. 영어의 Cathay도 Khitai에서 유래한다.

유목민들은 금 황제를 '알탄 칸Altan Khan'("황금 칸Golden Khan". 국명인 금과 알탄은 같은 뜻이다)이라 불렀다. 금나라는 몽골 초원의 유목 부족들을 통제하는 데 어려움을 겪고 있었다. 금은 유목 부족들을 계속해서 감시하며 분열시키고자 내분을 조장했다. 몽골인들은 그들 모두를 다 제압했다.

몽골 초원의 유목 민족들

몽골인들은 12세기 후반에 몽골과 몽골의 인접 지역에 거주하던 여러 부족연합의 하나였다. 일부는 초원 지역에서 유목 생활을 했고, 일부는 삼림 지대에서 수렵과 어업에 종사했으며, 일부는 양 지역에 걸쳐 살았다. 몽골인들은 가계와 씨족에 따라 조직되어 있었고, 오난강(또는 오논강)과 케룰렌강 유역을 중심부로 삼았다. 과거에 화라즘 제국을 섬기다 몽골 제국의 신하가 된 동이란계 가문 출신의 역사가 아타 말릭 주바이니'Atâ Malik Juvainî(1226~1283)는 몽골인들이 칭기스 칸의 출현 이전에는 리더 없이 분열되어 있었고 늘 서로 싸웠다고 적었다. "일부 몽골인들은 약탈과 폭력, 부도덕과 방탕이 남자다움과 탁월함을 드러내는 행위라 여겼다." 몽골인들은 "개와 쥐의 가죽"으로 만든 옷을 입었고 개와 쥐 및 "다른 죽은 것들"을 쿠미스와 함께 음식으로 삼았다. 그리고 쇠등자를 가진 이를 대단한 사람으로 여겼다. 이런 것들이 몽골인들의 사치품이었다.[2] 금나라는 이런 몽골인들을 이용하려 했다.

몽골인들의 서쪽에는 정치적으로 분열되어 있던 나이만이 거주했는데 나이만인들의 영역은 시베리아의 이르티시강에 이르렀다. 나이만인들의 일부는 위구르인들의 영향으로 네스토리우스파가 되었다. 몽골인들의 남쪽에는 몽골인들의 오랜 적 타타르인이 거주했다. 금나라는 몽골인들과 타타르인들 사이의 적대 관계를 조장했다. 몽골인들의 서쪽 오르콘강과 셀렝게강 유역에는 정치적 야심이 큰 케레이트(몽골어로는 케레이드)가 거주하고 있었다. 토오릴To'oril(1203년 사망)이 이끄는 케레이트인들은 몽골인들과는 우호 관계를 맺고 있었다. 케레이트인들 중 일부는 네스토리우스파를 믿었다. 셀렝게강 하류와 바이칼호의 남쪽에 거주하던 메르키트(혹은 메르기드)는 몽골인들과 사이가 좋지 않았다. 메르키트인들의 서쪽에는 오이라트(혹은 오이라드)인들과 여타 몽골어 사용 삼림민들이 거주했다.

금과 종종 동맹을 맺은 타타르인들은 몽골 초원 내에서 가장 강력한 집단이었고, 외부인들은 몽골 초원의 유목민들 전체를 타타르인이라 부르기도 했다.• 몽골인들의 통합 노력은 십중팔구 11세기 말과 12세기 초 카이두Qaidu와 함께 시작되었다. 13세기에 익명의 저자가 쓴 《몽골 비사Secret History of the Mongols》는 카이두의 손자인 카불Qabul이 몽골 최초의 칸으로서 "모든 몽골인을 다스렸다"라고 기록한다.³ 금나라는 카불 칸을 복속시키는 데 실패하자 그를 연회에 초대했다. 이때 카불 칸은 독살되는 것을 염려해 자신이 먹은 것을 몰래

• 일례로, 송나라는 몽골 초원의 유목민들을 달단韃靼 즉 타타르인이라 불렀다. 이슬람 세계에서도 몽골 초원의 유목민들을 타타르인이라 불렀다.

모두 토해냈다. 금나라 사람들은 매우 놀랐고, 그가 교만하게 알탄 칸의 수염을 잡아당기자 분노했다.[4] 금나라는 타타르인들이 카불 칸의 후계자인 암바가이Ambaghai (또는 암바카이Ambaqai)를 사로잡는 것을 도와주었고 이로 인해 금과 몽골인들의 관계는 악화되었다. 암바가이 칸은 1160년경에 일종의 고문 장치에 못 박혀 살해되는 끔찍한 죽임을 당했다. 몽골은 뒤이어 벌어진 타타르와의 전쟁에서 고전했고, 곧 내분에 빠졌다.

칭기스 칸

칭기스 칸Chinggis Khan은 1160년대 중반에 이러한 분쟁으로 분열된 세계에서 태어났다. 몽골의 구전은 다음과 같이 전한다. 그는 "오른손에 손가락 마디뼈만 한 핏덩어리를 움켜쥔 채 태어났다."[5] 이는 전조였다. 칭기스 칸의 가문은 전설적 인물인 알란 코아Alan-Qo'a의 후예를 자처했다. 《몽골비사》에 따르면, 알란 코아는 자신의 남편이 사망한 후 "천막의 연기 구멍 혹은 천장의 문을 통해 들어온 빛나는 노란 남자"를 통해 기적적으로 수태를 했다. 이 노란 남자는 그녀의 배를 문질렀고 그의 빛이 그녀의 자궁에 들어왔다. 그런 다음 "노란 개의 형상이 되어 달빛 혹은 한 줄기의 햇빛을 타고 살금살금 나갔다."[6] 카불 칸은 알란 코아의 6대손이었다. 카불 칸의 손자는 (칭기스 칸의 아버지) 이수게이Yisügei였는데, 이수게이는 자신이 죽인 타타르인을 경의하면서 그의 이름 테무진Temüjin("대장장이")을 아들에게 붙여주었다.

칭기스 칸으로 성장한 테무진은 사회적·정치적으로 지위가 높은 집안 출신이었다. 아홉 살 때 그는 콩기라드〔또는 콩기라트〕 부部의 열 살짜리 소녀 부르테Börte와 약혼했다. 몽골의 관습에 따라 그는 장래의 처갓집에 거주하게 되었다. 이수게이는 어른이 되어 "세계 정복자"로 불리게 될 테무진이 개들을 무서워한다며 이 점을 유의해달라고 사돈에게 부탁했다고 한다.

이수게이가 1175년에 복수심에 불타는 타타르인들에게 독살당한 후 테무진의 가족은 다른 씨족들로부터 버림을 받았다. 테무진은 본가로 돌아왔다. 그의 어머니 후엘룬Hö'elün은 아이들에게 "야생 사과와 버찌, (…) 야생 마늘, (…) 달래"를 먹여야 했고, 서로 다투는 아이들을 "우리에겐 우리 그림자 외에는 친구가 없다"라고 말하며 꾸짖었다.[7] 미래의 군주 테무진은 가난하지만 모험 가득한 어린 시절을 보냈으며, 자신의 기지機智를 발휘하며 살았는데 가끔은 도적질과 말 도둑질을 한 적도 있다. 소년 시절 그는 잡은 사냥감 때문에 다툼이 발생하자 동생 카사르Qasar와 함께 이복형인 벡테르Bekter를 침착하게 살해하기도 했다.

테무진이 군지휘관이자 노련한 정치가로 성장해나가자 패기에 찬 젊은이들이 그에게 몰려들었다. 이들 '누케르nöker'("절친한 동료")들은 자신이 속한 씨족과 부족이 아닌 테무진에게 충성을 하며 그의 군사 수행원으로 일했고, 훗날 몽골 제국 내에서 사령관들과 관리들이 되었다. 테무진은 부친의 옛 '안다anda'("의형제". 몽골 사회에서 아주 중요한 인간관계였다)인 케레이트 수령 토오릴과 동맹을 맺은 후 유망한 젊은 리더로서 존재감을 드러내기 시작했다. 1184년에 안다인 자무카

Jamuqa 및 케레이트인들과 함께 테무진은 자신의 부인 부르테를 납치한 메르키트인들을 상대로 중요한 승리를 거둔 후 더 많은 추종자들을 확보할 수 있었다. 테무진은 1189년경에 자신을 지지하는 몽골인들에 의해 칸으로 추대되었다. 1196년에 그는 케레이트 및 금과 동맹을 맺고 옛 적인 타타르인들을 격파했다. 이후 금나라는, 여전히 몽골 초원의 유목 부족들 사이에 불화를 부추기면서, 토오릴에게 '옹 칸Ong Khan'이라는 칭호를 하사했다. 1202년에 테무진은 타타르인들을 모조리 살상하고, 살려둔 타타르인들은 노예로 삼았다. 이후 그는 자신의 안다인 자무카와 토오릴을 격파했다. 테무진은 충성을 중요시했으나 자신의 등극을 방해하는 자들은 모두 제거했다. 1206년에 열린 쿠릴타이quriltai("회의")에서 테무진은 십중팔구 "전 세계의 황제〔또는 강력한 지배자〕"를 의미하는 칭기스 칸으로 추대되었다.

동부 내륙아시아 초원에서 몽골인들과 여타 유목민들은 금의 내정 개입에 대응하고 외부 세계와의 교류를 확대하기 위해 통일의 움직임을 보이기 시작했다. 그런데 이때 칭기스 칸만이 국가 건설의 야심을 가지고 있었던 것은 아니다. 칭기스 칸은 적들의 분열을 활용하는 데서 더 뛰어났을 뿐이다. 그는 운도 많이 따라 여러 차례 행운 덕분에 적들에게 사로잡혔다 탈출하고 적들의 계략으로부터 자신을 지킬 수 있었다. 칭기스 칸은 자신에게 운이 따른다는 것을 인정했을뿐더러 그것이 하늘의 도움이라고 선전했다. 돌궐인들과 마찬가지로 그리고 내륙아시아 초원의 황실 전통에 따라 칭기스 칸과 그의 후예들은 자신들이 하늘로부터 통치 권한을 위임받았다고 주장했다. 나중에 이슬람교도들은 칭기스 칸을 "신의 징벌Scourge of God"이라 여겼는데 몽골 제국은 이러한 인식을 장려했다.

"몽골Mongol"은 이제 정치적 명칭이 되어 칭기스 칸이 정복한 몽골 초원의 다양한 민족들에게 붙여졌다. 이슬람 세계와 유럽에서는 그러나 이들을 "타타르Tatar"인이라 불렀다. 오늘날에도 타타르인이라는 이름은 여러 민족의 집단명으로 사용되고 있다. 현대의 타타르인은 대부분 투르크계 민족이지만 과거에는 몽골 제국에 속했었다. 칭기스 칸의 신흥 국가는 돌궐인들의 옛 "성스러운" 지역〔외튀켄〕을 본거지로 삼았다. 이러한 선택은 결코 우연이 아니었다. 그곳은 유목민들이 신성하게 여긴 땅으로 이전에 등장했던 유목제국들의 수도가 위치했던 곳이기 때문이다. 칭기스 칸과 그의 후예들은 유목 세계의 전통적 권력과 주권의 상징들을 활용했다. 예컨대 유목민들이 신성시하는 지역을 본거지로 삼았고, 칸khan 혹은 카간qaghan과 같은 황실 존칭을 사용했으며, 국가 통치를 위해 새로운 법〔야사yasa/자삭jasaq〕을 선포했다. 이와 동시에 옛 통치 전통을 파괴하기도 했다. 칭기스 칸은 부족 체제가 제국 건설 과정에서 불안 요소가 될 수 있음을 잘 알고 있었기에 부족들을 해체시켰으며, 자신의 부하들에게 부족·씨족·가족이 아닌 자신에게 충성할 것을 요구했다. 그는 휘하 부하들을 10, 100, 1000, 1만('투멘tümen') 명의 군사 단위로 재조직했는데〔"투멘"은 "만호萬戶"를 의미한다〕, 이들은 개별 부족 정체성을 잃고 칭기스 칸과 그의 가문에 충성하는 전문적인 상비군이 되었다.

위대한 정복자 칭기스 칸이 60대일 때 그려진 초상화. 그림에서 칸은 간소한 옷을 입고 있다. 중국인 학자에게 보낸 서신에서 그는 자신이 평범한 유목민의 옷을 입었고, 병사들을 자신의 형제처럼 배려했고, 그들과 같은 음식을 먹었다고 주장했다.

칭기스 칸의 정복 활동

유목민 전사들은 계속해서 혜택을 제공해주지 못하는 군 지도자 곁에는 오래 남아 있지 않았다. 그런 만큼, 유목 세계에서 성공적으로 나라를 세운 지도자들은 부하들을 계속 휘하에 두기 위해 새로운 군사적 성공과 전리품을 그들에게 제공해야 했다. 칭기스 칸도 정복 계획을 수립했다. 시베리아의 삼림 및 삼림-스텝 지대에 거주하던 키르기즈인들과 오이라트인들, 고비사막의 옹구트 투르크인들은 재빨리 칭기스 칸에 복속했다. 탕구트〔서하. 티베트계 국가로 스스로는 대하大夏라고 불렀다〕도 1209년에 몽골의 속국이 되었다. 같은 해 타림분지 위구르인들의 군주 바르축Barchuq은 카라 키타이로부터 독립을 했고 1211년에 공식적으로 칭기스 칸에 충성을 서약했다. 충성에 대한 보상으로 칭기스 칸은 바르축에게 왕실 공주를 아내로 주고 그를 "다섯째 아들"로 삼았다. 칭기스 칸은 당시에는 대부분 정착 생활을 하던 위구르인들을 관리로 등용해 유목 세계와 정주 세계의 매개자로 활용했다. 몽골인들은 현대 내몽골에서 여전히 쓰이고 있는 위구르 알파벳을 채택했다.

몽골의 금 침공은 1211년에 시작되었는데 몽골군은 1215년경에 금의 수도 중 하나인 중도中都(오늘날의 베이징)를 함락했다. 그러나 금은 저항을 계속했고 만주 지역에서 작전 중이던 몽골군은 한반도의 고려를 침공했다. 몽골이 고려를 평정하는 데는 58년이 걸렸다. 몽골의 주 공격 대상은 그러나 카라 키타이와 화라즘 제국 지배하의 중앙아시아였다. 나이만의 왕자 구출룩Güchülük은 1208년에 몽골에 패한 뒤 카라 키타이로 도망갔다. 그는 나이만과 (칭기스 칸의 적이었던) 메르키트의 유민들을 결집시켰고 화라즘 제국과 카라 키타이의 대립 관계를 활용하며 양쪽 모두에 동맹자 행세를 했다.

구출룩은 야율직로고 구르 칸의 딸 쿤쿠Qûnqû와 혼인했다. 고집 셌던 쿤쿠 공주는 이 나이만 모험가와 첫눈에 깊은 사랑에 빠졌다. 야율직로고는 딸이 하고 싶은 대로 하게 해주었고 3일 뒤에 이 둘의 혼인을 허락했다. 그러나 이 혼인은 치명적 결과를 초래했다. 카라 키타이 군대가 화라즘 군대에 패한 상황을 악용해 구출룩이 1211년에 야율직로고로부터 권좌를 찬탈한 것이다. 구출룩은 자신의 장인을 명목상의 군주로 남겨두었지만 그와 나이만인들이 실권을 장악했다.[8] 1213년에 야율직로고가 사망한 후 구출룩은 스스로 구르칸의 지위에 올랐다. 구출룩은 카라 키타이의 무슬림 주민들에게 자신이 선호하던 종교인 그리스도교나 불교로 개종하라고 요구해 무슬림 주민들의 반발을 불러일으켰다.

이제 몽골 제국이라는 회오리바람이 서투르키스탄으로 몰아칠 것이었다. 화라즘 제국과 몽골 제국이 상대에 대한 정보를 몰래 수집하며 사신들을 주고받는 동안 칭기스 칸은 구출룩을 공격하기로 결정했다. 그는 메르키트인들을 다시 공격했고 1216년과 1218년 사이 카라 키타이의 영토를 침공했다. 구출룩은 죽임을 당했고 메르키트 유민들은 킵착 초원으로 도주했다. 이제 메르키트와 나이만은 더는 몽골에 군사적 위협이 되지 않았다.

몽골군이 화라즘 제국의 국경 지역으로 진격해오자 공포감이 고조되었다. 화라즘 제국의 군주 무함마드의 킵착인 친척은 몽골 사신단을 학살했다〔무함마드 화라즘샤의 모친이 킵착인이었다〕. 역사가들은 몽골 사절과 평화 조약을 맺은 지 얼마 되지 않아 발생한 이 어리석은 도발의 원인을 설명하는 데 애를 먹고 있다. 책임자의 처벌과 몰수된 물품에 대한 보상을 요구하러 파견된 몽골 대표단 또한 살해되었다. 이제 전쟁은 피할 수 없게 되어 1219년에 발생했는데 무함마드의 군대는 간단히 와해되었다. 무함마드는 도주했고 카스피해의 한 섬에 숨어 지내다 삶을 마감했다. 그사이 부하라와 사마르칸드는 1220년에 몽골군에 함락되고 약탈당했다. 3만 명의 사마르칸드 출신 장인들이 칭기스 칸의 아들들과 친척들에게 전리품으로 주어졌다. 부하라의 한 생존자는 다음과 같이 증언했다. 몽골인들이 "와서, 무너뜨리고, 불태우고, 죽이고, 약탈하고, 떠났다."[9] 중앙아시아는 이제 몽골 제국의 지배하에 들어갔다.

　동부 이란을 정복한 뒤 몽골군은 트란스코카시아와 서부 초원〔흑해 초원〕을 정찰했다. 이 몽골 군대는 당시 몽골 제국에 대항할 수 있는 유일한 유목민 세력인 킵착인들과 이들과 동맹한 정교회 세력인 루스인Rus'(러시아, 우크라이나, 벨라루스의 선조)들을 1223년 5월에 격파했다. 몽골군은 전리품을 챙겨 몽골로 귀환하는 길에 볼가 불가르인들에게 일격을 가했다. 루스인들은 몽골군의 갑작스러운 침공에 큰 충격을 받았고, 루스의 성직자들은 몽골군의 침공이 신의 징벌이라고 선언했다. 루스 지역을 파악하고 돌아간 몽골군은 훗날 이곳을 재침공했다. 칭기스 칸의 맏아들 주치Jochi의 가문에 그 임무가 주어졌다.

　칭기스 칸은 이제 서방 원정으로 중단되었던 몽골의 이웃 국가들에 대한 정복전을 재개했다. 몽골군은 1226~1227년에 탕구트를 복속시켰다. 그러나 탕구트 원정 도중 고령의 정복자 칭기스 칸은 병에 걸렸고 1227년 8월에 사망했다.

칭기스 칸의 네 아들

칭기스 칸의 맏아들 주치는 그보다 수개월 전에〔혹은 1225년에〕 사망했다. 칭기스 칸은 〔생전에 넷째이자〕 막내아들 툴루이Tolui에게 마음이 더 기울었지만 툴루이와 둘째 아들 차가다이Chaghadai 대신 온화한 셋째 아들 우구데이Ögödei를 후계자로 선택했었다. 1229년에 열린 쿠릴타이에서 우구데이가 대칸으로 추대되었다. 우구데이는 정의심, 지성, 판단력의 소유자로 알려져 있었지만 지나치게 술을 좋아했다. 툴루이는 막내아들을 옷치긴odchigin(화로火爐의 왕자prince of the hearth)으로 인정하는 유목민의 전통에 따라 선조의 땅, 부친의 개인 소유물, 가장 큰 규모의 병력(약 10만 1000명)을 물려받았다.● 칭기스 칸의 모든 아들은 이에 동의했다.[10]

원칙적으로 대칸은 "동등한 사람들 중 우두머리"일 뿐이었다. 각 형제는 "민족, 국가, 백성"을 의미하는 '울루스ulus'와 군대를 물려받았다. 울루스들은 통일된 '예케 몽골 울루스Yeke Mongghol Ulus'("대몽

● 몽골인들은 (형들이 장성해 분가한 뒤에도) 마지막까지 부모와 함께 집에 남는 막내아들을 "집의 화로를 지키는 왕자(옷치긴)"라 불렀다.

골국(Great Mongol State")) 즉 몽골 제국 내에서 작은 국가들을 이루었다. 각 울루스 사이의 경계는 명확하지 않았고, 울루스들이 모든 정복지를 포괄한 것도 아니었다.[11] 유목민의 전통에 따라 맏아들은 부친의 땅 중 가장 멀리에 있는 지역을 물려받았다. 이에 바투Batu와 오르다Orda가 이끄는 주치의 아들들은 서방에 위치한 킵착 초원(아직 완전히 정복되지 않은 지역이었다), 서시베리아와 그 인접 지역, 몽골군이 정복할 수 있는 서방의 모든 땅들을 물려받았다. 바투는 볼가강 유역에 위치한 오늘날의 아스트라한 근처에 자신의 수도 사라이를 건설했다. 칭기스 칸이 제정한 몽골인의 법인 '야사Yasa'의 철저한 준수자였던 차가다이는 처음에는 옛 카라 키타이 영토를 물려받았는데 이후 동투르키스탄과 서투르키스탄 대부분을 차지하게 되었다. 셋째 우구데이는 처음에는 준가리아Jungaria(북北신장), 남시베리아, 이르티시 지방을 물려받았다. 나중에 그는 몽골 초원의 중앙부를 차지하고 1235년 그곳에 제국의 수도인 카라코룸Qaraqorum을 건설했다.

몽골군의 군사 원정: 유럽, 중동, 고려, 일본

1229년과 1235년에 열린 쿠릴타이에서는 몽골 제국의 정복 계획이 수립되었다. 1241년이 되어 몽골군은 킵착인들과 루스 공국들을 복속시켰다. 킵착 초원이 몽골 제국에 정복되면서 많은 투르크계 유목민이 칭기스 일족의 지배를 받게 되었다. 이들은 이후 유라시아대륙을 휩쓴 "몽골군" 혹은 "타타르군"의 주요 구성원이 되었다. 몽골 제국은 이제 중앙아시아의 거의 모든 말馬을 차지했는데, 이는 전 세계 말의 반을 몽골 제국이 소유하게 되었음을 의미했다.[12] 이것은 몽골 제국에 엄청난 군사적 이점을 가져다주었다. 극심한 기후 조건들도 몽골 제국의 성공에 한몫했다. 1220년대와 1230년대에 북아시아에서 러시아에 이르는 지역에서는 아마 화산 폭발들에 따른 혹한, 폭우, 우박, 강풍을 동반한 이상 기후 현상이 발생했는데, 이는 농작물에 큰 피해를 주고 각 지역의 경제들을 저해했을 수 있다.

1241년에 몽골은 폴란드와 헝가리를 일시 점령 했다. 몽골군은 4월 9일에 실레지아(오늘날의 남서 폴란드 지방. 슐레지엔)의 헨리 경건공 Duke Henry the Pious of Silesia이 이끄는 약 2만 명의 폴란드-독일 혼성 기사단을 격파했다. 몽골군은 살상한 적들의 귀를 잘라 9개의 자루를 채우고, 창끝에 헨리 경건공의 머리를 꽂아 들고 행진했다. 그러나 우구데이가 (십중팔구 알코올중독으로) 사망하면서 카라코룸에서 발생한 정치적 긴장 상황으로 몽골군의 서방 원정은 완수되지 못했다. 몽골군은 철수했고 폴란드와 헝가리는 안도의 한숨을 쉴 수 있었다.

몽골군의 중동 원정은 1230년 처음 시작되었다. 당시 몽골군은 이란과 트란스코카시아 지역을 휩쓸었다. (13세기의) 아르메니아인 역사가 키라코스 간자케치Kirakos Gandzakets'i는 몽골군을 "구름 같은 메뚜기 떼"에 비유하며 몽골군 때문에 "전국이 시체로 뒤덮였고, 죽은 이들을 묻어줄 사람이 없었다"라고 기록했다.[13] 소아시아의 셀주크인들은 터키 동북 지역에서 1243년 (6월) 치러진 쾨세다그전투Battle of Köse Dağ에서 몽골군에 무릎을 꿇었다. 이때부터 이란과 소아시아는 대부분 몽골 제국의 지배하에 들어갔다. 대칸의 지위를 놓고 벌어진 칭기스 일족 사이의 권력투쟁에서 우구데이 가문에 승리한 툴루이 가문도 뭉케Möngke의 통치기(1251~1259)에 팽창 정책을 계속 추진했다. 1253년에 뭉케 칸은 자신의 동생 훌레구Hülegü를 중동 지역에 파견했다. 몽골 제국의 정복 활동을 완수하기 위해서였다. 압바스 칼리프국은 1258년 몽골군에 정복되었다. 바그다드에서는, 훌레구 본인이 추정하기로, 약 20만 명이 사망했다. 몽골인들은 왕족의 피를 땅에 닿게 하면 안 된다는 유목 세계의 전통에 따라 압바스 왕조의 마지막 칼리프인 알무스타심al-Musta'sim을 자루에 넣은 다음 짓밟아 죽였다.[14]

그런데 뭉케 칸이 사망한 후 그의 동생들인 쿠빌라이Qubilai와 아릭 부케Ariq Böke 사이에 권력투쟁이 발생해 훌레구의 진격이 중단되었다. 훌레구는 병력의 대부분을 이끌고 동쪽으로 되돌아갔고, 나머지 병력은 맘룩을 공격하도록 했다. 맘룩인들은 킵착 혈통의 군사노예들로서 1250년에 이집트와 시리아에서 정권을 잡았다. 맘룩 군대는 1260년 갈릴리〔팔레스타인의 북부 지방. 성서에 나오는 지방으로, 오늘날의 이스라엘의 행정구〕에서 몽골 침공군을 격파했고, 이로써 근동 지역에서 몽골군의 진격은 끝이 났다. 이란, 이라크, 소아시아의 대부분은 몽골 제국의 영토로 남았다. 시리아에 몽골과 맘룩 사이의 불안정한 국경이 형성되었다. 〔13세기의〕 아랍인 문인 아부 샤마Abu Shâma는 "모든 것에는 동종同種의 해충이 존재한다"라며 몽골군이 맘룩에 패주한 사실을 풍자적으로 표현했다.[15] • 같은 중앙아시아인들이었던 맘룩인

• 아랍인들은 몽골인과 킵착 투르크인을 종족적으로 동일한 집단으로 보았다. 따라서 이 표현은 몽골인들을 격파한 맘룩의 킵착 투르크인들이 몽골인들에게 동종의 해충 같은 역할을 했다는 의미다.

들만이 몽골인들을 저지할 수 있었던 것이다.

동아시아에서는 뭉케 칸에 이어 대칸이 된 그의 동생 쿠빌라이가 새 수도(중국어: 대도大都, 몽골어: 다이두Daidu, 투르크어: "칸의 도시Khan's City"를 의미하는 칸 발릭Khan Baliq)를 건설하고 중국식 왕조명인 원元을 국가명으로 채택했다. 1279년경에는 중국의 정복도 완수했다. 쿠빌라이는 고려를 1270년에 복속시킨 다음 일본을 침공했다. 1274년과 1281년에 파견된 쿠빌라이의 해상 원정대는 일본인들이 가미카제Kamikaze(신풍divine wind, 神風)라고 불렀던 태풍으로 파괴되었다.

몽골 제국의 균열

몽골 제국의 방대한 크기와 여러 칭기스 가문 및 울루스 간의 대립되는 이해관계로 몽골 제국의 통일성에 균열이 생기기 시작했다. 칭기스 칸의 첫째 아들 주치에게는 14명의 아들이, 둘째 아들 차가다이에게는 8명의 아들이, 셋째 아들 우구데이에게는 7명의 아들이, 막내아들 툴루이에게는 10명의 아들이 있었다. 그 후손들도 계속해서 수가 늘어났다. 그런데 칭기스 칸의 후손들은 모두 각자의 몫을 원했다. "황금 씨족golden family"('알탄 우룩altan urugh')이라고 불린 칭기스 일족 내부의 갈등은 급속히 악화되었다. 뭉케 칸은 모반을 기도했다는 죄명으로 우구데이 일족과 차가다이 일족 다수를 숙청했다. 주치 가문의 바투는 뭉케 칸이 권력을 장악하는 데 협력했지만 주치-툴루이 일족의 동맹 관계는 1260년대 초 와해되었다. 바투 가문과 훌레구

가문이 트란스코카시아 지역을 두고 서로 싸웠기 때문이다. 주치 일족은 동족인 이란의 몽골인들을 상대로 맘룩인들과 우호 관계를 맺었는데, 맘룩인들의 대부분은 주치 일족의 지배하에 있는 초원 출신의 킵착인들이었다.

툴루이 일족은 서로 싸우기도 했지만, 쿠빌라이 칸의 변함없는 적수는 몽골 전통의 옹호자로 자주 묘사되는 우구데이 가문의 카이두였다. 카이두는 사실 자기 가문의 울루스를 재건하려 노력했지만, 우구데이 가문이 대칸의 지위를 되찾는 것을 목표로 삼지는 않았다. 그는 쿠빌라이에게 아주 위협적인 존재는 아니었다. 카자흐스탄 남부에 위치한 자신의 근거지에서 카이두는 칭기스 일족 간의 대립 관계를 이용해 1270년대 초 투르키스탄의 대부분을 수중에 넣었다. 카이두는 1281년에는 차가다이 일족과 동맹을 맺었고, 이 동맹은 20년간 지속되었다. 카이두는 옥수스강에서 알타이산맥 사이의 땅을 지배했다. 그러나 〔1301년〕 카이두가 죽은 후 그의 나라〔우구데이 울루스〕는 내분으로 해체되었고 동맹 세력이었던 차가다이 칸국에 흡수되었다. 카이두 칸 개인에 대해서는 알려진 바가 많지는 않지만 그는 아주 영리했으며 그의 친척들과는 달리 술을 멀리하는 등 (카이두의 부친은 술 때문에 사망했다) 절제력 있는 생활 습관을 가졌었다. 카이두의 턱수염은 9가닥의 회색 털로 이루어져 있었다. 그의 딸들 중 한 명인 쿠툴룬Qutulun은 아버지를 따라 전장을 누비는 뛰어난 전사였다. 카이두는 쿠툴룬이 직접 신랑을 고를 수 있게 허락했다. 쿠툴룬은 자신과 싸워서 이길 수 있는 남자와만 혼인할 것이라고 고집했다. 그녀는 오랫동안 독신으로 살았는데, 부친과 너무 가깝다는 소문이 돌자 그때에야 비로

일 칸국의 궁기병을 그린 티무르 제국의 세밀화(15세기). 알카얌al-Khayyam(이라는 신원 미상의 화가)의 작품으로, 일 칸국의 세밀화를 바탕으로 그려졌을 것으로 추정된다. 몽골인을 자신들의 선조로 여긴 티무르 일족을 위해 제작되었다(옮긴이).

소 혼인했다―마르코 폴로의 여행기에서 쿠툴룬은 투르크어 이름인 아이자룩Aijaruc('아이 야룩Ay Yaruq', "밝은 달Bright Moon")으로 불린다.[16]

몽골 제국의 4울루스

칸위와 영토를 둘러싼 분쟁은 제국 전역으로 확산되었고 몽골 제국을 분열시켰다. 그 결과 개별 칭기스 국가들이 형성되었다. 주치 울루스Ulus of Jochi, 차가다이 울루스Ulus of Chaghadai, 중국과 동부 유라시아 초원을 지배하는 원 등이다. 이란에 자리 잡은 훌레구와 그의 후손들은 '일칸ilkhân'(속국의 군주)이라는 칭호를 사용했다. 일칸은 약간 낮은 지위를 반영하는 것 같지만 실제로 일 칸국Ilkhânate은 다른 울루스와 동등한 하나의 울루스였다.

몽골 제국의 통치 방식

13세기 후반에 몽골 제국은 고려, 중국, 만주에서 우크라이나와 러시아까지 이어졌다. 발칸반도와 비잔티움 제국도 몽골 제국의 영향권 아래에 있었다. 이란, 이라크, 트란스코카시아 지역은 몽골 제국의 남쪽 변경 지대를 이루었다. 몽골군은 모든 곳에서 약하거나 분열된 적을 상대했었다. 도시들은 파괴되고 약탈당했고, 주민들은 학살되거나 이주당했다. 정복 활동을 끝낸 뒤 몽골인들은 현지 출신과 외국

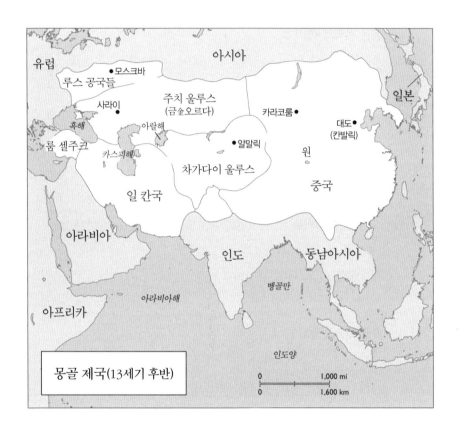

유럽

아시아

루스 공국들

• 모스크바

일본

• 사라이

주치 울루스
(금金오르다)

카라코룸 •

대도 •
(칸발릭)

흑해

아랄해

룸 셀주크

카스피해

• 알말릭

원

차가다이 울루스

중국

일 칸국

아라비아

인도

동남아시아

아라비아해

벵골만

아프리카

인도양

몽골 제국(13세기 후반)

| 0 | | 1,000 mi |
| 0 | | 1,600 km |

인 참모들의 도움을 받아 정복지의 재건에 나섰다. 몽골 제국은 종교의 자유를 보장했다. 몽골 제국의 종교적 관용성은 때로는 과장되었지만, 각 종교 성직자들의 주된 의무는 몽골 칸들의 건강과 행운을 위해 기도하는 일이었다. 몽골 칸들은 모든 종교로부터 영적 축복을 받는 것을 좋아했다. 더구나 종교적 관용은 다양한 종교가 존재하는 제국을 통치하는 데서 보다 현실적인 정책이기도 했다.[17]

칭기스 일족은 인재를 스카우트하는 데 재능이 있었다. 모든 정복지에서 몽골 제국 관리들은 제국의 경영에 도움이 될 기술을 보유한 인력을 식별해냈다. 이러한 인력들도 전리품으로 간주되었다. 수많은 언어가 사용된 몽골 제국에서 언어적 재능을 보유한 사람들은 특히 우대되었다. 여러 언어를 할 줄 아는 재능이 있으면 확실히 등용될 수 있었다. 중국어 구어口語를 할 줄 알았던 쿠빌라이는 언어 소통의 중요성을 인식해 1269년에 티베트 승려인 파스파'Phags-pa에게 몽골어, 중국어, 그 외 몽골 제국의 다른 언어들을 다 적을 수 있는 알파벳을 만들라고 지시했다. 쿠빌라이의 노력에도, 이 파스파 문자는 몽골 제국 내에서 널리 사용되지 않았다.

몽골인들은 정복지들에서 충성스럽고 유능한 인재들을 찾아내려 했다. 칭기스 칸과 그의 후손들은 천체 현상을 관측할 수 있는 (그리고 아마 통제할 수 있는) 전문가들을 열심히 찾았다. 한화된 거란인이었던 야율초재耶律楚材는 칭기스 칸과 우구데이를 섬겼는데 처음에는 천문학자와 기상학자로서의 재능을 발휘해 대칸의 총애를 받을 수 있었다. 몽골 제국의 대역사가 라시드 앗딘Rashîd ad-Dîn(1247~1318)은 '야다타슈yadatash'를 능히 다루었던 한 캉글리-킵착 부족민에 대해 기록했다. 야다타슈는 중앙아시아의 투르크계 유목민들에게 비를 내리게 하는 마법의 돌이었다. 라시드 앗딘에 따르면, 이 우석雨石은 여름에 도 눈보라를 불러일으킬 수 있었다.[18] 외국인 전문 인력들은 초기 칭기스 일족이 가졌던 조금 더 파괴적인 성향을 일부 누그러뜨리는 역할을 했다. 야율초재는 우구데이 칸이 북중국의 농경지를 유목민을 위한 목초지로 바꾸려 하자 농민들로부터 세금을 거두어들이는 것이 더 이득이 된다고 설명하며 이를 만류했다.

몽골 제국 시대의 인적·문화적 교류

기술 인력들은 재능과 수요에 따라 몽골 제국 내부를 돌아다녔다. 몽골인 볼라드 아가Bolad Agha는 중국에서 활동하다 이란으로 이주했다. 이란에서 그는 라시드 앗딘을 위해 정보 제공자 역할을 했다. 볼라드의 부친 주르키Jürki는 군사령관이었는데 칭기스 칸의 첫째 부인이자 칭기스 칸을 계승한 네 아들의 모친인 부르테의 일가에서 '바우르치ba'urchi'(요리사)로도 일했다(십중팔구 직접 요리를 하기 보다는 음식 준비 과정을 감독했을 것이다). 황실과의 이러한 긴밀한 관계 덕분에 주르키는 높은 신분을 누릴 수 있었다. 중국어와 몽골어에 능통했던 볼라드는 쿠빌라이 칸 밑에서 중요한 직책을 여럿 맡았다. 그는 부친의 칭호였던 바우르치를 계속해서 사용했는데 바우르치는 칸에게 쉽게 접근할 수 있다는 의미를 내포했다. 1285/1286년에 볼라드는 어떤 임무차 이란으로 파견되었는데 이란을 통치하는 툴루이 가문을 섬기며 그곳에 남기로 결정했다. 1294년에 이란에 (중국에서는 잘 알려져 있던) 지폐를 도입한 사람은 십중팔구 볼라드였을 것이다. 그러나 이 시도는 완전히 실패했다.[19] 지폐의 발행을 위해 중국에서 도입된 인쇄술 또한 이란에서 비슷한 운명을 맞았다.

유대인 혈통의 페르시아인 이슬람교도 라시드 앗딘은 일 칸국의 주요 대신이었다. 그 또한 황실 주방에서 경력을 시작했으며 칸의 음식을 준비하고 칸을 직접 섬겼다. 이처럼 칸과의 가까운 접촉과 자신의 타고난 재능으로 그는 고위직에 오를 수 있었다. 라시드 앗딘이 저술한 《자미 앗타바리흐Jâmiʿ at-Tavârîkh》("사료들의 모음Collection of the Histories". 일명 "집사集史")는 몽골인들과 중앙아시아 민족들의 역사뿐 아니라 중국과 근동의 역사, 당시 서양에 대해 알려진 정보들을 다루었다. 이 같은 폭넓은 관점의 역사 서술은 몽골인들에 의한 유라시아 대륙의 통일이 없었다면 불가능했을 것이다. 라시드 앗딘의 주군인 가잔 칸Ghazan Khan(재위 1295~1304)은 우아한 몽골어 외에도 아랍어와 페르시아어를 할 줄 알았으며 힌디어, 카슈미르어, 티베트어, 중국어, "프랑크어(프랑크는 당시 이슬람 세계에서 서유럽을 지칭했다)" 및 여타 언어들에 대한 지식도 보유했다(가잔 칸은 이슬람교를 국교로 삼기도 했다).[20]

칭기스 왕조 지배하의 이란과 중국은 조리법과 더불어 의학 지식과 약학 지식을 서로 교환했다. 라시드 앗딘은 중국 조리서를 가지고 있었으며, 십중팔구 볼라드의 도움으로, 중국 요리에 대해 잘 알고 있었다. 원나라 궁정에서는 셔벗sherbet(과일로 만든 빙과)이나 병아리콩chickpea이 든 수프 등의 서아시아 요리들이 알려져 있었다. 1330년에 저술된 원나라의 조리서 《음선정요飮膳正要》에는 페르시아어와 투르크어 용어들이 포함되어 있다.[21] 14세기 중반에 몽골 제국의 지배를 받은 적 없는 예멘의 한 왕이 편찬한 6개 언어(아랍어, 페르시아어, 투르크어, 몽골어, 그리스어, 아르메니아어) 사전에서도 비슷한 관심사가 엿보인다. 이 사전에는 "젓가락"과 "중국 오리"에 해당하는 단어들이 수록되어 있다.[22] 몽골인들은 유라시아대륙에서 요리 문화의 확산에도 기여했던 것이다.

마르코 폴로Marco Polo(1254~1324)는 칭기스 황실을 방문한 가장 유명한 유럽인이다―하지만 그는 높은 지위의 인물은 아니었다. 마르코 폴로의 모험을 다룬 책은 유럽에서 베스트셀러가 되었다. 몽골 제국의 수도들에는 마르코 폴로 외에도 몽골의 대칸을 만나보거나 대칸에게 자신의 재능을 바치려는 사람들이 셀 수 없이 많았다. 1250년대에 교황에 의해 뭉케 칸의 궁정에 파견되었던 프란치스코회 수사 윌리엄 루브룩William of Rubruck은 자신의 여행기에서 "파리 출신의 윌리엄William of Paris"에 대해 언급한다. 여행기에 따르면, 이 윌리엄은 커다란 은銀나무 형태의 기계 장치를 만들었는데 그것의 작은 구멍들로부터 쿠미스와 다른 술들이 흘러 나왔다. 관찰력이 뛰어났던 이 수사는 몽골인들이 제국의 여러 민족으로부터 차용한 쌀, 기장, 밀, 꿀로 만든 술 혼합 음료들에 대해 높이 평가했다. 그러나 그는 대연회들의 일부인 술잔치에 대해서는 불신의 눈으로 바라보아, 몽골인들이 서로 경쟁하며 "아주 혐오스럽고 탐욕스러운 방식으로 술을 벌컥벌컥 마신다"라며 비난했다.[23]

칭기스 왕조의 궁정 에티켓이 요구하던 엄청난 양의 음주는 음악과 함께 이루어졌다. 윌리엄 루브룩은 "타타르인들"의 야영지에서 상당히 다양한 악기를 목격했다. 원나라 궁정은 세계 제국답게 다양한 악기를 사용하는 관현악단을 보유했다. 서아시아에서 도입된 오르간도 있었는데 음악과 함께 기계 공작새가 움직였다. 동방과 서방의 칭기스 궁정들에서는 코비즈와 같은 투르크계 유목민들의 현악기들도 사용되었다. 14세기 초 북아프리카 출신의 무슬림 여행가인 이븐 바투타Ibn Battûta(1304~1368/1369)는 중국에서 한 몽골 연회에 참석했는데 공연자들이 페르시아어, 아랍어, 중국어로 부르는 노래를 들었다. 이란에서는 중국 음악 공연들이 펼쳐졌다.[24] 활쏘기와 레슬링은 몽골 제국의 중요한 대중적 오락거리였다. 몽골 칸들은 제국의 전역에서 레슬링 선수들을 불러 모았다. 한 유명한 타직인 레슬링 챔피언은 의무적으로 하던 레슬링 시합을 면제받고 자식들(미래의 챔피언들)을 낳으라는 명령을 받기도 했다. 다양한 폴로 스타일의 승마 스포츠가 중국에서 지중해에 이르는 지역에서 큰 인기를 끌었다. 이 점에서, 몽골인들이 국제 스포츠 경기 대회들을 주최한 역사상 최초의 프로모터들이었을 수 있다.[25]

몽골 제국의 유산

칭기스 일족과 몽골 엘리트들은 교환의 과정에서 능동적 역할을 했다. 이들의 영향력과 취향은 몽골 제국의 안과 바깥에서 느껴졌다. 문화적 교환은 몽골인들의 취사선택 과정을 거쳐 이루어졌다. 한동안 몽골 제국은 평화적이고 안전한 문화 교류가 이루어질 수 있는 공간을 만들어냈다. 이를 통해 이루어진 정보의 교환은 지식인들과 일부 용감한 상인들이 더 넓은 시야와 세계에 대한 보다 더 정확한 인식을 갖게 해주었다. 한편 칭기스 왕조의 지배는 상대적으로 작은 언어적 유산을 남겼다. 투르크어와 페르시아어 사용권 이슬람 세계는 몽골어 사용 지역으로 바뀌지 않았다. 몽골인들은 현지의 언어를 채택했다. 몽골어는 대체로 몽골인들만 사용하는 언어로 남았다.

몽골 정권들이 붕괴되고 국제무역에 차질이 생기자 이 상업적 교역망의 주변부에 존재했던 서유럽인들은 동방으로 가는 대체 루트를 찾으려고 노력했다. 그러나 이슬람권 중동은 이에 잘 대응하지 못했다. 9세기부터 쇠퇴하기 시작한 압바스 칼리프국은 고전적 아랍-이슬람 문명의 전통들과 함께 휩쓸려 사라졌다. 11세기에 셀주크 투르크인들이 도래한 이후로 초원의 유목민들이 이슬람 세계의 중심부를 계속 지배해나갔다. 강력한 정치·군사·종교 세력으로서의 이슬람은 14세기에 오스만 제국하에 부활했다. 오스만인들의 핵심 세력은 칭기스 세계의 주변부에 거주하던 투르크인 집단에서 기원했다. 이들은 몽골 제국이라는 회오리바람이 만들어낸 여러 집단 중의 하나였다.

몽골 제국의 팽창 정책은 동남아시아에도 영향을 미쳤다. 몽골 제국의 남중국 정복은 타이Tai계 주민들을 파간의 버마 왕국으로 이주하게 만들었다[여기서 "버마 왕국"은 당시의 파간 왕국Pagan Kingdom으로, 오늘날의 미얀마를 말한다]. 1283년부터 1301년까지 몽골군은 정기적으로 파간을 공격했고 1287년에는 일시적으로 파간을 점령했는데, 이는 추가적 인구 이동을 불러왔다. 몽골군은 오늘날의 베트남, 캄보디아, 인도네시아 지역도 침공했는데 큰 성공을 거두지는 못했다. 자바의 마자파히트Majapahit 왕국은 몽골군의 도움을 받아 1293년에 수립되었는데 곧바로 몽골군을 몰아냈다. 이후 마자파히트 왕국은 서유럽에서 수요가 컸던 향신료의 주요 공급자가 되었다.

몽골 제국은 정주 세계를 정복한 가장 큰 유목제국이었다. 그리고 유라시아의 초원 지역, 삼림 지대, 다수의 인근 국가들(중국, 이란, 중세의 루스 공국)을 하나의 광대한 세계 국가로 통합한 인류 역사상 가장 거대한 그리고 지리적으로 연결된 육상제국이었다. 몽골 제국은 세계사에도 심대한 영향을 미쳤다. 1250~1350년 사이에 국제 교류 네트워크를 구축함으로써 초기의 "세계체제world system"를[26] 태동시켰다. 몽골 제국은 근대 세계의 선구자였다.

7장

후기 칭기스 왕조들, 정복자 티무르, 그리고 티무르 왕조의 르네상스

몽골인들과 투르크계 유목민들의 융합

분열되던 칭기스 세계에서 소수의 특권층을 이루었던 몽골인들은 점차 자신들의 속민들에게 동화되었다. 다마스쿠스 출신의 〔14세기〕 아랍인 역사가 알우마리al-'Umari가 주목했듯, 피정복민이었던 킵착인들과 몽골인들은 서로 섞였고 "마치 하나의 종족처럼" 되었다.¹ 몽골 제국의 지배를 거치며 그때까지 이란어를 사용해오던 많은 주민은 투르크어를 채택했다. 이러한 언어의 투르크화 현상은 6세기부터 진행된 과정이었다. 부하라와 사마르칸드 같은 도시들에서는 계속해서 투르크어와 페르시아어 두 언어가 상용되었다. 페르시아어(타직어)는 상류층 문화와 정부의 언어로서 지위를 계속 유지했지만, 문학의 영역에서까지 갈수록 더 투르크어와 공존해야 했다. 결국 투르크어는 이슬람권 중앙아시아에서 정치적으로 지배적인 언어가 되었다.

몽골 제국은 의도적으로 투르크계 유목민들을 재편해 그 소속 부족들을 해체하고 이들을 칭기스 일족의 군대로 편입시켰다. 몽골 제국이 쇠퇴하자 부족 혹은 부족 형태의 집단들이 재등장했는데, 그 중 일부는 칭기스 혈통의 리더나 다른 유력 인사들의 이름을 집단의 명칭으로 사용했다. 새롭게 등장한 집단들이 전통적 친족 관계보다는 '알탄 우룩'(황금 씨족) 즉 칭기스 일족에 대한 충성을 더 중요시했기 때문이다.

주치 울루스와 이슬람교

언어의 변화와 새로운 집단들의 출현은 다른 형태의 문화적 동화 현상을 선행하거나 수반했는데, 종교가 가장 대표적인 사례다. 이슬람교는 트란스옥시아나의 도시들로부터 다양한 투르크-몽골계 민족들로 전파되었으며, 그중 일부는 트란스옥시아나로 새로 이주해온 이들이었다. 이슬람교는 먼저 주치 울루스에서 확산하는 데 성공했다. 당시 주치 울루스는 개별 "오르다horde"로 구성되었는데, 대大오르다 Great Horde, 백白오르다White Horde, 회색灰色 오르다Gray Horde, 청靑오르다Blue Horde 등이 그것이다.* 16세기부터 러시아 사료들에서 당시에는 사라져버린 주치 울루스의 핵심 오르다 "대오르다"를 "금金오르다 Golden Horde"로 부르기 시작하면서, "금오르다"가 이후 사료에서 일반

---

* "오르다orda"는 유목국가 혹은 유목민 집단을 의미하는 투르크어다. 영어의 "horde"("유목민 집단" "떼, 무리")는 이 단어의 차용어다.

적으로 알려진 이름이 되었다. 바투의 동생 베르케Berke는 십중팔구 1257년 칸이 되기 이전에 개종한, 주치 울루스 칸들 중 최초의 이슬람 교도였다. 베르케 칸(재위 1257~1266)의 종교적 멘토는 부하라 출신의 수피 지도자 사이프 앗딘 알바카르지Sayf ad-Dîn al-Bâkharzî였다. 일부 칭기스 일족을 포함한 다른 사람들도 알바카르지의 영향을 받아 이슬람으로 개종했던 것으로 보인다. 그러나 베르케는 이슬람을 주치 울루스의 공식 종교로 선포하지는 않았다. 베르케 칸의 궁정에서는 샤머니즘 신앙과 관련된 오래된 관습들이 여전히 행해졌다. 1263년 사라이에 파견된 맘룩 사절들은 유목민의 오랜 물 관련 금기taboo에 따라 옷을 빨거나 심지어는 눈을 먹지 말라는 경고를 받았다. 물은 하늘과, 이교도 투르크계 민족 및 몽골계 민족들의 최고 하늘신인 텡그리를 반영한다고 여겨졌다. 물은 더럽힐 수 없는 것이었다.[2]

1320년경에 이슬람교로 개종한 우즈벡Uzbek의 치세(1312 /1313~1341)가 되어서야 이슬람교는 주치 울루스 내에서 영구적 발판을 확보할 수 있었다. 우즈벡 칸의 개종 일화는 유목민들의 개종에서 수피들이 했던 역할을 잘 보여준다. 이 이야기에 따르면, 전형적인 중앙아시아의 개종 일화처럼, 우즈벡 칸의 궁정 샤먼들은 칸이 마실 쿠미스와 여타의 음료들을 "마법의 힘"을 사용해 준비했다. 하루는 무슬림 성인들의 존재가 이 "기적" 과정이 일어나지 못하게 했다. 우즈벡 칸은 샤먼들과 무슬림 성인들에게 토론을 시켰다. 어느 한쪽도 승리하지 못하자 양측은 더 힘이 드는 시합을 벌이기로 했다. 양측은 샤먼이 들어갈 큰 가마 구덩이와 수피가 들어갈 큰 가마 구덩이에 열을 가해 놓고는, "누구든지 타지 않고 나오는 쪽의 종교가 참된 종교"라는 데

합의했다. 수피들은 털이 아주 많은 바바 투클스Baba Tükles를 대표로 뽑았다. 바바 투클스가 갑옷을 입자 그의 털들이 갑옷의 작은 구멍들로 삐져나왔다. 그는 뜨거운 가마 안으로 들어갔다. 그의 상대였던 샤먼은 동료들에 의해 가마 웅덩이로 던져졌는데 그 즉시 불에 타 죽었다. 바바 투클스는 가마 위에서 양고기가 구워지고 있었는데도 기도를 계속 이어나갔다. 양고기가 완전히 구워진 다음 가마의 문을 열자 그는 다음과 같이 말했다. "왜 서둘렀소?" 이때 그의 갑옷은 "빨갛게 달아올라" 있었지만, "바바 투클스의 몸은 최고 신의 권능에 의해 털이 하나도 타지 않았다." 우즈벡 칸과 그 측근들은 즉시 이슬람교도가 되었다.[3]

주치 울루스의 서부 초원 지역에서 이슬람교는 볼가 불가르국의 도시들, 화라즘의 우르겐치, 좀 더 멀리 떨어진 부하라에서 시작되는 교역로들을 따라 전파되었다. 도시들에서 더 멀리 떨어진 곳의 유목민들일수록 이슬람의 영향을 더 적게 받았다. 주치 울루스의 지배자들은 수피들과 함께 이슬람교를 장려했다. 그러나 샤머니즘의 기층은 민속 이슬람 속에 살아남았고 현재까지도 그 명맥을 유지하고 있다.[4] 이슬람교로 개종한 투르크-몽골인 샤머니즘 신자들은 기적을 행하는 수피들을 형체 변신 능력이 있고 치료 행위를 위해 영적 세계로 들어가는 능력이 있다고 여겨진 전통적인 샤먼들과 마찬가지의 존재로 보았다. 개종한 지 수 세기가 지난 뒤에도, 예컨대 키르기즈인 샤먼들은 무아경 상태에서 영들에게 제물을 바치며 아픈 사람들의 "치료"를 행했다. 여기에는 코란의 암송도 뒤따랐는데, 이것은 〔이슬람과 샤머니즘〕 두 신앙 체계가 어떻게 얽혀 있었는지를 보여준다. 1358년과 1365년에 극심한 가뭄이 발생하자 절망적 상태의 키르기즈인들은 고대 샤머니즘 전통에 따라 동물 희생 제의를 행했다—종종 무슬림 성인들의 무덤에서.[5] 다수 중앙아시아 민족의 민속문화 속에는, 늑대와 같이, 자신들의 선조로 여기는 동물들에 대한 숭배 사상이 널리 퍼져 있다. 일부 키르기즈 여성들과 우즈벡 여성들은 이슬람교도임에도 여전히 출산 시에 고古투르크[돌궐·위구르 시기의 투르크]의 다산의 여신인 우마이에게 빈다.

그러나 새로운 종교의 수용도 주치 울루스의 분열은 막을 수 없었다. 우즈벡 칸의 아들들과 손자들에게는 서로를 살해하는 비참한 습성이 있었다. 1359년경에 주치 울루스는 내분으로 인해 거의 무정부 상태가 되었지만, "타타르인들" 즉 이제 투르크어를 사용하게 된 칭기스 왕조 지배하의 몽골인들과 투르크계 주민들의 혼합 민족은 그 대다수가 이슬람교도가 되었다.

주치 울루스와 모스크바 대공국

주치 울루스에서는 결국 바투의 가문이 단절되고 주치의 다른 후손들이 정권을 장악했으나 평화는 찾아오지 않았다. 타타르인들이 분열되자 주치 울루스의 조세 징수자로 두각을 나타냈었던 선조들을 둔, 주치 울루스의 신하 모스크바 대공 드미트리Dmitrii가 1300년대 중반에 독립을 시도할 수 있었다.[*] 드미트리는 1380년에 마마이Mamai가 이끄는 타타르 군대를 돈강 근처에서 격파한 후 승리를 기념해 돈스코이Donskoi("돈강의")를 자신의 별명으로 삼았다. 드미트리는 1381년에 대오르다의 권좌에 오른 톡타미슈Toqtamïsh(러시아어 토흐타미슈 Tokhtamysh)의 소환 요구에 응하지 않았는데, 이에 톡타미슈가 1382년에 모스크바를 공격했다. 드미트리는 도망쳤고 타타르인들은 모스크바를 약탈했다. 이러한 굴욕에도 모스크바 대공국은 타타르 세력이 분열된 틈을 타 점차 독립해나갈 수 있었다. 모스크바 대공국은 "타타르의 멍에Tatar yoke"(러시아인들이 몽골 지배를 지칭하던 표현)가 끝난 이반 3세Ivan III의 통치기(1462~1505)까지 주치 울루스의 명목상의 속국으로 남아 있었다.

차가다이 울루스의 분열

톡타미슈는 이웃 차가다이 울루스의 강력한 군사지도자 티무르 Temür의 도움으로 주치 울루스의 권좌에 오를 수 있었다. 당시 차가다이 울루스는 티무르의 등장 이전까지 잦은 칸위 계승 분쟁으로 불안정한 상태에 있었다. 도시 인근 지역에 거주하던 차가다이 유목민들은 이슬람의 영향을 받았으나 도시에서 멀리 떨어진 곳에 거주하던 차가다이 유목민들은 이슬람과 도시 생활에 반감을 가지고 있었다. 이슬람교는 주기적 박해를 당했음에도 14세기 전반기 말에는 차가다

● 모스크바 대공국Grand Duchy of Moscow(Muscovy)은 13세기 말부터 모스크바 시를 중심으로 신흥 공국으로 발전하기 시작해 15세기 말에 러시아를 통일했고, 16세기 중반에는 카잔 칸국과 아스트라한 칸국을 정복하며 강대국으로 발돋움했다. 러시아 제국의 전신이다.

이 울루스의 지배 엘리트들이 믿는 종교가 되었지만, 부족민들은 대부분 이교도로 남아 있었다.

14세기 중반에 이르러 차가다이 울루스는 둘로 갈라졌다. 그중 서부 진영은 오래전부터 이슬람 세계의 일부였던 트란스옥시아나 지역을 차지했으며 차가다이(투르크어 발음은 차가타이Chaghatay) 울루스란 이름으로 알려지게 되었다. 동부 진영은 오늘날의 카자흐스탄 동남부 지역, 키르기스스탄, 신장으로 구성되었으며 "몽골인의 땅"을 의미하는 모굴리스탄Moghulistan이라 불리게 되었다. 민족지학적 관점에서 볼 때, "모굴리스탄"은 정확한 명칭이 아니었다. 모굴리스탄 주민의 대부분은 투르크인들과 투르크화된 몽골인들이었다. 이슬람 작자들은 몽골인들과 같이 이슬람 문명의 영향을 덜 받은 유목민들을 "모굴인Moghul"이라 칭했던 것이다. 서부 차가다이인들은 동부 차가다이인들을 업신여기며 '제테Jete'(도적, 떠돌이, 방랑자)라고 불렀다.

정복자 티무르

차가다이 울루스는 여러 부족과 칭기스 일족이 이끄는 군사 집단들로 구성되어 서로 동맹을 맺거나 싸우면서 극심한 혼란 상태에 놓여 있었다. 바로 이 같은 곳에서 유럽에서는 타메를란이란 이름으로 더 잘 알려진 티무르가 권좌에 올랐다. 아랍어와 페르시아어로 티무르Tîmûr라고 전사轉寫되는 그의 이름은 투르크어로 "쇠iron"를 의미한다. 티무르는 투르크 세계에서 아직도 널리 사용되는 흔한 이름이다. "타메를란Tamerlane"은 "절름발이 티무르Timur the Lame"를 의미하는 페르시아어 표현 "티무리 랑Tīmûr-i Lang"에서 유래한다. 티무르는 부상으로 오른쪽 다리를 절었고, 젊은 시절 한때의 호기로 양 떼를 훔치다 적에게 잘려 오른손 손가락 두 개가 없었다.[6] 그는 사마르칸트에서 남쪽으로 약 100킬로미터(62마일) 떨어진 곳에서 투르크화된 몽골 부족인 바를라스Barlas의 일원으로 태어났다.

티무르가 죽기 얼마 전 그를 방문했던 카스티야Castillia〔중세 스페인의 중앙부에 있었던 왕국〕사절 돈 루이스 곤잘레스 데 클라비호Don Ruiz Gonzales de Clavijo에 따르면, 티무르의 부친 타라가이Taraghay는 차가다이 가문과 친족 관계에 있는 "좋은 집안 출신"이었지만 작은 사유지를 보유하고 서너 명의 기병들만 신하로 거느린 귀족이었다.[7] 클라비호 등이 남긴 기록에서, 티무르는 칭기스 칸과 다를 바 없는 전형적인 초원 제국 건설자의 모습으로 묘사되어 있다. 그는 비교적 젊은 나이에 리더십을 발휘하기 시작했고, 이어서 행운과 군사적 성공을 경험했다. 클라비호는 다음과 같이 이야기한다. 청년 시절 티무르와 "네, 다섯 명의 동료들"은 이웃의 가축을 정기적으로 훔쳤고, "인정이 많고 아주 후한 사람"이었던 티무르는 잔치를 벌이며 노획물들을 친구 등과 나누었다. 시간이 흐르며 티무르는 후한 도적으로 명성이 높아졌고, 사람들이 그에게 몰려들어 그 수가 "300명"을 헤아리게 되었다. 클라비호는 티무르가 "마주치는" 사람 누구나 약탈했고 부당하게 얻은 이익을 부하들에게 나누어주었다고 기록한다. "이처럼, 그는 모든 주요 도로를 막고 마주치는 상인들에게 피해를 입혔다."[8]

티무르는 차가다이 울루스의 극심한 부족 간, 씨족 간 대립 관계를 아주 잘 이용하며 1370년 무렵 차가다이 울루스의 실권자가 되었다. 그러나 칭기스 일족만이 칸이 될 수 있었기 때문에 티무르는 칸의 칭호를 사용하지 않았다. 그 대신, 티무르는 칭기스 일족을 꼭두각시 군주로 추대하고 자신이 실질적으로 통치했으며, 칭기스 가문 출신 여인들과의 혼인을 통해 자신의 권력을 정당화했다. 그는 '쿠레겐Küregen'(몽골어 '쿠르겐kürgen'. "사위")이라는 칭호를 사용하는 데 만족했다. 이슬람교도들에게 티무르는 대大아미르Great Amîr였을 뿐이다.

티무르의 일차적 목표는 차가다이 울루스 내에서 자신의 권력 기반이 불안정했던 만큼 강력한 군대를 유지하는 것이었다. 그는 추종자들에게 활동 기회를 줌으로써 병사들의 충성을 유지했다. 이것은 티무르가 끊임없이 병사들을 전쟁과 약탈전에 동원해야 했음을 의미한다. 이와 같은 이유에서 티무르는 군사 원정에 엄청난 에너지를 쏟았다. 티무르에겐 다행히도, 그의 상대들은 약하고 분열되어 있었다. 티무르는 자신을 차가다이 가문의 혹은 우구데이 가문의 대변자 혹은 '파디샤히 이슬람Pâdishâh-i Islâm'("이슬람 황제Emperor of Islam")의 투사로 내세우면서 자신이 벌이는 전쟁들을 정당화했다. 티무르의 진정한 야망은 자신을 수반으로 하는 칭기스 칸의 통일 제국을 재건하는 일이었다. 그는 복합적 성격의 인물이었다. 뛰어난 군사지도자이자 정치인이었던 티무르는 아주 야만적이기도 했다. 그에게 즉시 항복하지 않는 자들은 파괴와 대량 학살을 면하지 못했다.

티무르 제국의 수도 사마르칸드

유라시아를 제패한 마지막 유목민 정복자 티무르는 정주사회를 잘 아는 인물이었다. 티무르가 아무리 유목민 전통과 칭기스 왕조의 카리스마를 두드러지게 중요시했다 해도 그는 변방 이슬람 세계의 산물이자 이슬람교도였다. 그는 이슬람의 옹호자를 자처했지만 이슬람교도들도 많이 희생시켰다. 티무르는 도시를 지나치게 좋아하는 사람들을 비난했지만 그가 건설한 사마르칸드는 그의 정복 활동의 주된 수혜자였다. 사마르칸드는 확장되었고 티무르는 새로 건설된 일부 사마르칸드 외곽 지역들에 자신이 정복한 도시들의 이름을 붙였다.

클라비호가 서술하기로, 사마르칸드는 인구가 조밀하고 과수원과 포도원으로 둘러싸여 있었으며, 사마르칸드 내외의 정원들처럼, "여러 수로水路로부터 물을 공급받았다.[9] 티무르가 건설한 성곽 안에는 관청, 조폐소, 감옥, 쾩 사라이Kök Saray("푸른 궁전", 푸른색 타일들 때문에 그렇게 불린다)와 부스탄 사라이Bustan Saray라는 두 개의 궁전이 있었다. 현재까지도 전해져 내려오는 후대의 기록을 보면, 쾩 사라이 궁전에는 쾩 타슈Kök Tash(푸른 돌blue stone)라는 곳이 있었는데 그 위에서 군주는 흰색 융단 위에 앉아 통치 권한을 부여받았다—티무르와 연관되어 자주 인용되는 쾩 타슈 이야기는 18세기에 창작된 것으로 보인다. 이곳을 방문한 19세기 사람들은 이 일화를 진실로 받아들였지만 티무르의 동시대인들은 이에 대한 기록을 남기지 않았다.[10] 이후 쾩 사라이 궁전은 잔인한 왕위 다툼의 장소로 유명해졌다. 티무르는 칭기스 칸에게는 아주 이상하게 보였을 관개 수로의 건설과 관리를 후원했다. 사마르칸드는 제국의 걸작으로서 티무르가 자신의 정복전에서 획득한 전리품들을 전시하기 위해 꾸민 도시였다. 한 방문자는 사마르칸드를 "전승 기념물trophy"이라고 불렀다.[11] 사마르칸드에는 호화로운 건물들이 있었음에도 티무르는 사마르칸드의 많은 정원과 공원에 있는 천막에서 자는 것을 선호했다. 케슈, 티무르가 심하게 약탈했던 화라즘의 우르겐치, 그 외 여러 다른 도시에서 새로운 건축 활동들이 전개되었다. 중앙아시아는 다시 동양과 서양 사이 국제교역의 중심지가 되었다.

티무르의 통치 행태

티무르는 모순적인 사람으로서 이슬람 지식인들을 곁에 두는 것은 좋아했지만 샤리아Shari'ah(이슬람 성법holy law)뿐 아니라 전통적인 유목민의 법('토레töre' 혹은 '야사yasa')도 따랐다. 티무르는 이슬람 사원과 학교들을 후원하기도 했지만 그의 군대는 (이슬람법이 금지함에도) 이슬람교도들을 노예로 삼고 모스크들을 파괴했다. 그의 병사들은 자신들이 지나간 자리에 사람들의 두개골로 피라미드를 쌓았다. 티무르는 동시대의 다른 유목민 엘리트들처럼 한 발은 도시화된 이슬람 세계를 밟고 있었고 다른 한 발은 초원의 이교도 세계를 밟고 있었다. 그의 추종자 중 다수는 여전히 샤머니즘을 믿었다. 티무르는 전략적인 목적으로 초원 지역에서 군사 작전을 벌였지만 자신의 핵심 차가다이 병력 외에는 다른 유목민들을 자신의 국가로 영입하려 들지 않았다. 유목민들 또한 강력한 중앙집권적 국가의 일원이 되는 것은 꺼렸다. 티무르는 유목민들을 불안정하고 분열된 상태로 놓아두는 것으로 만족해했다.

어느 정도로는 티무르 제국은 '마상馬上'에서 통치되는 국가였다. 정부 인프라와 관련해 티무르가 새롭게 만들어낸 것은 별로 없었다. 그의 제국은 이미 존재하던 관료 조직과 세금 징수 기관들을 활용했다. 티무르는 점차 토착 지배자들을 자신의 가족 구성원과 자신이 신뢰하던 인사들로 교체했다. 후자는 그 수가 적었다.

티무르가 인도에서 소아시아에 이르는 지역에서 벌인 군사 원정들은 이웃 국가들로 떠나는 일종의 약탈 "관광 여행"들이었다고 할 수 있다. 곧 영구적 정복이 아닌 전리품 획득을 위한 약탈 침공들이었다. 토착 지배자들은 항복을 하고 공물을 바치거나 파괴적인 공격을 받아야 했다. 티무르는 자신이 과거에 후원했던 주치 울루스의 군주 톡타미슈를 거듭해서 패배시켰고, 수도 사라이를 점령하고 약탈했다. 이후 대오르다는 끝내 회복하지 못했다.

다마스쿠스를 "방문"하던 중 티무르는 1401년에 그곳에서 북아프리카인 역사가이자 철학자·사회학자 이븐 할둔Ibn Khaldûn과 여러 차례 만남을 갖고 이야기를 나누었다. 글을 읽지 못했던 티무르가 이븐 할둔을 알고 있었던 사실은 티무르가 폭넓은 관심사를 가진 인물이었음을 말해준다. 이븐 할둔은 정복자 앞으로 와 티무르가 내민 손에 입을 맞추었다. 티무르는 모어인 투르크어 외에 페르시아어에도 능통했지만 아랍어는 전혀 구사하지 못해 화라즘 출신의 통역가를 통해 이븐 할둔과 대화했다. 그는 이븐 할둔에게 북아프리카에 대해 많은 질문을 던졌으며 북아프리카에 대한 보고서를 써달라고 부탁했다. 이븐 할둔은 정복자의 야영지에서 한 달 넘게 머무르며 티무르가 요구한 책을 작성했다(이 책은 출간되지는 않았던 것으로 보인다). 그는 티무르의 지능, 지식, 호기심에 감명을 받았다. 위대한 역사가였던 이븐 할둔은 유능한 외교관이 되어 티무르를 인류 역사상 가장 위대한 정복자라며 추켜세웠다—그리고 "타타르" 궁정 예절에서 필수 요소였던, 티무르 에게 선물 바치는 것을 잊지 않았다.[12]

그러나 티무르의 덜 평화로운 면모는 1402년 앙카라전투Battle of Ankara에서 오스만 술탄 바예지드Bâyezîd[바예지드 1세]를 격파하고 생포했을 때 충분히 드러났다. 오스만 술탄은 포로로 잡혀 있다가 얼마 지나지 않아 죽었으며 오스만 제국의 콘스탄티노플 정복은 반세기 동안 미루어졌다. 1404년 수도 사마르칸드로 돌아온 티무르는 클라비호와 새로 수립된 중국 왕조인 명明의 사신들을 만났는데 이때 명 사신들을 다소 홀대했다. 중국이 티무르의 다음 정복 대상국이었던 것이다. 노년의 정복자는 동쪽으로 출정했으나 그 이듬해(1405) 자연사했다.

티무르 왕조의 르네상스

제국의 건국자 티무르와는 달리 그의 후손들은 글을 읽을 줄 알았다. 티무르 일족은 학자, 시인, 건축가, 예술가들을 후원했다. 일부 역사가들은 문화와 실력주의를 장려했던 티무르 왕조가 문화적 과

1370년 발흐에서 차가다이 울루스의 권좌에 오른 티무르를 알현하는 노얀(군지 휘관)들과 아미르들(1467년경 카말 알딘 비흐자드 작품). 티무르 제국의 공식 역사 서인 《자파르나마Zafarnama》("승리의 서書")에 추후 수록되었다. 그러나 실제로 티무르는 1370년 발흐에서 칭기스 일족인 소유르가트미슈를 칸으로 추대했다 (옮긴이).

시를 통치 행위의 필수 요소로 여겼던 르네상스 시기의 유럽 왕조들과 유사했다고 주장한다. 티무르의 아들이자 후계자인 샤루흐Shâhrukh(재위 1405~1447)는 (오늘날 아프가니스탄의) 헤라트를 중심으로 부인 가우하르 샤드Gawhar Shâd와 함께 사본 채식寫本彩飾, manuscript illumination〔세밀화 등으로 책을 장식하는 예술〕및 건축과 같은 장식 예술을 후원했다. 가우하르 샤드는 모스크, 마드라사(이슬람 고등 교육 기관), 종교 재단들을 건설했다. 그녀는 정치에도 적극적으로 참여했는데 그로 인해 몰락하게 되었다. 1457년 티무르 일족 사이에 벌어진 권력 다툼의 와중에 80세의 나이로 살해당한 것이다.

예술의 적극적 후원과 가문 내 라이벌 살해는 티무르 세계의 주요 특징이었다. 샤루흐의 아들이자 트란스옥시아나의 총독으로 1447년 왕위를 승계한 울룩 벡Ulugh Beg(재위 1447~1449)은 과학에 관심을 갖고 사마르칸드에 현존하는 천문대를 건설했다. 이 천문대는 천문학과 수학을 집중적으로 연구한 한 마드라사의 일부였다. 울룩 벡과 티무르 사회가 발전시킨 문화는 페르시아어와 동東투르크어 두 언어를 바탕으로 했다. 동투르크어는 차가다이 울루스 내에서 발전한 언어로 "차가타이어Chaghatay"라고 알려져 있다. 그러나 샤루흐나 울룩 벡 모두 재능 있는 군사령관들은 아니었다. 1447년경에 티무르 제국은 욕심 많은 왕족들, 불만에 찬 신하들, 반항적인 봉신들로 인해 해체되고 있었다. 울룩 벡은 아들 압달 라티프'Abd al-Latîf(재위 1449~1450)에 의해 권좌에서 축출된 뒤 살해되었다. 티무르 일족 사이의 극심한 권력 다툼 속에서도 후기 티무르 왕조의 가장 성공적인 군주였던 술탄 후사인 바이카라Sultan Husayn Bayqara(재위 1469~1506)는 수도 헤라트의

15세기 초에 불과 5년 만에 지어진 사마르칸드의 비비 하눔 모스크(19세기 후반 촬영). 당대의 가장 멋진 사원으로 계획되었다. 한 전설에 따르면, 티무르는 흔히 비비 하눔Bibi Khanum(영부인 여사)으로 불리는 정비正妃의 모친을 기리기 위해 이 사원을 건설했다. 다른 설에 따르면, 비비 하눔 본인이 티무르가 델리 원정에서 돌아오고 있을 당시 이 모스크를 서둘러 건설했다. 성급히 지어진 탓에 모스크의 벽돌들이 이따금 신도들의 머리 위로 떨어지기도 했다. 또 다른 전설에 따르면, 건축가는 비비 하눔이 자신의 키스를 받아 주어야만 일을 서두르겠다고 했다. 그녀는 이를 허락했고 티무르는 이 때문에 그녀를 죽였다.

화려한 궁정에서 시인들과 예술가들을 후원했다. 티무르 왕조의 문화적 융성의 결과물들은 투르크–이란 문화 예술 세계에 큰 영향을 미쳤다. 오스만 제국과 맘룩 술탄국의 수도에서뿐 아니라 인도의 수도에서도 티무르 제국의 문화를 모방했다. 헤라트에서는 후사인 바이카라의 친한 친구였던 시인 미르 알리 쉬르 나바이Mîr ʿAlî Shîr Navâʾî(1441~1501)가 페르시아어와 차가타이 투르크어로 시를 지었다. 그는 자신의 저서《무하카마트 울루가타인Muhâkamat ul-Lughâtayn》("두 언어의 비교The Judgment of the Two Languages", 1499)에서 〔문학의 언어로서〕 투르크어와 페르시아어의 동등한 지위를 주장했다. 그럼에도 페르시아 문화 전통이, 그것이 투르크어로 표현될지라도, 더 우세한 경향이 있었다.

이 시기의 예술가 중에는 여전히 신비에 싸인 "검은 펜의 무함마드 Muhammad of the Black Pen"(시야흐 칼람Siyâh Qalam)로 알려진 인물도 있었다. 헤라트와 어떤 관계가 있었을지도 모르는 그는 유목민의 일상, 환영 같은 악마들, 방랑하는 수피들을 풍부한 색채와 표현력으로 그렸다.* 그의 그림들은 이란인 정주 세계의 변방에서 생활하던 투르크계 유목민들의 보기 드문 단편들을 우리에게 제공한다.¹³ 나바이의 후원을 받으며 헤라트에서 활동한 비범한 세밀화 화가 카말 알딘 비흐자드Kamâl al-Dîn Bihzâd(1450~1535경)도 일련의 인물화(나바이와 술탄 후사인 바이카라의 인물화를 포함해)들과 궁정과 일반인들의 일상을 그린 그림들을 남겼다.

• '검은 펜'을 의미하는 시야흐 칼람이라는 이름으로만 알려진 이 15세기 화가는 한 명이 아닌 복수의 인물이었을 가능성도 있다. 시야흐 칼람은 또한 갈대로 만든 펜qalam과 잉크를 사용한 이슬람 미술의 특정 장르를 지칭하기도 한다.

수피 교단

수피들은 개인으로서 그리고 집단으로서 중앙아시아 유목민들의 이슬람화에 중추적 역할을 했다. 수피들은 이제 '타리카tarîqa'(수피 교단)로 조직되어 티무르 제국의 정치, 사회, 경제, 문화 분야의 중요 세력이 되었고, 일부는 큰 부를 획득하기도 했다. 이 중 가장 영향력 있는 타리카는 부하라 출신의 타직인 화자 바하 앗딘 나크슈반드Khwâja Bahâ ad-Dîn Naqshband(1318~1389)가 세운 나크슈반디야Naqshbandiyya (또는 나크슈반디Naqshbandi) 교단이었다. 그는 각 수피 지도자(아랍어로 '샤이흐shaykh', 페르시아어로 '피르pîr'라 불린다)가 자신의 지위와, 어느 정도까지는, 자신의 카리스마를 후계자에게 물려주는 오랜 전통을 계승했다.

타리카들은 표면적으로는 그리스도교 수도회들과 비슷해 보였지만, 수피들은 은둔 생활을 하지는 않았다. 수피들은 세상 속에서 활동을 했고 수피들의 숙소는 세상에 개방되어 있었다. 많은 수의 이슬람교도는 수피 교단의 구성원이 되지 않고서도 도시와 마을에서 수피들의 의식에 참여했다. 나크슈반디야 교단의 강력한 수피였던 화자 우바이달라 아흐라르Khwâja 'Ubaydâllah Ahrâr(1404~1490)는 티무르 왕조의 참모로 활동하기도 했다. 현존하는 그의 서신들은 종교적 신념과 그 서신들의 소지자들을 도와달라는 구체적인 탄원을 담고 있다. 당시 화자의 말은 영향력이 매우 컸다.

유럽인들의 해상 무역 루트 개척

티무르 왕조도, 중국의 칭기스 왕조와 마찬가지로, 유목민들을 소외시킨 효율적 조세 징수 시스템과 중앙집권적 통치 수단들을 개발했다. 유목민들은 초원으로 후퇴해 더 크고 강력한 부족연합을 이루어 되돌아왔고, 이는 궁극적으로 티무르 제국에 해로운 결과를 가져왔다.

당시 유럽에서는 해군력에 대한 관심이 커졌다. 티무르 왕조 지배하의 중앙아시아가 혼란에 빠진 상황과 맘룩 지배하의 이집트를 거쳐 인도양 교역을 통해 수입되던 물품들의 가격 상승에 대처하기 위해서였다. 인도양은 당시 국제교역의 중요한 허브였다. 세입이 절실히 필요했던 맘룩의 술탄 바르스바이Barsbay(재위 1422~1438)는 무거운 통행세를 거두기 시작했다. 유럽인들은 이 값비싼 중간 상인을 우회해서 인도양으로 진출하기 위해 보다 효율적인 해군력을 육성했다. 결국, 1498년 바스쿠 다가마Vasco Da Gama의 인도 항해에 따른 해상 루트 개척은 중앙아시아 경제에 영향을 끼쳤다. 육상 루트는 너무 위험해졌고 너무 비용이 많이 들었다.

주치 울루스의 분열과 여러 계승 국가의 출현

티무르 제국 시대에 투르크인들은 트란스옥시아나 지역으로 더욱더 통합되었고 트란스옥시아나의 비非투르크계 주민들은 더욱더 투르크화되었다. 이러한 인구학적 추세는 이미 이전부터 진행되었다. 일부 투르크계 부족민들은 아마 티무르 왕조 지배층의 강요로 정착 생활을 하기 시작했다. 정착민은 더 통제하기 쉬웠다. 유목민의 정착과 정주민의 투르크어 사용이라는 두 가지 현상은 민족과 언어 측면에서 현대 우즈벡 민족의 형성에 중요한 영향을 끼쳤다.

주치 울루스의 분열상도 티무르 제국의 분열상과 유사했다. 1399년에 톡타미슈의 옛 부하 장수 에디게이Edigei〔에디구Edigü〕가 톡타미슈와 리투아니아 비타우타스Vytautas(비톨드Witold)의 동맹군을 격파했다. 이 승리 후 에디게이는 여러 명의 주치 일족을 꼭두각시 칸으로 내세워 1410년까지 주치 울루스를 지배했다. 그는 킵착 초원의 유목민들에게 이슬람을 적극적으로 장려했으며(종종 무력을 사용했다), 자신이 〔이슬람교의〕 초대 칼리프 아부 바크르Abu Bakr(재위 632~634)의 후손임을 자처했다. 여기서 참신했던 것은 존경받는 이슬람 혈통을 유목 세계에서의 정치권력과 연계시키려는 시도였다. 그러나 에디게이는 성공하지 못했다. 1419년에 에디게이는 끊임없는 전쟁의 소용돌이 속에서 목숨을 잃었고, 비非칭기스 일족이 권력에 도전한 것에 대한 처벌의 본보기로 그의 몸은 난도질당했다. 이러한 불명예스러운 죽음에도 에디게이의 공적은 전설 속에서 계속되어서 타타르인, 바시키르인, 카라 칼팍인, 우즈벡인, 노가이인 구전 민속 문화의 일부가 되었다.• 투르크화된 몽골〔망기트〕부족민이었던 노가이인들은 에디게이의 핵심 추종자들이었다. 노가이인들은 재결집해 현재 노가이 오르다Noghai Horde라고 알려진 나라를 수립하고 15세기에 서시베리아와 볼가강 사이의 정치적으로 분열된 칭기스 세계에서 왕위를 세우고 또 내치는 역할을 했다.

1420년대에 발생한 칸위 계승 분쟁, 가뭄, 전염병으로 주치 울루스의 해체는 가속화되었다. 이 혼탁했던 시기에 대해 현전하는 사료들은 모순된 정보를 전한다. 1443년에서 1466년(아마 늦게는 1502년) 사이에 크림반도와 볼가강 중류의 카잔과, 볼가강 하류의 아스트라한에 새로운 칸국들이 수립되었다. 1452년에 네 번째로 카시모프 칸국 Kasimov Khanate(카심 칸국Qasim Khanate)이 모스크바 대공국의 지원 아래 오카강江 근처에 세워졌다. 칭기스 일족이라면 누구나 다 이 나라들의 칸위를 주장할 권리가 있었다. 노가이인들은 이와 같은 정치적 혼란 상황 속에서 각국의 중요한 동맹군으로 이득을 취했다. 주치 울루스의 영역은 일련의 불안정한 국가들로 분화되었다.

주치 울루스의 볼가-우랄 지방 지배는 이 지역의 민족과 종교에도 영향을 남겼다. 볼가 불가르인들은 킵착인들과 "타타르인"들과 섞여 현대 볼가 타타르인으로 발전했다. 다른 불가르계 집단들은 이와 같은 민족 융합 과정에서 제외되었는데, 현지의 핀계 주민들과 섞였고 이슬람으로 개종하지도 않았다.

현대 추바시인은 볼가 타타르들의 후손이다. 추바시인은 그 수가

● 카라 칼팍인은 카자흐인에 가까운 유목민족이다. 16세기 말에 처음 사료에 등장했고 18세기에 들어 아무다리야강 하류 지역에 정착하기 시작했다. 오늘날의 카라 칼팍인 대부분은 우즈베키스탄의 자치 공화국 카라칼팍스탄에 거주한다. 카라 칼팍어는 현대 우즈벡어가 아닌 킵착 투르크어에 속하는 카자흐어에 아주 가깝다. 노가이인도 몽골 제국에서 기원한 유목민 집단으로서 15세기 이후 카스피해 초원 지역에서 독립 집단을 이루었다. 몽골 망기트 부에서 기원해서 중앙아시아에서는 망기트인이라 불렸다. 그 언어는 카라 칼팍어와 마찬가지로 킵착 투르크어에 속한다. 노가이인들의 후예는 오늘날의 터키와 러시아의 북코카서스 지방에 거주한다.

약 200만에 달하며 오늘날의 볼가 타타르인들의 인근 지역에 거주하고 있다. 추바시인은 현재 불가르 투르크어를 보존하고 있는 유일한 민족이다.* "불가르"의 유산은 여전히 추바시인과 볼가 타타르인의 정체성을 규정하는 요소로 작용하고 있다. 타타르인들은 불가르의 유산을 이슬람과 결부시킨다.[14]

타타르인들과 이웃하는 우랄 지방의 바시키르인 또한 이슬람화되었다. 비시키르인은, 유사한 언어를 사용하지만 그 대다수가 정주민이고 상대적으로 고도로 도시화된 생활을 한 카잔 타타르인〔카잔 지방의 볼가 타타르인들〕과는 아주 대조적으로 유목민으로 남았다.

우즈벡 울루스

볼가-우랄 지방의 동쪽으로는 서시베리아의 삼림-스텝 지대가 이어지는데 이곳에 주치 일족이 지배하는 시비르 칸국Khanate of Sibir 이 수립되었다. 시비르 칸국은 지구상에서 최북단에 위치한 이슬람 국가였는데 건국 과정은 베일에 가려져 있다. 시비르 칸국은 주치의 아들 시반Shiban의 후손 이박 칸Ibaq Khan(재위 1468~1495)의 리더십

● 투르크어는 오구즈 투르크어(오늘날의 터키, 아제르바이잔, 투르크메니스탄 등지에서 사용), 킵착 투르크어(오늘날의 카자흐스탄 등지에서 사용), 위구르/남동 투르크어(오늘날의 신장웨이우얼자치구와 우즈베키스탄 등지에서 사용) 등으로 크게 나뉘는데, 불가르 투르크어는 여기에 속하지 않고 오구르 투르크어Oghur Turkic에 속한다. 현대 추바시인도 오구르 투르크어를 사용한다. 일부 학자들은 서돌궐 계승 국가인 하자르 카간국이 오구르 투르크어를 사용했다고 추정한다.

아래 응집력 있는 정치-군사 세력으로 부상했다.

시비르 칸국은 종종 노가이인들과 밀접한 관계를 맺었고, 이를 통해 볼가 지방에서 칸위 쟁탈전을 벌인 주치 일족들 사이에서 중요한 역할을 했다. 1481년, 이박 칸과 노가이인들은 대오르다의 아흐마드 칸Ahmad Khan을 공격했다. 크게 약화된 대오르다는 크림 칸국Crimean Khanate의 침공을 받고 1502년에 멸망했다.

대오르다가 붕괴되는 동안 새로운 부족연합들이 출현했다. 노가이인들의 도움으로 시반의 후손 아불 하이르 칸Abu'l-Khayr Khan(재위 1428~1468)이 1451년경에 서시베리아와 킵착 초원 일대에서 가장 강력한 인물로 부상했다. 그가 이끈 유목민들은 킵착인들과 투르크화된 몽골 부족민들로 구성된 혼합 집단이었는데 스스로를, 이슬람으로 개종했던 주치 울루스의 군주(우즈벡Uzbek 칸)의 이름을 따라 우즈벡인(투르크어 발음으로는 외즈벡Özbek)이라 불렀다. 영어에서는 Özbek(외즈벡. ö는 '외'로 표기되지만 우리말로 정확하게 발음하기는 어렵다)의 러시아어식 발음인 Uzbek(우즈벡)으로 더 잘 알려져 있다. 아불 하이르 칸은 티무르 왕조가 지배하는 트란스옥시아나를 성공적으로 약탈 공격 해 자신의 권세를 더욱 높였다. 아불 하이르 칸의 "국가"는 우랄산맥과 시르다리야강에서 발하슈호湖와 이르티슈강까지 이어졌다. 아불 하이르 칸은 가혹한 지배자였고 패권 장악을 위한 그의 노력은 다른 주치 일족과 복속 부족들의 반발을 샀다. 그렇지만 아불 하이르 칸의 몰락은 (내부 반란이 아닌) 서몽골의 강력한 부족연합인 오이라트의 침공에서 비롯되었다.

오이라트

오이라트인들은 몽골어 사용 세계의 변방 삼림 지대에서 기원했다. 오이라트의 수령들은 정치권력을 보유한 샤먼들이었고, '베키beki'라는 칭호를 사용했으며 일찍부터 칭기스 일족과 중요한 인척 관계를 맺어왔다. 1368년에 원이 멸망한 이후 중국에 있던 몽골인들은 대부분 몽골 초원으로 되돌아가, 몽골에서 동부와 서부의 두 거대한 지리적 집단을 형성했다. 이들은 칭기스 가문의 대칸들이 지배하는 '투멘tümen'들로 조직되었는데, 칭기스 일족의 권위는 변화무쌍한 몽골 정치 세계의 체스판 위에서 부침을 거듭했다. 일부 비칭기스 일족을 포함한 여러 칸이 권력을 두고 경쟁했다. 서부 부족들의 핵심 세력인 오이라트인들은 몽골 초원의 많은 부분을 지배했는데 더 나아가 서몽골, 신장, 이르티슈강 유역 등의 시베리아 일부 지역을 장악했다. 명은 불안정한 몽골 변경 지역을 통제하기 위해 오이라트와 동몽골 사이의 대립을 부추겼다.

오이라트는 15세기 중반에 토곤Toghon(1438년 사망)과 그의 아들 에센Esen(재위 1438~1454)의 통치기에 강성해졌다. 당시 오이라트인들은 몽골 초원을 장악하고 차가다이 울루스와 동으로는 만주 및 중국까지 세력을 뻗쳤고, 1449년에는 명 황제까지 생포해 1년 동안 포로로 잡아두기까지 했다.* 칭기스 칸의 후손이 아니었던 에센은 칭기스 일족을 꼭두각시 칸으로 내세워 통치를 했으나 1453년에는 스스로 대칸의 자리에 올랐다. 그의 군지휘관들은 에센을 반기지 않았고, 1454년에 에센은 정적에게 살해당했다.

오이라트의 서부에서는 오직 아불 하이르 칸만이 오이라트에 대항할 수 있는 잠재력을 가지고 있었다. 1446년에 양측의 군대는 서로에게 접근했다. 당시 에센의 군대는 아불 하이르의 군대보다 그 수가 훨씬 더 많았다. 그럼에도 에센은 화평을 제안하며 사신을 통해 우즈벡 칸에게 "우리는 옷에서 땀이 흐르거나 젊은이들이 피를 흘리게 하지 말자"라고 전했다.[15] 그러나 자만에 찬 아불 하이르 칸은 이 제안을 거절했다. 그는 에센에게 패했고 시르다리야 지방의 시그낙으로 도주해야 했다. 이 패배는 앞으로 다가올 일들의 예고편에 불과했다. 1457년에 에센의 후계자 아마산지Amasanji는 아불 하이르 칸을 대패시켰다.

카자흐 칸국의 수립

또 다른 주치 일족인 자니벡Janïbeg과 기레이Girey는 아불 하이르 칸의 가혹한 통치에 오랫동안 시달려오다 이제〔15세기 중반〕 그의 권위에 도전했다. 이들 반란 세력은 스스로를 '우즈벡-카작Özbek-Qazaq'(우즈벡-카자흐Uzbek-Kazakh)으로 불렀고 이후에는 간단히 카작이라 불렀는데, 카작은 "반역자"의 뉘앙스를 가진 "자유인, 독립인, 약탈자,

---

● 　여기서 "명 황제"는 명 제6대 황제인 "정통제正統帝 영종英宗〔재위 1435~1449〕"을 말하고, 1449년 정통제가 지금의 허베이성 토목보에서 벌어진 전투에서 에센에게 잡혀 포로가 된 것을 중국에서는 "토목의 변" "토목보土木堡의 변變"이라고 한다. 이후 정통제는 1450년 명 조정에 송환되었고 1457년에 복위(제8대 황제 천순제天順帝, 재위 1457~1464)했다.

모험가"를 뜻하는 단어였다—카작이란 명칭은 이후 러시아어('카작 kazak')와 우크라이나어('코작kozak')에 차용되어 초원의 변경 지역에 거주하던 슬라브계 자유민들 즉 코사크Cossacks를 지칭하게 되었다.

1459년부터 1460년대 후반까지 수천 명 단위의 우즈벡-카자흐 인들이 아불 하이르 칸을 떠나, 카자흐스탄 남동부의 발하슈호와 천산산맥 사이에 위치한 세미레체에 정착했다. 미르자 하이다르 두글라트Mirza Haidar Dughlat가 1546년 완성한 역사서 《타리히 라시디Ta'rīkh-i Rashīdī》("라시드사史")에 따르면, 아불 하이르 칸이 사망한 후 우즈벡 칸국은 "혼란에 빠졌고, 우즈벡인들 사이에선 끊임없는 분쟁이 발생했다."[16] 오늘날의 카자흐인인 우즈벡-카자흐인들은 계속해서 세력이 커졌다. 1466년이 되면 이들은 강력한 부족연합으로 발전했고, 우즈벡인들을 상대로 공세를 취할 준비가 되어 있었다. 현대 우즈벡 민족과 카자흐 민족은 부분적으로는 이러한 분열을 통해 형성되었다.

모굴리스탄(동 차가다이 울루스)

모굴리스탄의 상황은 혼란스러웠다. 차가다이 일족은 계속해서 서로 싸웠고, 칸들은 종종 내켜 하지 않는 유목민들을 강압적으로 개종시키려 한 때문이었다. 《타리히 라시디》가 기록하길, 차가다이 일족인 무함마드 칸Muhammad Khan의 치세에 "모굴인이 터번을 하지 않으면, 대갈horseshoe nail이 그의 머리에 박혔다." 《타리히 라시디》는 또한 어떤 고집 센 수령은 한 노쇠한 타직인 성인이 자신의 이교도

투사를 쓰러뜨린 다음에야 이슬람교로 개종했다고 밝힌다.[17] 15세기 후반에 모굴리스탄은 이슬람 국가로 탈바꿈하고 있었다. 그러나 키르기즈인들은 대부분 샤머니즘 신자로 남아 있거나 이슬람교와 샤머니즘이 혼합된 종교를 신봉했다. 이러한 종교적 갈등 속에서 오이라트인들은 계속해서 옛 차가다이 칸국의 전역을 위협했다. 모굴리스탄의 우와이스 칸Uwais Khan(재위 1418~1428)은 오이라트를 상대로 61차례 전투를 치렀는데 단 한 차례만 승리했다. 그럼에도 그는 모굴리스탄을 지켜냈다. 우와이스 칸이 1428년 사망한 후 모굴리스탄은 정치적으로 더 분열되었다.

변화는 신장에서도 일어나고 있었다. 14세기 후반 투르판 주민들 대부분은 여전히 이슬람교도가 아니었다. 16세기가 되자, 오랫동안 투르크화된 불교 및 그리스도교 문화와 관련 있는 "위구리스탄 Uighuristân"이란 이름은 사람들의 기억에서 희미해졌다. 신장은 16세기 말에서 17세기 초가 되면 완전히 이슬람화되었다.

다얀 칸과 몽골

이때쯤이면 칭기스 일족의 권위는 많이 약해져 있었다. 쿠빌라이의 후손으로서 다얀 칸Dayan Khan이란 이름으로 알려진 바투 뭉케Batu Möngke가 1483년 이후 동몽골인들을 재통일했다. 한 살 때 고아가 되었던 그는 일곱 살에 칸으로 추대되었고, 정치적으로 강력한 인물이었던 만두하이 카툰Mandukhai Qatun(한 몽골 연대기에서는 그의 의붓어머니로

불린다)과 혼인했다. 만두하이 카툰은 몽골의 유력 부족 차하르Chakhar
의 칸 만다굴Mandagul의 미망인이었다. 정치적 주도권은 십중팔구 만
두하이 카툰과 그녀의 부족이 행사했을 것이다. 차하르인들은 현재
〔중국령인〕 내몽골에서 주류를 이루고 있다.

　　몽골 연대기들은 다얀 칸을 칭기스 칸의 진정한 후예로 묘사하
고, 만두하이 카툰을 몽골 민족의 어머니로 묘사한다. 다얀 칸은 몽골
인들을 좌익과 우익으로 구성된 여섯 집단으로 조직했다. 이 체제는
약간의 변형과 함께 20세기까지 존속했다.[18] 좌익은 차하르 부部 외에
도 현 몽골 공화국(외몽골) 인구의 대다수를 차지하는 할하Khalkha 부
를 포함했다. 다얀 칸의 성공에도, 내분은 늘 수면 아래 도사리고 있
었고 그의 사망 이후 다시 솟아올랐다. 통합은 여전히 이루기 어려운
과제였다. 그사이 중앙아시아의 주변에서는 새로운 제국들이 출현하
고 있었고, 초원 지역에서는 새로운 부족연합들이 형성되고 있었으
며, 새로운 기술들도 등장하고 있었다.

화기의 등장

　　10세기 초에 중국인들은 초기 형태의 화염 방사기인 "화창fire lance,
火槍"을 개발했는데, 화창에는 화약을 채운 관管이 부착되어 있었다.
사람의 살을 찢을 수 있는 끔찍한 조각, 덩어리들을 분출하는 장치들
이 여기에 더해졌다 . 이처럼 몽골 제국의 시대가 시작되기 직전에 초
기 형태의 화약 무기들이 개발되었다. 늘 새로운 군사기술에 관심을

가지고 있었던 몽골인들은 이런 무기들을 유라시아 전역에 확산시켰다. 1300년이 되자, 화약관은 더욱 커지고 총열이 갖추어져 이제 탄환을 날려 보낼 수 있게 되었다. 티무르 군대의 무기 중에도 초기 형태의 화염 방사기와 발사체rocket가 포함되어 있었다. 티무르가 오스만 원정에서 화포 전문가들을 데려와 중앙아시아에 총과 대포를 도입했을 가능성이 아주 높아 보인다. 화약의 시대가 중앙아시아에 도래했고 티무르는 이러한 새로운 전쟁 도구들의 추가적 확산에 기여했다.

하지만 유목민들은, 대체로, 새 화약 무기들을 도입하는 데서 적극적이지 않았다. 화약 무기 발전의 초기 단계에서는 화기의 신뢰성과 정확성이 훈련받은 궁수의 그것들을 따라가지 못했던 까닭이다. 처음에 대포는 빠르게 움직이는 기병을 상대로 별 효력을 발휘하지 못했다. 명나라의 총포는 에센 칸이 이끄는 오이라트 군대를 상대로 큰 역할을 하지 못했다. 화약 무기들은 몽골군의 위협을 막아내는 데서 무력했고 그 결과 명이 화약 무기의 효능을 믿지 않았던 터라 중국의 무기 개발이 지연되었다는 주장도 존재한다. 그러나 유럽에서는 상황이 달랐다.[19] 시간이 지나면서, 갈수록 더 명중률이 높아진 화약 무기로 무장한 보병은 궁기병弓騎兵보다 더 우수한 전투력을 갖추게 되었다. 15세기 후반이 되면 유목민들은 더는 화약 무기로 방어되는 요새화된 도시들을 함락시킬 수 없었다. 전쟁 기술이 수천 년 동안 우위를 차지해온 기동성을 갖춘 기마궁사들에게 불리한 방향으로 바뀌고 있었던 것이다.

8장

화약의 시대와 제국들의 출현

16세기 이후의 중앙아시아

16세기 들어 중앙아시아는 점차 서로 경쟁하는 제국들에 둘러싸이게 되었다. 사파비 왕조Safavid dynasty의 샤 이스마일Ismâ'il〔이스마일 1세, 재위 1501~1524〕은 이란을 정복하고 시아파 이슬람교를 국교로 삼았다. 이스마일은 이란 서부와 아나톨리아의 투르크계 부족들 사이에 퍼져 있던 전투적 수피 교단의 리더였다〔"전투적 수피 교단"은 이스마일의 선조 샤이흐 사피 알딘Shaikh Safi al-Din이 창시한 사파비 교단을 말한다〕. 이후 시아파 국가인 이란은 수니파 중앙아시아가 가장 강력한 수니파 이슬람 국가였던 오스만 제국과 직접 교류하는 것을 방해했다. 1550년대에는 모스크바 대공국이 볼가강 유역의 주치 울루스 계승 국가들을 정복해, 중앙아시아와 중동의 무슬림 투르크 민족들 사이에는 또 다른 장벽이 생겼다. 최고 종교 스승 달라이 라마Dalai Lama를 정신적 (그리고 종종 정치적) 지도자로 받드는 티베트 불교를 받아들임으로써 불교권 몽골은 이슬람권 투르크-페르시아로부터 분리되었고 칭기스 세계는 더더욱 분열되었다. 17~18세기에 만주 제국이 부상하고 팽창함에 따라 이와 같은 균열은 더욱 심화되었다.

군사적 세력 균형은 유목민들에게 불리하게 기울어가고 있었다. 1600년대 중반에도 유목민의 복합궁과 화승총matchlock musket, 火繩銃은 우열을 가리기 힘들었던 것 같다. 그러나 한 세기가 더 지난 후에는 수발총flintlock rifle, 燧發銃이 점점 더 우세한 무기가 되고 있었다. 일부 유목민들은 신기술을 자신들의 전통적 전투 방식에 적합하지 않다는 이유에서 받아들이지 않았다. 다른 유목민들은 신기술을 활용하려 했지만 새로운 무기들을 제조할 수 있는 산업 역량이나 그것들을 사들일 돈이 없었다. 전반적으로 유목민들은 군비 경쟁에서 뒤쳐지게 되었다. 유목민 전사들의 전성기는 이제 막을 내렸다.[1]

카자흐 칸국과 우즈벡 칸국의 발전

카자흐인들의 아불 하이르 칸으로부터의 독립은 투르크권 칭기스 세계가 재편되는 기폭제가 되었다. 1470년경, 자니벡과 기레이가 이끄는 카자흐 부족들은 오늘날의 카자흐스탄 지역에 자리 잡으면서 강력한 부족연합으로 통합되었다. '카작Qazaq'이라는 이름은 원래는 (자유인' "방랑자" "약탈자" 등을 지칭하는) 사회정치적 용어였으나 이제는 민족 명칭이 되었다(카작을 러시아로 발음한 것이 카자흐다). 자니벡의 아들 카심 칸Qâsim Khan(재위 1512?~1521?)은 주치 이래 가장 강력한 통

치자로 여겨졌는데, 킵착 초원의 대부분을 지배했으며 100만이 넘는 병력을 보유했다.[2]

카자흐인들의 압박을 받은 아불 하이르 칸의 손자 무함마드 시바니Muhammad Shîbânî와 그를 따르는 우즈벡인들은 1500년에 트란스옥시아나로 진입해 티무르조 정권들을 몰아냈다. 시바니 칸의 주적 중 한 명인 바부르Babur는 그를 피해 인도에 새 거점을 마련해야 했다. 티무르 왕족이자 시인, 전사였던 바부르는 회고록《바부르나마Baburnâma》("바부르의 서書")에서 강적이었던 우즈벡인들에 대해 부정적으로 묘사한다. 그는 시바니 칸을 "쑥 칸Wormwood Khan"이라고 부르며 글을 모르는 시바니 칸이 "무미건조한 시"를 지었고, "멍청하고, 어리석고, 파렴치하고, 야만적인 말과 행동을 아주 많이 했다"라고 적었다.[3] 약쑥은 환각제를 만드는 데 사용되었던 터라 바부르가 시바니 칸에게 붙인 이 모욕적인 별명은 시바니 칸이 약에 취한 사람이었음을 암시했다(몽골어로 "약쑥"을 의미하는 '시박shibagh'이 시반과 음이 비슷하다는 점에서, 이 별명은 언어 유희였다).

그러나 실제로, 시바니 칸은 당대의 기준으로 보면 교육을 잘 받은 사람이었다. 그의 시와 산문 작품들은 트란스옥시아나의 까다로운 문학계에서 그를 존경받는 인물로 만들어주었다. 시바니 칸이 술과 마약 등을 결코 멀리하지 않았던 바부르보다 그것들에 더 빠져든 생활을 했던 것도 아니다. 게다가 시바니 칸은 명망 있는 이슬람교도로, 나크슈반디야 교단과 함께 유목민들에게 이슬람을 전파하는 데서 중요한 역할을 했던 야사위야Yasawiyya 수피 교단과 긴밀한 동맹 관계에 있었다. 시바니 칸은 시아파의 샤 이스마일과 이데올로기적으로 맞서며 스스로를 "시대의 이맘Imam of the Age, 자비로운 자의 칼리프the Caliph of the Merciful One"라고 불렀다.

우즈벡인들은 트란스옥시아나를 "우즈베키스탄Uzbekistan"으로 변모시켰다. 우즈벡인들은 군사·정치 지배층을 형성했지만 인구의 소수만을 차지했다. 그들은 이전부터 트란스옥시아나에 거주해온 투르크인과 이란인 집단 사이에 정착해 이들과 함께 복잡한 언어와 문화 계층을 이루었다. 관계官界와 문학계에서 사용된 투르크어는 새〔우즈벡〕 정복민들이 사용한 킵착 투르크어가 아니라, 세련된 투르크-페르시아 문명 세계 및 티무르 문명 세계에서 오랫동안 사용된, 상당히 페르시아화된 차가타이 투르크어였다. 지식인 엘리트층은 페르시아어와 투르크어를 둘 다 사용했다. 이러한 투르크-페르시아 문화권은 인도에서 오스만 제국까지 이어져 있었다. 수니파와 시아파의 대립은 문화 교류를 더욱 어렵게 만들었지만 투르크와 페르시아〔문화의〕 공생 관계Turko-Persian symbiosis는 지속되었다.

무함마드 시바니 칸은 이란의 시아파 사파비 왕조를 상대로 같은 수니파 무슬림 국가인 오스만 제국과 동맹을 맺었다. 1510년 메르브 근처에서 벌어진 전투에서 패함으로써 사파비 왕조와 치른 불가피했던 전쟁에서 시바니 칸은 비참한 패배를 맞았다. 사파비 왕조는 명백한 도전의 의미로 시바니 칸의 두피에 짚을 채워 오스만 술탄에게 보냈다. 이때 일부 티무르 일족은 사파비 왕조의 도움으로 트란스옥시아나로 되돌아왔으나 1512년에 우즈벡인들에게 패하고 다시 축출되었다.

무굴 제국의 수립

바부르는 1512년에 〔우즈벡인들로부터〕 도주해, 처음에는 아프가니스탄의 카불로, 그다음에는 인도로 간 티무르 일족 중의 한 명이었다. 그는 델리 술탄국의 로디 왕조Lodi dynasty를 멸망시키고 인도에 무굴 왕조Mughal dynasty(1526~1858)를 세웠다. 바부르(재위 1526~1530)와 초기의 무굴 황제들은 인도를 트란스옥시아나 탈환 이전에 머물 임시 피난처로 생각했으나, 그들의 트란스옥시아나 탈환 시도들은 실패했다. 그럼에도 무굴인들은 문화적으로 자신들의 본향을 지향했다. 무굴 통치자들은 18세기 초까지도 여전히 차가타이 투르크어로 교육받았다. 페르시아어는 중앙아시아에서와 마찬가지로 정부와 상류층 문화의 언어로 사용되었다. 무굴인들은 우즈벡인들과 경쟁 관계를 이어갔으나 인도의 무굴 제국은 계속해서 중앙아시아 출신의 군인, 관료, 지식인들을 받아들였다. 무굴 제국은 야심 차고 재능 있는 사람들이 성공하기에 좋은 곳이었다. 어떤 중앙아시아인들은 인도에 남은 반면, 어떤 중앙아시아인들은 잠시 머물며 기후와 음식에 대해 불평하고, 부를 쌓은 뒤 인도를 떠났다.

바부르의 사촌 미르자 하이다르 두글라트의 일대기는 혼란스러웠던 당시 시대상을 잘 나타내준다. 1508년 헤라트에서 우즈벡인들이 〔모굴 칸국의 장수였던〕 하이다르 두글라트의 부친을 죽였을 때 바부르가 그를 거두어들였다.

바부르의 피보호자〔미르자 하이다르 두글라트〕는 페르시아어와 투르크어로 시 쓰기, 그림 그리기, 서예, 화살 만들기에 "재주 있는 손"을 가지고 있었다.[4] 하이다르 두글라트가 저술한 《타리히 라시디》는 사건들과 그 주체들에 대한 빈틈없는 관찰로 가득하다. 하이다르 두글라트는 후에 모굴리스탄의 야르칸드 칸국Yarkand Khanate 지배자였던 [자신의] 또 다른 사촌 사이드 칸Sa'id Khan을 섬겼다. 이때 그는 군인과 정치인으로서 두각을 나타내며 당대 중앙아시아 엘리트의 다재다능함을 보여주었다. 1541년에 그는 북인도의 카슈미르를 정복하고 자신의 반半자치적 국가를 수립했다. 자신이 겪은 고난들이 그에게 주어진 기회를 놓치지 말아야 한다는 것을 가르쳐주었던 것이다.

초기 러시아 제국

16세기 이후 모스크바 대공국[1547년 이후는 "러시아"]이 중앙아시아의 서부 변경 지역으로 침투해오기 시작했다. [이에 앞서] 정교회와 몽골 지배자들로부터 정통성을 부여받은 모스크바 대공국은 다른 루스 공국들을 복속시켰다. 1453년 오스만 투르크인들이 콘스탄티노플을 함락한 후 모스크바 대공국은 스스로를 정교회의 마지막 전초 기지라고 여겼다. 동쪽의 핀-우그리아계 주민들의 거주 지역으로 팽창하면서 모스크바 대공국은 북방의 모피 사냥 민족들에 대한 지배권을 두고 카잔 칸국Kazan Khanate 및 시비르 칸국과 충돌하게 되었다. 이 충돌은 러시아의 볼가 지역 타타르 칸국들 정복, 시베리아 진출, 그리고 이후의 카자흐 초원 진출의 서곡이었다.

1552년에 모스크바 대공국의 이반 4세Ivan IV "뇌제the Terrible,

雷帝[그로즈니]"(재위 1533~1547, 러시아의 차르 1547~1584)는 카잔 칸국을 정복했다. 카잔 칸국의 주민들인 무슬림 불가르-타타르인, 우랄 지방의 바시키르 부족민, 볼가 지방의 핀계 민족들 모두 러시아의 속민이 되었다. 이반 4세는 1556년에는 아스트라한 칸국Astrakhan Khanate을 손에 넣었다. 수 세기 동안 투르크계 민족들의 지배하에 있었던 볼가-우랄 지대가 러시아의 영토가 된 것이다. 러시아는 중앙아시아에 접근해오고 있었다.

1547년부터 '차르tsar'(황제) 칭호를 스스로 사용해온 이반 4세는 볼가강 유역의 칸국들을 정복한 후에는 비잔티움 황제들과 몽골 칸들의 계승자임을 자처했는데, 이것은 중요한 이데올로기적 선언이었다. 러시아는 이반 4세의 정복 활동을 이슬람에 대한 십자군 전쟁으로 묘사하는 한편 무슬림 타타르인들을 그리스도교로 집단 개종 시키려 했다. 교회들은 파괴된 모스크들을 대체했고 이슬람 선교 활동은 금지되었다. 이후 러시아의 이슬람 정책은 상황에 따라 (때로는 강압적인) 그리스도교 선교 활동과 종교적 관용 사이를 오갔다. 볼가 지방의 핀계 주민들 같은 이교도들은 종종 표면적으로만 정교회로 개종되었다. 그리고 광범위한 식민지화가 뒤따랐다. 17세기가 되면 러시아인들은 이들 지역에서 인구의 다수를 차지하게 된다.

타타르인 귀족들은 모스크바 당국에 의해 등용되었고, 정교회로 개종하며 러시아에 급속히 동화되었으며, 러시아 제국 귀족층의 주요 구성원이 되었다. 그렇지 않은 타타르인 귀족들은 주로 상인 혹은 이슬람 성직자 집단인 '울라마'ulamá'가 되었다. 이후 볼가 타타르 상인들과 성직자들은 투르크계 유목민들의 이슬람화에 지속적으로 중요한 역할을 했다.

1500년부터 1900년까지 세계에서 가장 빠르게 팽창하는 국가 중 하나였던 러시아는 하루에 약 50제곱마일[130제곱킬로미터]의 영토를 획득해나갔다. 초기에 러시아의 변경 지역 요새들은 영토 확장을 위한 발판과 유목민들의 약탈 공격을 방어하는 거점으로 활용되었다. 당시 유목민들의 약탈은 막대한 인적 희생을 가져왔다. 18세기 전반기까지도 (아마 많게는 20만 명에 이르는) 많은 수의 러시아인[상당수는 러시아인들이 아닌 우크라이나인들이었다]이 포로로 잡혀갔다. 러시아가 아프리카에 견줄 만한 노예 공급자가 되었던 것이다.[5]

1581년에 코사크인 모험가이자 도적인 예르막 티모페예비치 Yermak Timofeyevich가 840명의 병력으로 시비르 칸국의 쿠춤 칸 Küchüm Khan을 격파하고 수도 이스케르를 약탈하면서 이반 4세의 시베리아 정복이 시작되었다. 예르막은 1585년에 타타르인들의 매복 공격을 받고 사망했지만, 러시아인들은 쿠춤 칸을 계속해서 맹공격했다. 쿠춤 칸은 자신의 가족(그에게는 100명의 부인이 있었다고 한다), 부족, 영토를 잃고 1598년에 마지막으로 패배한 이후 찾아간 노가이인들에게 살해당했다.[6]

시베리아의 토착 주민들이 ─시베리아의 일부 지역에서는 통속적으로 "붉은 마녀Red Witch"라고 불리는(천연두는 피를 마시는 붉은 옷을 입은 늙은 여자로 묘사되었다)─[7] 천연두와 여러 질병 때문에 떼죽음을 당하면서 러시아의 진격이 탄력을 받았다. 러시아 군대는 전략 요충지마다 요새를 세우면서 시베리아를 가로질러 태평양까지 진군했다. 러시아인들은 1638년 태평양에 도달해 1640년대에 오호츠크를 건설했다. 러시아인 식민지 이주민들이 그 뒤를 따랐다. 시베리아 민족들의 지배를 두고 오이라트와 경쟁하거나 혹은 오이라트에 복속했던 예니세이강의 키르기즈인들은 결국 러시아와 오이라트 모두에 공물을 바치게 되었다. 러시아의 전진은 만주인의 청 제국과 충돌한 뒤에야 멈추었다.

만주인의 청 제국

만주 제국은 과거에 금金〔후금後金〕을 건설했던 만주의 여진이 세운 나라다. 여진인들은 초원의 유목민은 아니었지만 중앙아시아 정치적 전통의 영향을 받은 민족이었다. 누르하치Nurhaci(재위 1616~1626)라는 부족장이 여진인들을 통일하고 1616년에 칸이 되었다. 그는 '아이신Aisin, 愛新'(황금)을 자신의 씨족명으로 삼았다(황금 씨족을 뜻하는 '아이신 기오로Aisin Gioro, 愛新覺羅'는 금 왕조와 칭기스 일족의 씨족명을 연상시키는 이름이었다).

누르하치의 아들이자 후계자인 홍타이지Hong Taiji(재위 1626~1636)는 동몽골인들과 일부 북중국인들을 복속시켰다—"홍타이지"는 중국어의 "황태자皇太子"에서 유래했다.[8] 그는 1635년에 여진이라는 이름의 사용을 금하고 새 이름인 만주滿洲를 여진인의 민족명으로 삼았다(조반니 스타리Giovanni Stary는 만주가 "강한" "위대한"을 의미하는 "man"과 소망을 표현하는 어미 "-ju"의 합성이라고 본다. 즉 만주가 "강하고 위대해지기를"을 의미한다는 것이다).[9] 홍타이지가 이끄는 무리는 여진인, 몽골인, 중국인〔한인漢人〕의 혼합 집단으로, 그 상당수는 두 문화에 익숙했다. 이듬해 그는 황제〔청 숭덕제, 재위 1636~1643〕의 자리에 올랐고 중국식 왕조명 청淸을 채택했는데, 청〔중국어 발음 칭Qing〕은 금〔중국어 발음 진Jin〕과 음이 비슷했다.

청과 러시아의 국경 조약

만주인들은 1644년에 명을 패퇴시키고 중국 지배를 확고히 한 후 몽골, 시베리아, 이슬람권 중앙아시아의 변방 지역으로 진출했다. 당시 러시아인들은 시베리아와 서부 초원 지대로부터 중앙아시아로 접근해오고 있었다. 두 제국은 시베리아에서 맞닥뜨렸다. 러시아는 중국과 교역을 원했고, 청은 북방 변경 지대의 정치적 안정을 원했다. 청과 러시아 양국은 네르친스크조약Treaty of Nerchinsk(1689)을 통해 국경 문제를 다루었다.[10] 기묘하게도 양측은 라틴어를 공식 협상 언어로 삼았다. 러시아 측 협상가들 중 몇 명이 라틴어를 알고 있었고 만주 측 대표단에 포함되어 있던 예수회의 일원들도 라틴어에 능통했다. 예수회 선교사들과 외교관들은 16세기부터 중국에서 활발하게 활동하고 있었다. 양측은 비공식적 의사소통 수단으로는 몽골어를 사용했다. 1727년 체결된 캬흐타조약Treaty of Kiakhta으로 러시아와 청의 국경이 확정되었고, 셀렝게강 연안의 캬흐타가 두 제국 간 국경 무역 도시가 되었다.[11]

당시 러시아 제국은 이슬람권 중앙아시아를 북쪽과 서쪽에서 에 위싸고 있었다. 러시아 제국의 남은 장애물인 초원의 유목민들은 정치적으로 분열되어 있었다. 서로 대립하던 몽골 집단들은 국내의 경쟁자와 중국을 상대하기 위해 갈수록 더 러시아의 지원이 필요해졌고, 이는 러시아가 중앙아시아 정치에 개입할 수 있는 길을 열어주었다.

몽골: 알탄 칸과 불교의 수용

몽골은 분열이 심화되고 있었다. 통일 상태는 오래가지 못했고 카리스마 있는 리더들과 함께 부침을 거듭하고 있었다. 불교가 결집의 요인이 되어주었다. 다얀 칸의 수많은 손자 중 한 명이었던 알탄 칸 Altan Khan(1508~1582)은 동몽골을 부흥시키고 중국, 티베트, 오이라트를 상대로 전쟁을 벌였다. 그에게 밀려난 오이라트는 무슬림-투르크권 중앙아시아를 침범했다. 알탄 칸은 북경 근교까지 쳐들어갔고, 불안해진 명은 방어망을 강화하며 현재 알려진 형태의 만리장성을 만들어냈다.[12] 1571년 알탄 칸이 중국과 맺은 평화 조약은 그의 위상을 높여주었으며, 다른 칭기스 일족들은 그의 우위를 인정할 수밖에 없었다. 알탄 칸은 공식적으로 대칸이 되지는 못했다. 다얀 칸의 손자 중 서열이 낮았고 칭기스 일족도 분열되어 있었던 까닭이다. 알탄 칸은 다른 방편을 찾아냈다. 바로 불교였다.

티베트 불교는 원나라 시기 중국 내 몽골인들 사이에서 퍼진 바 있었다. 원이 붕괴된 후 몽골의 불교도 쇠퇴했다. 티베트는 이제 다시

몽골의 간단사원Gandantegchinlen Monastery(울란바타르 소재). 몽골에서 가장 큰 불교 사원으로 19세기 중반에 건설되었다. 간단사원의 내부에는 26.5미터 높이의 관세음보살상이 있다(옮긴이).

자체 왕조의 지배를 받으며 종교적 부흥을 경험했다. 개혁가 쫑카파Tsongkhapa(1357~1419)가 창시한 겔룩파Gelupga(황교黃敎)는 살아 있는 부처의 화신인 최고 라마lama를 지도자로 내세웠다.* 티베트 승려들은 몽골인들을 상대로 선교 활동을 벌였다.

알탄 칸의 불교에 대한 "갑작스러운" 관심은 1571년 카리스마 있는 라마 아싱Ashing의 방문으로 시작되었다. 알탄 칸은 금으로 적은 서신을 보내 겔룩파의 수장 소남 갸초Sonam Gyatso의 "흔들림 없는 자비"가 몽골인들에게 전해져야 한다며 그를 몽골로 초대했다.[13] 1578년 이루어진 회동에서 알탄 칸은 소남 갸초에게 '달라이 라마Dalai Lama라는 칭호를 선사했다. '달라이dalai'는 몽골어로 "대양, 바다"를 의미한 만큼 알탄 칸은 소남 갸초를 "지혜의 바다" 혹은 "전 세계의" 스승이라고 지칭한 것이었다. 알탄 칸은 또한 소남 갸초를 1419년 사망한 쫑카파의 화신이라고 선언했다. 이렇게 해서 소남 갸초는 제3대 달라이 라마(1578~1588)가 되었다(이때 쫑카파가 제1대 달라이 라마로 간주되었다. 이 회동은 통역관들을 통해 이루어졌는데 용어 및 의전과 관련해 오해들이 발생했을 수도 있다). 라마승과 카간을 "해와 달 같은" 존재로 비유하면서 알탄 칸은 더 나아가 "과거에 이루어진 환생에서" 소남 갸초가 파스파였으며 자신은 쿠빌라이였다고 선언했다.[14] 이 단 한 번의 수완으로 알탄 칸은 티베트에서 겔룩파의 입지를 강화시켜주는 동시에, 불교를 통해 자신과 쿠빌라이 칸의 관계를 강조하면서 자신의 정권에도

• 　겔룩파는 승려들이 법회 때 누런색 (법의와) 모자Yellow Hat를 쓴다고 하여 황모파黃帽派라고도 알려져 있다.

몽골의 불교 지도자인 제8대 젭춘담바 후툭투. 1911년 신해혁명으로 청이 멸망하자 몽골은 독립을 선언하고 불교 지도자인 젭춘담바 후툭투 8세(재위 1911~1924)를 대칸으로 추대했다. 젭춘담바 후툭투는 티베트의 달라이 라마처럼 환생을 통한 계승을 했는데 제1대 젭춘담바 후툭투는 칭기스 칸의 후손이었다(옮긴이).

정통성의 영속적 근거를 부여했다. 이제 몽골에서 칭기스 일족의 지배 체제와 불교는 하나가 되었다. 알탄 칸이 자신의 제왕권을 상징하는 도시로 건설한 쾨케코타Kökeqota("푸른 도시Blue City." 오늘날 내몽골의 수도 후허하오터)는 중요한 불교 문화의 중심지가 되었다.

칭기스 가문의 다른 주요 칸들도 신속하게 불교로 개종했다. 이후 몽골을 방문한 티베트 승려들은 티베트어로 욘텐 갸초Yonten Gyatso로 알려진, 알탄 칸의 증손자를 제4대 달라이 라마(1601~1617)로 정했다. 몽골에서는 또한 할하 왕공이었던 자나바자르Zanabazar(1635~1723)가 또 다른 부처의 화신인 초대 '젭춘담바 후툭투Jebtsundamba Khutughtu'("성인holy saint, 聖人." 최고위 성직자에게 주어졌던 칭호다)로 추대되었다. 자나바자르는 1648년에 티베트 불교 사원을 건립하는 등 몽골의 티베트 불교 발전에 중대한 역할을 했다. 이 불교 사원은 우르가Urga의 토대가 되었었는데 우르가는 오늘날 몽골 공화국의 수도인 울란바타르[울란바토르]다. 그를 이은 젭춘담바 후툭투들은 몽골인들의 영적 지도자로서 엄청난 정치적, 경제적 권력을 누렸다. 오이라트인들은 약간 더 늦은 1620년경에 겔룩파 소속의 오이라트인 승려 자야 판디타Zaya Pandita(1599~1662)의 노력으로 불교로 개종했다. 자야 판디타는 오이라트 문자를 만들고, 불교 경전 117편을 몽골어로 번역한 인물이다. 달라이 라마의 명을 받고 그는 부족들 사이를 쉬지 않고 오가며 불교와 부족 간의 평화를 설파하기도 했다.

몽골의 불교도들은 "흑신앙Black Faith"인 샤머니즘을 근절하고 인신공양과 같은 관습을 없애려 노력했다. 알탄 칸의 어린 아들 한 명이 죽자 아이의 어머니는 100명의 아이들과 낙타 새끼들을 희생시켜 내세로 그 왕자와 동행하게 하려 했다. 이와 같은 왕족을 위한 희생은 유목 세계에서 오래전부터 이어져온 관습이었지만, 이제 몽골 사회는 인신희생 관습에 반감을 느끼며 이 살상 행위를 중단시켰다. 알탄 칸의 부인은 악의 상징이 되었다. 1585년 그녀가 사망했을 때 달라이 라마는 그녀의 시신을 대상으로 구마exorcism, 驅魔〔마귀를 몰아 내쫓음〕의식을 행했다. 달라이 라마는 그녀를 도마뱀으로 변형시켰고 도마뱀은 곧 화염에 휩싸여 소멸되었다고 한다(그녀는 알탄 칸 부친의 부인 중 한 명이었다. 초원의 오랜 전통에 따라 후계자들은 종종 —자신의 모친을 제외한— 부친의 아내들 혹은 사망한 형제의 부인들과 혼인했다).[15]

몽골에는 이어 불교 문화의 전성기가 도래했다. 몽골인 학자들은 티베트 고전들을 번역하고 《알탄 톱치Altan Tobchi》(황금사The Golden Summary, 黃金史)와 《에르데니인 톱치Erdeni-yin Tobchi》(몽고원류Precious Summary, 蒙古源流)와 같은 중요한 역사서들을 편찬했다〔17세기의 일이다〕. 불교는 몽골 사회의 모든 계층에 영향을 끼쳤다. 칸들은 티베트 불교 승려들에 의해 이전 칸들의 환생자라고 선포되면서 새로운 방식으로 정통성을 부여받을 수 있게 되었다. 평민들은 천막 내에 부처상을 모셨고 먹거나 마실 때 제물을 바쳤다.[16] 불교로의 개종은 몽골과 몽골의 인접 지역을 중앙아시아의 투르크-페르시아 이슬람 세계와 크게 구별되는 불교 문화권으로 만들었다. 또한 몽골의 불교 개종은 티베트에서 겔룩파와 영적, 정치적 리더로서 달라이 라마의 패권을 보장해주었다. 겔룩파와 달라이 라마는 많은 몽골인 엘리트와 관리를 교육시키고 이들에게 영향을 끼쳤다. 알탄 칸이 사망한 후 왕족 사이의 불화와 라이벌 칸들의 수적 증가는 몽골의 정치 구조를 더욱 분권화시켰다. "하나의 몽골 민족"은 사실상 여러 집단으로 분열되었고, 이는 만주인의 [몽골] 정복으로 이어졌다.[17]

우즈벡 칸국: 시반 왕조

17세기 중반, 이슬람권 투르크-페르시아 세계는 동쪽에서는 불교도 몽골인들에게, 남쪽에서는 무굴인들에게, 남서쪽에서는 시아파의 사파비 왕조에, 북서쪽에서는 그리스도국가 러시아에 둘러싸여 있었다. 시반 왕조의 우즈벡 칸국은 통일성이 결여되어 있던 점에서 몽골과 유사했다. 초기의 우즈벡 칸들은 비교적 유능한 군주들이었으나 자신들의 친족인 몽골 초원의 칭기스 일족처럼 가족 "기업business" 형태로 가문이 공동으로 나라를 운영했고 각 구성원들은 자신의 영토를 원했다. 이 점에서 우즈벡 칸국은 "국가"라기보다는 [부족] 연합에 가까웠다. 시반 가문의 일원들은 모두 '술탄' 칭호를 사용하며 자신들의 영지를 보유했고, 자신들의 영지 내에서는 사실상 군주로 군림했다. 이와 같은 분열성은 우즈벡 칸국의 가장 큰 취약점이었다. 칸들은 법 혹은 무력보다는 설득과, 현지의 유력자들(관리, 씨족 혹은 종교 지도자들)과의 협력을 통해 통치했다.

초기의 시반 왕조는 사마르칸드, 부하라, 타슈켄트, 발호를 번갈아 수도로 삼았다. 유능한 통치자들이 계속해서 등장했는데 학식 있는 시인이자 예술의 후원자였던 우바이둘라Ubaydullâh(재위 1533~1540)도 그중 한 명이었다. 시바니 칸의 조카였던 그는 사파비 왕조

를 거듭해서 격파하며 트란스옥시아나의 지배권을 되찾았고 1545∼
1547년에는 무굴 제국의 침공을 격퇴했다. 다른 시반 일족의 야망을
견제하며 이룬 위업이었다. 1583∼1598년 부하라를 통치한 압둘라
2세ʿAbdallâh II는 충성심이 약한 친족들과 반항적인 우즈벡 부족장들
의 존재 그리고 오이라트의 침략에도 우즈벡 칸국의 대부분을 통합했
고, 신장과 이란 동부의 땅을 정복했으며, 우즈벡 군사 귀족들의 권력
을 약화시켰다. 그는 주화를 규격화하고 관개 시설을 개선하며 경제
발전에도 열심이었다. 또한 교역에도 관심을 기울여, 중앙아시아와의
교역에 대해 알아보고 중국으로 통하는 교역로에 대해 조사하기 위
해서 영국인 앤서니 젠킨슨Anthony Jenkinson을 부하라에 파견한 이반
4세와 접촉하기도 했다.ʼ 이를 통해 러시아와 중앙아시아 간 접촉이
처음 시작되었다. 압둘라 2세가 사망한 직후 카자흐인들이 일부 우즈
벡 귀족들의 지원을 받으며 우즈벡 칸국을 침공했다. 그러나 유목민들
이 트란스옥시아나를 정복하려 든 이 마지막 시도는 실패로 끝이 났다.

우즈벡 칸국: 자니 왕조

　우즈벡 칸국의 분권화 경향은 결국 힘을 발휘했다. 이슬람 종교
계 수장 샤이흐 알이슬람Shaykh al-Islâm은 상당한 종교적, 정치적, 경

●　앤서니 젠킨슨은 16세기 중반 머스코비사社Muscovy Company 출장원으로, 오늘날의 러시
아를 처음으로 탐험한 영국 상인 중 한 명이다.

제적 권한을 누렸다.* 나크슈반디야 교단의 샤이흐들 같은 수피 지도자들은 부유했으며 세금을 면제받았거니와, 칸들의 정신적 스승 역할을 하며 칸들에게도 큰 영향력을 행사했고 정치에도 개입했다. 무능한 칸들이 연이어 즉위하자 우즈벡 군사령관들은 사파비 왕조와 카자흐인들의 위협에 맞서기 위해 압둘라 2세의 매부 자니 무함마드Jânî Muhammad(재위 1600~1603)를 수반으로 하는 새 왕조를 지지했다. 아스트라한 칸국 출신의 주치 일족이었던 자니 무함마드는 칭기스 칸의 후손이었을 뿐 아니라 우즈벡 왕족 가문과도 수 세대를 거슬러 올라가는 인척 관계에 있었다.

이 자니 왕조Jânids(1599~1785)는 토카이 티무르 왕조Toqay Temürids 또는 아슈타르칸 왕조Ashtarkhânids라고도 알려졌는데 불안하게 그 역사를 시작했으며 결국에는 선대 왕조[시반 왕조]보다 약체였던 것으로 드러났다. 자니 왕조의 군주들은 우즈벡 부족들, 군사령관들, 강력한 영주가 된 귀족들을 통제하지 못했다. 수피들과 자니 왕조의 동맹 관계는 강화되었는데 이 관계에서 우위를 점한 쪽은 데르비슈dervish[이슬람의 수도 탁발승]들이었다. 자니 왕조는 1740년에 무굴제국의 수도 델리를 점령·약탈했던 이란의 나디르 샤Nâdir Shâh(재위 1736~1747)의 침공을 받은 이후 회복하지 못했다. 자니 왕조의 마지막 군주들은 망기트 부部 출신 '아탈릭ataliq'(재상)들의 꼭두각시 노릇

●   샤이흐 알이슬람은 이슬람의 장로(샤이흐)를 의미하며 11세기경부터 저명한 이슬람 신학자에게 주어진 칭호다. 15세기 이후에는 이슬람 법학의 권위자들을 가리키기도 했다. 동이슬람 세계에서는 지배자에 의해 종교 업무 담당 고위직 관리나 종교 기관의 수장으로 임명된 울라마(이슬람 신학자 및 법학자)를 지칭하게 되었다.

을 했다. 한동안 실권을 행사한 망기트 부의 아탈릭들은 1753년부터 '아미르'라는 칭호를 사용했다. 칸의 사위였던 망기트 부의 샤 무라드 Shâh Murâd는 가식 행위를 끝내고 1785년에 스스로 권좌에 올랐다. 그러나 칭기스 일족이 아니었던 그는 칸이 아닌 아미르로 남았고, 정통성을 얻기 위해 종교계의 환심을 사려 끈덕지게 노력했다.

우즈벡 칸국의 분열과 신흥 왕조들의 등장

18세기 후반 무렵 우즈벡 칸국은 칸국 내 각 지역의 우즈벡 부족에서 기원한 3개의 왕조 국가로 분열되어 있었다. 쇠락하는 칭기스 일족 밑에서 재상을 지내다가 스스로 권력을 잡은 족장들이 새 왕조들의 건국자들이었다. 망기트 왕조는 부하라를 중심으로〔트란스옥시아나를〕지배했고, 쿵그라트Qungrat〔몽골명 콩기라드Qonggirad〕왕조는 18세기 초에 부하라의 영향에서 완전히 벗어나, 17세기 이래 화라즘 지방의 수도였던 히바를 중심으로, 히바 칸국Khanate of Khiva을 지배했다. 쿵그라트 왕조의 엘투제르Eltüzer는 1804년부터 칸 칭호를 사용하기 시작했다. 페르가나 계곡에서는 우즈벡 밍Ming 부 출신의 재상들이 18세기 초에 자신들이 세운 코칸드Khoqand(코칸Qoqan) 시를 거점으로 실질적인 지배자가 되었다.〔밍 부의〕알림'Âlim이 칸 칭호를 사용하며 코칸드 칸국(1798~1876)을 수립했다. 이들 왕조들은 모두 각지의 군사 부족장들과 강력한 수피 지도자들에게 의존했는데, 이 두 집단의 공식적 지지가 왕조의 통치에 정통성을 부여해주었기 때문이다.

정치적 분열은 문화적 정체로도 이어졌다. 한때 이슬람 학문의 중심부를 이루었던 중앙아시아의 울라마는 갈수록 완고한 율법주의에 빠져들고 있었는데, 사실 이 현상은 중앙아시아의 이슬람 세계에 국한된 것은 아니었다. 혁신도 비난의 대상이 되었다. 전통과의 어떠한 단절도 기본적인 종교적 가치에 대한 공격으로 간주되었다. 이에 우즈벡 지배하의 중앙아시아는 급속히 발전하는 그리고 유럽이 지배하는 근대 세계의 주변부로 남아 있을 수밖에 없었다. 유럽이 바다를 건너 제국들을 건설하기 시작하고 이성과 계몽주의의 시대the Age of Reason and the Enlightenment를 경험하고 있을 때 우즈벡 지배하의 중앙아시아는 "인재 유출brain drain"을 경험하고 있었다—재능 있는 사람들을 더 높은 보수를 제공하는 인도의 무굴 제국에 빼앗기고 있었던 것이다.

유럽의 부상과 중앙아시아의 경제

16세기에 유럽인들이 동양과 아메리카대륙으로 가는 새로운 해양 노선을 개척하고 17세기에는 기후변화(소빙기Little Ice Age), 기근, 경제 침체, 인구 감소, 끝없는 정치적 혼란 등의 글로벌 위기가 발생함에 따라 세계무역의 패턴이 바뀌었다. 학자들은 오랫동안 이러한 변화들을 중앙아시아가 경제적으로 주변부화되고, 지적으로 정체된 원인으로 생각해왔다. 그러나 최근의 연구들은 이와 같은 시각을 문제 삼기 시작했다.

중앙아시아는 세계무역 체제의 일부로 남아 있었고 바뀐 것은 교역 물품들과 루트들이었다. 그 흐름은 동-서 방향보다는 남-북 방향이 더 주를 이루었다. 중앙아시아는 러시아에서 중국으로 가는 주요한 연결 고리가 되었다―17세기 후반 들어 러시아도 중앙아시아의 일부 중간 상인들을 배제하면서 더 북방에 위치한 교역로들을 개척하기 시작했지만. 인도인 상인들도 인도, 중국, 이란, 아프가니스탄, 중앙아시아를 연결하는 네트워크를 만들어냈다.

인도로 향하는 대상단은 4만 마리의 짐 운반 동물들을 포함할 정도로 대규모이기도 했다. 궁극적인 목적지는 덜 멀었을지도 모른다. 사치품은 덜 강조되었지만, 비단이나 향신료는 여전히 유서 깊은 교역로들을 통해 운반되었다. 노예 무역도 번창했다. 고대 시기부터 존재해온 말 교역은 여전히 중요했다. 아우랑제브Aurangzīb(Aurangzeb, 재위 1658~1707〕 통치하의 무굴 제국은 부하라와 아프가니스탄으로부터 연간 10만 마리의 말을 수입했다. 부하라는 남아시아에 소와 과일(특히 멜론과 포도) 또한 수출했다. 종교적 적대감도 무굴 제국과 시아파인 이란과의 혹은 그리스도교국가인 러시아와의 무역을 막지는 못했다. 부하라 상인들은 생사生絲에서 가축에 이르는 현지의 산물들과 더불어 시베리아(모피), 중국, 인도에서 들여온 물품들을 취급했다. 중앙아시아는 교역의 주요 교통로로 계속해서 기능했다.[18]

그럼에도 일부 중앙아시아 지역에서는 쇠퇴와 인구 감소를 불러온 경제적 재편을 겪었다. 유목민들은 화약의 시대에 대부분 뒤쳐졌고 불리한 위치에 놓이게 되었다. 이들은 급속한 기술 진보와 혁신을 수용하는 사고방식을 갖출 준비가 되어 있지 않았다. 이러한 문제들은 투르크-무슬림 세계 전체에서 발생하고 있었다. 정복 왕조에서 관료 국가로의 이행을 경험했던 오스만 제국, 사파비 제국, 무굴 제국 모두 유럽의 공세와 변화하는 경제적, 정치적, 군사적 환경에 힘겹게 맞서고 있었다. 유럽인들의 전초 기지와 식민지는 이제 아시아와 아메리카 대륙에 확산되고 있었다. 중앙아시아의 경우 즉각적인 위협은 러시아와 청으로부터 찾아오고 있었다.

카자흐 칸국의 분열

카자흐인들의 땅은 러시아 제국의 진격로에 위치하고 있었다. 칭기스계 국가들이 공통적으로 경험하고 있던 정치적 분열은 당시〔특히 17세기 초반 이후〕카자흐 사회에서도 나타나고 있었다. 우즈벡인들과는 달리 중요한 도시들을 확보하지 못한 카자흐인들은 초원 지역에 머물러 있었다. 카자흐 칸들은 백성들을 더 강력하게 다스리려 했으나 카자흐인들은 지나치게 억압적인 통치자들을 축출하거나 소외시켰다. 종교〔이슬람교〕는 잠재적으로 카자흐인들을 통합시킬 수 있는 요소였지만 카자흐 칸국에서는 그 영향력이 크지 않았다. 카자흐 칸들은 수피 교단들과 긴밀한 관계를 맺고 있었는데, 이 수피 교단들은 카자흐 유목민들의 이슬람 신앙을 더 강화시키려 했지만 표면적 성공만을 거두었다. 1820년대에 카자흐 초원을 방문한 러시아인 여행가이자 민족지학자 알렉세이 I. 레브신Aleksei I. Levshin이 카자흐인들에게 "당신의 종교는 무엇인가"라고 물으면 대부분은 "우리는 모른다"라고 답변했다고 한다.[19] 그러나 현대 학자들 일부는 레브신이 한 진술의 정확성에 의문을 제기하고 있다. 어쨌든 많은 카자흐인은 수 세기 동안 그래왔던 것처럼 샤머니즘과 혼합된 이슬람교를 믿고 있었다.[20]

민간전승에 따르면, 카자흐인들은 (1581년경에 암살된) 학 나자르 칸Haqq Nazar Khan의 치세(재위 1538?~1581?)에 다음의 세 집단으로 나누어졌다―세미레체 지방의 울루 주즈Ulu jüz, 카자흐스탄 중부와 시베리아 서남부의 오르타 주즈Orta jüz, 카자흐스탄 서부의 키시 주즈Kishi jüz. 이 명칭들은 각각의 서열 관계를 반영한다.* 카자흐인들은 실패 속에서도 키르기즈인, 노가이인(카자흐인들과 마찬가지로 분열되어 있었다), 바시키르인을 상대로 세력을 확장했다. 그러나 17세기 초가 되면 카자흐인들은 특히 오이라트를 비롯한 적들에 의해 둘러싸이게 된다.

오이라트인의 준가르 제국

호전적인 오이라트인들 또한 당시 사방에서 압박을 받고 있었다. 카라 쿨라Khara Khula(1634년 사망)가 오이라트인들을 통일하는 과정에

---

* 주즈jüz(zhuz로도 표기한다)는 카자흐어로 부족 집단을 지칭하는데 영어로는 편의상 horde("유목민 집단" "떼, 무리")로 번역된다. 울루 주즈, 오르타 주즈, 키시 주즈는 영어로 각각 Great/Senior Horde(대大오르다), Middle Horde(중中오르다), Little/ Small/Junior Horde(소小오르다)로 번역되기도 한다.

서 코 우를루크Khô Örlökh가 이끄는 토르구트 부部가 떨어져 나갔다. 1620년대에, 코 우를루크가 이끄는 20만~25만의 토르구트 부족민들이 도중에 러시아·카자흐·노가이 영토를 약탈하면서 준가리아에서 우랄강을 거쳐 볼가-카스피해 초원 지역으로 이주했다. 동東내륙아시아의 정치 상황에 불만을 품은 다른 오이라트인들도 이 이주에 합류했다. 이들 서西오이라트인들은 칼믹인Kalmyks으로 더 잘 알려져 있다. 코 우를루크는 북코카서스 지방에서 전사했지만(1644), 그의 아들들인 시쿠르-다이칭Shikür-Daiching과 푼촉Puntsog은 동족들과의 무력 분쟁과 동東오이라트인들의 압박에도 전진을 계속해 1650년대에 볼가강 하류 지역에 자리를 잡았다. 이로써 볼가 지방의 불교 세력인 칼믹국이 수립되었다.

러시아는 변경 지역을 위협하는 무슬림 크림 타타르인들과 노가이인들을 상대하는 데서 불교도 칼믹인들을 활용하기로 했다. 1655년에 칼믹인들은 러시아의 차르에 충성을 서약했지만, 양측은 이들 사이의 협약을 다르게 해석했다. 러시아인들은 칼믹인들을 속민으로 간주하며 차르가 소환할 경우 칼믹인들이 자신들과 같이 싸워줄 것이라 기대했고, 칼믹인들은 스스로를 러시아의 "동맹자"라 여겼다. 러시아는 1660년대 들어 더 지배적인 파트너가 되었다. 동방으로부터 더 많은 오이라트 집단이 러시아의 지원하에 칼믹인들의 최고 통치자가 된 아유키 칸Ayuki Khan〔아유카 칸Ayuka Khan, 1669~1724〕의 휘하에 합류했다. 러시아는 아유키 칸에게 화약 무기들을 제공했는데 그 덕분에 칼믹 군대는 크림 타타르인들과 (간접적으로는 크림 칸국의 상전국 격인 오스만 제국과) 여타 유목민 적들을 상대로 아주 중요한 친러시아 동맹군이 될 수 있었다.

동쪽에서는 오이라트계 준가르인들이 새로운 제국을 건설했다 (준가르Jungar는 명칭은 몽골어로 군대의 "좌익left wing"을 의미하는 '준가르 jüünghar'에서 유래했다[21]). 준가르인들이 점거했던 신장의 천산산맥 이북 지역은 오늘날 준가리아라 불리는데, 준가르에서 유래하는 이름이다. 준가르의 수령 바아투르 홍타이지Baatur Khungtaiji(재위 1634~1653)는 부친 카라 쿨라(1634년 사망)가 시작한 오이라트의 통일 계획을 계속 이어나갔다. 1635년 바아투르 홍타이지가 러시아와 맺은 조약은 준가르의 교역 기회를 넓혀주었고 그의 위상도 높여주었다. 또한 그는 제5대 달라이 라마로부터 '에르데니 바아투르 홍타이지Erdeni Baatur Khungtaiji'("귀한 바아투르 홍타이지"라는 뜻이다)라는 칭호를 하사받았는데 이 또한 준가르의 위신을 높여주었다.

바아투르 홍타이지는 1640년 몽골인들 사이의 적대 관계를 해소하기 위해 소집된 몽골-오이라트 쿠릴타이에 참가했다. 이 회의의 결과, 왕권을 강화하고 불교를 범몽골 종교로 확립시킨 몽골-오이라트 법이 제정되었다. 이러한 노력은 아마 호전적인 몽골인들의 통합을 목표로 했을 것이다. 법령은 승려들에게 특권적 지위를 부여해주었고 샤먼을 집으로 불러들이는 사람들에게 벌금을 부과했다. 그리고 한 가족에서 10명의 남자 중 한 명은 승려가 되게 했다. 실제로 바아투르 홍타이지는 9명의 아들 중 갈단Galdan(1644~1697)을 승려 수업을 위해 티베트로 유학 보냈다. 또한 이 법령은 인구 증가를 장려하기 위해 개인 사생활의 여러 측면에 관여했다. 젊은 여성들은 15살이 되면 혹은 그 직후에 혼인하도록 권장되었고, 매년 10가구 중 4가구의 아

들들은 혼인을 해야 했다. 오래된 관습에 따라, 전투에서 살해한 적의 부인을 취할 수 있었다.[22]

1670년에 티베트에서 학업을 마치고 귀국한 갈단은 달라이 라마의 강력한 지지를 받았다. 달라이 라마는 그에게 '보슉투 칸Boshughtu Khan'(하늘의 칙령Decree of Heaven에 의한 칸)이라는 칭호를 부여해 갈단의 제국 건설 야망에 이데올로기적 정당성을 제공해주었다. 준가르 통치자들은 칭기스 칸의 후예가 아니었던 까닭에 칸 칭호의 사용을 주저해왔었다. 그런 만큼 달라이 라마가 하사한 이 칭호는 갈단의 왕족 신분을 정당화해주었으며, 러시아와 청의 서신에서도 인정을 받았다. 그러나 국내에서는 갈단은 신부가 될 사람을 그에게 빼앗긴 바 있는 조카 체왕 랍탄Tsewang Rabtan(훗날 '홍타이지Khungtaiji' 칭호를 사용하며 준가르를 통치했다)의 잦은 도전을 받았다. 그럼에도, 낙타에 실려 운송된 대포(러시아에서 온 기술)를 소유한 갈단은 티베트와 신장(1677~1678)을 장악하고 동쪽으로는 할하인들을 위협하며 준가르를 중앙아시아의 강대국으로 만들었다.

러시아, 청, 준가르 세 제국은 긴장 속에서 서로를 탐색했다. 청의 한 장군은 갈단이 "폭력적이고 악하며, 술과 성에 중독되어 있다"라고 보고했지만,[23] 갈단이 만주 제국에 아직 정복되지 않은 몽골인들을 통제해주기를 원했다. 그 대가로 청은 갈단에게 교역권을 제공했는데, 이것은 유목 세계에서 리더의 지위를 높여주었다. 러시아 또한 갈단에게 차르를 섬기라고 권유하며 교역권을 제공했지만, 러시아를 반청 연합에 끌어들이려는 갈단의 시도는 막아냈다.

준가르인들은 일리강 유역의 쿨자에 도심지를 건설하고 식량 재

예수회 선교사 주세페 카스틸리오네Giuseppe Castiglione가 그린 만주군 무장(1755년경). 카스틸리오네는 선교사보다는 청의 궁정 화가로서 활동하며 서양화법과 중국 전통화풍을 혼합한 작품들을 많이 남겼다. 그림 속의 만주군 무장은 준가리아 출신의 아유시阿玉錫다(옮긴이).

배를 위해 동투르키스탄의 농민들(이후 "농민farmer"을 의미하는 타란치 Taranchi라고 알려졌다)을 이주시켰고, 유럽과 중국의 기술자들도 영입했다. 갈단의 정착 기지 건설, 조세 제도 및 화폐 제도 도입, 무기 산업(화약, 갑옷, 무기 제조) 육성은 그가 지향한 것이 수명이 짧은 유목국가가 아닌 하나의 제국이었다는 사실을 알려준다.[24] 갈단은 라마들의 첩보망을 통해 청 지배하의 몽골인들을 회유하는 작업을 하기도 했다.

갈단의 팽창주의는 이웃들을 괴롭혔다. 아직 만주인들〔청〕에게 합류하지 않았던 그의 몽골인 경쟁자들 중 많은 수가 신장의 이슬람교도들과 마찬가지로 청에 합류했다. 1690년 청나라의 강희제康熙帝(재위 1661~1722)는 부하 장수들에게 다음과 같은 명령을 내렸다. "그[갈단]를 추격해 무자비하게 파괴하라."[25] 1696년에는 40만 명에 이르는 청군이 갈단군을 대파했다. 매일같이 굶주림과 부하들의 탈영에 시달리던 갈단은 그 이듬해, 아마, 자연사했다—혹은 독살되었다. 갈단의 시신은 화장되었다. 청은 갈단의 명예를 훼손시키기 위해 그가 자살한 것으로 몰아갔다. 청군은 갈단의 아들 한 명을 생포해 공개적으로 처형했다. 얼마간의 협상 끝에 체왕 랍탄은 그의 삼촌〔갈단〕의 머리와 재를 청에 보냈다. 청은 1698년 그것들〔갈단의 머리와 재〕을 파괴하는 의식을 거행했는데, 이것은 만주인의 통치를 거부하는 자들에게 보내는 메시지였다.

준가르는 체왕 랍탄의 치세(1697~1727)에도 위협적인 존재로 남아 있었다. 체왕 랍탄은 청의 변경 지역에서 독립을 유지하는 유일한 몽골인 통치자였는데, 그의 제국 건설 야심은 준가르의 이웃들이 러시아 혹은 청에 합류하게 만들었다. 1717~1718년에 준가르가 티베트를 약탈하자 겔룩파는 청나라 편으로 돌아섰다. 결국 티베트는 1720년 만주의 세력하에 들어갔다. 강희제가 사망(1722)한 후 체왕 랍탄은 카자흐 칸국을 상대로 파괴적 약탈 공격을 감행했다. 카자흐인들은 칼믹인들과 준가르인들 사이에 끼이게 되었다. 카자흐 구전에서는 1723~1726년 사이의 이 시기를 "대재난Great Calamity"(Aqtaban Shubïrïndï, 문자 그대로 "맨발의 탈주"를 의미한다)으로 부른다. 당시 카자흐인들의 대규모 탈주가 이루어졌는데 여기에 극심한 날씨와 기근이 더해져 많게는 인구의 3분의 2가 사망했다. 도주한 카자흐인들은 우즈벡 영토로 진입하거나 러시아와 칼믹 국경으로 향했다.

1731년 키시 주즈의 칸 아불 하이르Abu'l-Khayr는 칼믹인들에 대항하려 러시아의 보호를 받아들였다. 오르타 주즈(1740년)와 울루 주즈(1742년)도 곧 그 뒤를 따랐다. 일시적인 정치적 책략으로 간주되었던 이러한 관계는 평화와 안보 모두 보장해주지 못했다. 오히려 카자흐 초원에 대한 러시아의 직접 통치가 시작되는 계기가 되었을 뿐이다. 준가르인과 칼믹인을 상대로 한 카자흐인, 키르기즈인, 여타 중앙아시아 투르크계 민족들의 수 세기 간에 걸친 투쟁은 거의 모든 중앙아시아 무슬림 투르크계 민족들에게 알려진 알파미슈Alpamïsh 설화와 키르기즈인들의 민족 서사시 마나스Manas 설화와 같이 오늘날에도 암송되는 서사시들을 통해 잘 기억되고 있다.

1757년에 만주인들은 체왕 랍탄의 손자 아무르사나Amursana를 격파하고 준가르의 위협을 종식시켰다. 아무르사나는 러시아령 시베리아로 도주했고 그곳에서 천연두에 걸려 죽었는데, 천연두로 인해 오이라트인 전체가 피폐해졌다. 준가리아는 이제 만주인의 지배하에 들어갔다. 마지막 유목제국[준가르]은 청의 군사력 때문만큼이나 내부 분열로 인해 멸망했다.

청은 가장 가까운 곳의 몽골인들을 직접 지배했고, 이로써 오늘날의 내몽골과 외몽골의 구분이 생겨났다. 티베트 불교 문명은 몽골 사회 전반에 계속 퍼져나갔고 칭기스 제국 전통을 넘어 공통적인 문화 정체성, 종교 정체성을 제공해주었다. 또한 몽골인들이 중국에 동화되는 것을 막아주는 역할도 했다.

러시아의 내정 간섭에 갈수록 불만이 쌓인 일부 칼믹인들은 1771년 당시 만주인의 지배하에 있던 준가리아로 되돌아가기로 결정했다. 볼가강 서쪽에 있던 칼믹인들은 떠나지 않고 남아 러시아의 지배를 받게 되었다. 나머지 칼믹인들은 카자흐인 등의 거듭된 공격을 받으며 신장으로의 험난한 귀환 여로에 올랐다.

카자흐, 키르기즈, 동투르키스탄

빠르게 팽창 중이던 러시아 제국과 청 제국 사이에 끼어 있던 카자흐 칸국은 양국을 오가는 외교를 해야 했다. 러시아의 지배에 불만을 품은 카자흐인들은 1770년대 중반에 에멜리얀 푸가초프Emelyan Pugachov가 예카테리나 대제Catherine the Great를 상대로 일으킨 반란에 가담했다. [키시 주즈 출신의] 시림 바티르Sïrïm Batïr는 카자흐 칸들과 귀족들이 러시아에 너무 순종적이라고 보고 이들을 상대로 반란을 일으켰다. 시림 바티르는 히바에서 망명 생활을 하다 1797년 독살되었으나 그의 반정부 운동은 카자흐 칸국의 중앙정부가 쇠퇴하고 있다는 사실을 보여주었다. 당시에는 러시아가 직접 카자흐 칸들을 선출하고 있었다.•

카자흐 칸국·우즈벡 칸국·모굴 칸국의 이웃, 동맹, 속민, 혹은 적이었던 키르기즈인들은 비칭기스 일족의 지배를 받았다.《타리히 라시디》는 키르기즈인들을 "이교도"와 "모굴리스탄에서 일어난 모든 반란의 창시자들"이라고 지칭한다.[26] 17세기 역사가 마흐무드 이븐 왈리 Mahmûd ibn Walî는 키르기즈인들이 여전히 우상을 숭배했으며(이슬람교에서는 중죄였다), 따라서 "진정한 무슬림이 아니었다"라고 기록했다.[27] 사실 이슬람은 오랜 기간에 걸쳐 천천히 그리고 불완전하게 키르기즈인들에게 전파되었다. 그렇더라도 키르기즈인들은 이제 이슬람 세계에 속하게 된 신장의 정치에 자주 개입했다.

16세기 초에 강력한 나크슈반디야 교단의 샤이흐였던 이샤크 왈리 Ishâq Walî(1599년 사망)는 알티샤흐르Altïshahr("6개의 도시Six Cities": 카슈가르, 호탄, 야르칸드, 투르판, 양기 히사르, 악수)로 왔다. 그의 형제 무함마드 유수프Muhammad Yûsuf(1653년 사망)는 약간 더 늦게 왔다. 둘은 예언자 무함마드의 후예를 자처했다. 현지에서 이 같은 혈통을 가진 자들은 '호자khoja'라고 불렸는데, 호자는 첫 4명의 칼리프들과 예언자 무함마드의 가까운 동료들(무슬림 제1세대. 무함마드를 따라 메카에서 메디나로 이주한 신자들을 말한다)의 후예들을 지칭하기도 했고, 보다 세속적

• 푸가초프(1742~1775)는 우랄 지방의 코사크인으로서 1773~1775년에 표트르 3세라고 자칭하며 농노제에 반대하는 농민반란을 이끌었다. 푸가초프의 반란은 푸시킨의 소설 《대위의 딸》의 배경이기도 하다.

인 의미에서는 "스승, 연장자〔또는 장로長老〕, 관리"를 지칭하기도 했다. 이후 이 "대大스승Great Master"들의 후손들은 교단의 지배권을 두고 서로 다툼도 벌였다. 무함마드 유수프의 아들 히다야트 알라Hidâyat Allâh 〔또는 아팍 호자Afaq Khoja, 1626~1694〕가 이끈 파당은 준가르 제국의 갈단 칸에게 도움을 요청했다. 준가르 군대는 1678년에 이슬람화된 동투르키스탄을 정복한 후 히다야트 알라를 총독으로 임명했다. 그러나 라이벌 호자들은 계속해서 서로 싸웠고 각 파당들은 키르기즈 부족민들의 지원을 받았다. 청은 1757년에 준가르 제국을 멸망시킨 후 처음에는 호자들을 통해 카슈가리아를 간접 지배 하려고 했다. 그러나 무슬림들이 〔청의 지배에〕 저항하자 청은 2년 뒤 이 지역을 정복하고 카슈가리아를 조공국으로 만들었다. 만주인 '암반amban'(고위 관리)들은 각 도시와 주요 마을에 주둔했으며 청의 군사총독은 쿨자에 주둔했다. 이제 중앙아시아의 상당 부분은 러시아와 청의 지배하에 놓이게 되었다.

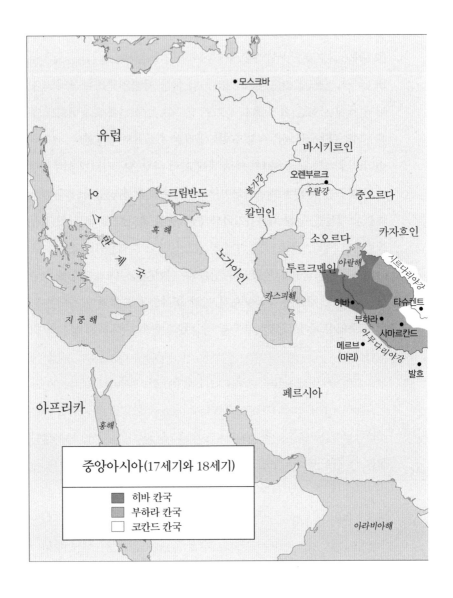

모스크바

유럽

바시키르인

오렌부르크
우랄강
중오르다

크림반도

불가강

칼믹인

흑해

소오르다

카자흐인

노가이인

투르크멘인

아랄해

시르다리야강

오스만제국

카스피해

히바

타슈켄트

부하라

사마르칸트

지중해

메르브
(마리)

아무다리야강

발흐

아프리카

페르시아

홍해

중앙아시아(17세기와 18세기)

■ 히바 칸국
■ 부하라 칸국
□ 코칸드 칸국

아라비아해

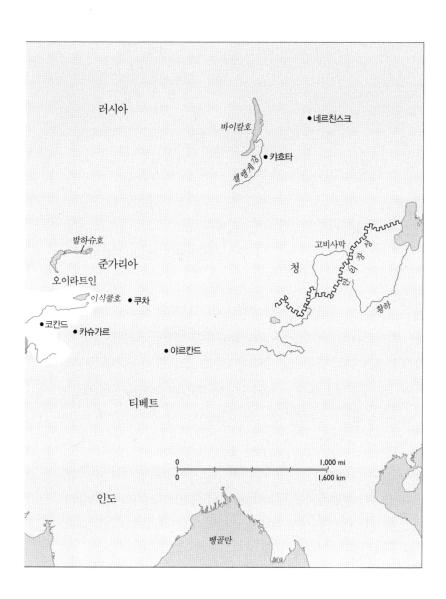

9장

근대 중앙아시아의 문제들

중앙아시아의 구질서

19세기 초, 정치적으로 분열되어 있었고 외부에 거의 알려지지 않았던 중앙아시아는 쇠퇴하는 청 제국 및 급속히 팽창하는 러시아 제국과 맞닥뜨리게 되었다. 그레이트 게임Great Game이라고 알려진 중앙아시아에서의 영국과 러시아의 패권 경쟁과 관련해 중앙아시아를 방문했던 영국인들은 중앙아시아를 빈곤한 지역으로 묘사했다. 19세기 영국인 여행가이자 작가 존 무브레이 트로터Captain John Moubray Trotter는 부하라 아미르국에서 "정주민이 거주하는 땅" 혹은 "경작가능한 땅"은 영토의 "10분의 1도 안 된다"라고 기록했다. 그에 따르면, 유목민들은 수많았고, 사막은 모든 곳을 잠식하면서 "버려진 거주지들"만 남겼다.[1] 낮은 인구밀도는 중앙아시아가 쇠퇴하는 곳이라는 인상을 더 짙어지게 했다. 19세기 중반, 몽골의 인구는 약 50만 명이었고, 질병과 수도원 제도〔수도원 생활〕monasticism는 생식 능력을 가진 인구

풀에서 젊은 남성의 수를 감소시켰다. 20세기 초, 러시아 지배하의 중앙아시아는 인구가 1100만 명에서 1200만 명에 달했을 수 있다. 열악한 생활 환경은 높은 사망률로 이어졌다.

더 넓은 외부 세계에 대한 중앙아시아인들의 지식수준은 제각각이었다. 영국인 장교 알렉산더 번스Alexander Burnes가 1830년대 초 3년간 알고 지낸 부하라의 쿠슈 베기Qush Begi(재상)는 "유럽의 관습과 정치"에 대해 인지하고 있었으며 러시아에 대해 "박식했다."[2] 또 다른 영국인 장교 프레데릭 G. 버나비Captain Frederick G. Burnaby가 1875년에 만나보고 "무이 심파티코muy simpatico"(에스파냐어로 "아주 호감이 가는 사람" "아주 인상이 좋은 사람"을 뜻한다)임을 알게 된 히바의 칸은 영국과 러시아의 경쟁 관계에 대해서는 인지하고 있었지만 영국인과 독일인이 동일한 "민족인지 아닌지"에 대해서는 잘 모르고 있었다.[3] 당시 히바는 무법천지로 알려졌으며 노예 무역의 중심지로 악명이 높았다. 군사기술은 발달되지 않은 상태였다. 미국인 외교관 유진 슈일러Eugene Schuyler는 1873년에 기록하길, 코칸드가 러시아제 라이플총의 "탄약을 제조하는 데 상당한 어려움을 겪고" 있고 러시아에서 도입한 대포 사용법에 대해 "철저하게 숙지하지 못하고 있다"라고 했다.[4]

부하라의 망기트 아미르들은 칭기스 칸의 후예가 아니라는 점에서 부족했던 자신들의 정통성을 제고하기 위해 광신도라는 평판을 얻으면서까지 공공장소에서 이슬람 규율의 엄격한 준수를 강요했다. 그러나 슈일러가 관찰한 바로, "물라mullah(중앙아시아 등지에서 종교 학자나 성직자에게 붙여주는 칭호)와 데르비슈들"을 제외하고 대부분의 사람들은 공공장소에서만 종교적으로 행동했고, 사적으로는 "아무도 모를 거라고 생각하면 죄를 많이 짓는 경향이 있었다."⁵ 무슬림 여행 동료들의 아량과 "좋은 동료애"에 대해 칭찬했던⁶ 번스는 부하라에서 자신이 비非이슬람교도임을 나타내는 옷을 입어야 했고, 이슬람교도들에게만 주어진 권리인 까닭에 "도시의 성벽 안에서는 말을 탈" 수가 없었다. 비이슬람교도들은 또한 특정 공중목욕탕만 이용할 수 있었는데, 울라마는 여성이나 비이슬람교도의 존재로 인해 물이 "오염되고" 피로 변한다고 주장했다. 한때 유명했던 부하라의 교육 기관들은 기계적 학습의 신학 교육으로 침체되었다. 부하라의 비정규군은 보병 1만 3000명, 기병 500명, 포병 620명으로 구성되었는데, 장비를 제대로 갖추지 못했고 급여도 제대로 받지 못했으며, 대체로 다른 직업 활동을 병행했다. 이들은 밤에 집 밖으로 나왔다는 이유로 사람들을 구속하는 등 현지 주민들을 불안에 떨게 만들었다.

　우즈벡 칸국들 중 가장 컸던 코칸드 칸국은 청을 약탈 공격 하거나 청과 교역을 했으며, 성전Holy War을 주장하던 신장의 호자들에게 피난처를 제공하기도 했다. 부하라, 히바, 코칸드는 서로 그리고 이란 및 카자흐 칸국과 전쟁을 벌였다. 전쟁 포로들은 부하라의 노예시장에서 매매되었다. 부하라 인구의 "4분의 3"이 "노예 출신"이었다.⁷ 우즈벡 칸국들의 남부에서는 헤라트 출신의 파슈툰인 수령 아흐마드 두라니 칸Ahmad Durrânî Khan이 정복과 외교 활동을 통해 파슈툰인, 타직인, 우즈벡인, 투르크멘인, 몽골인으로 구성된 나라〔두라니Durrânî 왕조, 재위 1747~1772〕를 수립했다. 불안한 통합을 이루었던 이 나라는 오늘날의 아프가니스탄으로 발전했다. 영국은 이 나라를 인도에 눈독을 들이던 러시아에 대한 완충물로 여겼다.

연간 150만 마리의 소와 10만 마리의 말을 수출하던 중앙아시아 초원의 카자흐인들은 교역과 정치적 이익을 위해 러시아와 청 모두의 속민이 되었다. 1801년, 늘 싸우기 좋아하는 칭기스 일족은 부케이 칸 Bökey Khan을 수반으로 하는 4번째 주즈(부케이 오르다라고 알려졌다)를 볼가강과 우랄강 사이에 수립했다. 당시 러시아 제국은 중앙아시아로 끊임없이 침투하고 있었다. 새로운 정치적, 경제적 질서가 도래하고 있었다.

러시아 제국의 중앙아시아 정복

비록 18세기 초 표트르 대제Peter the Great(제정러시아 황제, 재위 1682~1725)의 트란스옥시아나 정복 시도는 재앙으로 끝났지만, 러시아는 1740년 우랄 지방의 바시키리아를 정복한 후 초원 지역 안으로 요새들을 건설해나갔다. 이는 아주 심각한 문제였던 노예 포획을 노린 유목민들의 약탈 공격에 대한 대응 차원에서 이루어진 것이었으나, 육상 무역에서 중간 상인이 되는 것 또한 러시아의 목표였다. 당시 투르키스탄에서 발견된 풍부한 금광에 대한 소식도 러시아의 관심을 고조시켰다.

예카테리나 대제(예카테리나 2세, 재위 1762~1796)는 기존의 반反이슬람 노선을 수정했다. 그녀의 전임자인 옐리자베타(옐리자베타 페트로브나Elizaveta Petrovna)는 카잔 지역에 있는 모스크 536개 중 418개를 파괴하고 이슬람의 선교 활동을 금지했었다.[8] • 예카테리나는 모든 종교 집단을 더 강력한 국가 통제 아래 두려는 의도하에 이슬람교도들에게 소수 집단의 지위를 용인했고, 1788년에는 이슬람교도들의 종교 활동을 감독하기 위해 이슬람영적회의the Muslim Spiritual Assembly를 창설했다. 그녀는 이슬람 학교들을 다시 여는 것도 허용했지만, 이슬람교도들은 그리스도교 국가의 통제를 받는 교육 기관들을 회피했다. 러시아 당국은 온통 샤머니즘으로 가득 찬 초원 지대의 이슬람교와 광신주의의 온상이라고 여긴 우즈벡 도시의 이슬람교를 차이 지어 구별했다. 예카테리나는 이슬람교를 카자흐인들을 처음에는 선량한 이슬람교도로, 다음에는 선량한 시민으로, 궁극적으로는 선량한 그리스도교도로 만들어줄 "문명화civilizing" 도구로 보았다. 그녀는 보다 더 "올바른" 이슬람교를 전파하기 위해 러시아의 속민이었던 타타르인 교사들을 활용했는데, 이들이 유목민들 사이에 섞일 수 있고 또 유목민들의 언어를 알았기 때문이다. 타타르인들은 무슬림의 전통적 관습을 더 충실히 고수하는 이슬람교를 카자흐 초원 지대에 이식하는 데서 중요한 역할을 했다.

1822년에서 1848년 사이에 러시아는 카자흐 주즈들을 합병하고, 칸들을 폐위시키고, 카자흐 부족들을 여러 다른 지방 행정 구역에 두었다. 일부 카자흐 부족들은 다소간 히바 칸국과 코칸드 칸국의 지배하에 있었던 터라 때때로 이들을 상대로도 반란을 일으켰다. 1853년

● 제정러시아의 여제 예카테리나 대제(예카테리나 2세)의 "전임자"는, 엄밀하게는, 그녀의 남편 "표트르 3세Peter III"다. 표트르 대제의 외손자인 표트르 3세는 이모인 옐리자베타 페트로브나 여제가 사망한 후 황제에 올랐으나 아내 예카테리나와 황실 근위대가 주도한 궁정 반란으로 6달 만에 폐위되었다.

에 러시아 장군 [바실리] 페로브스키 [Vasily] Perovsky가 코칸드 칸국의 요새인 악 메치트를 점령했다. 러시아의 중앙아시아 진출은 이후 30년 동안 거의 중단되지 않고 계속되었다. 이웃한 키르기즈 부족들은 코칸드 칸국의 실정에 시달리다 러시아에 자신들의 종주국이 되어주기를 청원했다. 1865년에 M. G. 체르니아예프M. G. Cherniaev 장군은 타슈켄트의 일부 친러시아 상인들의 태도에 고무되어 러시아 정부의 허락 없이 당시 코칸드 칸국에 속해 있던 타슈켄트를 점령했다. 러시아 정부는 러시아의 인도 방면 진출을 경계하던 영국을 자극하지 않기 위해 체르니아예프를 소환하긴 했으나, 그에게 훈장을 주었고 —가장 중요하게도— 타슈켄트를 러시아 소유로 유지했다.

1868년에 투르키스탄(1853년 이후 러시아가 정복한 중앙아시아의 모든 영토)의 총독으로 임명된 P. K. 폰 카우프만P. K. von Kaufman 장군은 코칸드 칸국의 군주 쿠다야르 칸Khudâyâr Khan(재위 1844~1875)을 사실상 러시아의 신하로 만들었다. 국내의 적들을 상대해야 했던 부하라의 아미르 무자파르 앗딘Muzaffar ad-Dîn(재위 1860~1885)은 러시아 군대에 패한 후 러시아와의 강화 조약을 받아들였다. 부하라는 1868년 6월에 러시아 보호국이 되었고, 러시아가 종교전쟁의 발생을 염려한 까닭에 전면적 병합은 면했다. 19세기 말에서 20세기 초에 활동한 부하라의 역사가 압달 아지즈 사미'Abd al-'Azîz Sâmî는 부하라 아미르국이 몰락하게 된 원인으로 불공평한 통치와 광신적인 울라마(이슬람 종교 당국)로 나타난 도덕적 타락을 들었다. 그가 주장하기로, 부하라의 군대는 철저하게 부패했고, 주로 "도둑, 도박꾼, 술주정뱅이, 미치고 정신 나간 사람, 그리고 절름발이나 맹인 등 총소리 한 번 들어 보지 못한 사람들"로 구성되었다.[9] 히바 칸국은 1873년에 러시아의 보호국이 되었다. 코칸드 칸국은 1876년 러시아에 간단히 병합되었다. 각각의 경우를 보면, 사미와 같은 현지 역사가들이 분명히 밝혔듯, 토착 지배층 인사들의 실정과 타락이 러시아의 군사력과 더불어 칸국들이 몰락하는 데서 주요 원인으로 작용했다. 투르크멘인들의 마지막 거점이었던 메르브(오늘날 투르크메니스탄의 마리Mary 시)는 1884년에 러시아에 병합됨으로써 러시아의 국경은 이란과 아프가니스탄까지 확대되었다. 러시아 군대는 영국을 경악하게 만들며 곧 아프가니스탄을 침공했다.

러시아는, 다른 제국주의 열강들과 마찬가지로, 자국이 미개한 "원주민들natives"을 "문명화시킬 사명"을 이행하고 있다고 주장했다. 서유럽과 거의 같은 크기의 이 〔중앙아시아〕 영토를 획득하는 데 들어간 비용은 상대적으로 적었다. 아마 〔러시아 쪽에서는〕 1000명 정도가 실제 전투에서 전사했을 것이다. 중앙아시아인들의 피해는 훨씬 컸다. 약하고 분열된 적들을 상대로 러시아 장군들은 기술적, 수적 우위를 누렸다. 19세기 말이 되면 러시아는 오스만 제국의 무슬림 인구보다 많은 약 2000만 명에 달하는 이슬람교도들을 속민으로 두게 되었다. 그러나 러시아 정부는 새로 편입된 무슬림 주민들의 충성심뿐 아니라 다른 비非정교회 그리스도교도들과 유대교도 신민들의 충성심 또한 확보하지 못했다.[10]

청 지배하의 중앙아시아

청 지배하의 동부 중앙아시아에서는 상황이 다소 다른 양상으로 전개되었다. 내몽골에는 많은 중국 농민이 유입되었고, 몽골 전역에서 중국인 상인들이 경제를 지배했다. 도시화는 더디게 진행되었다. 우르가의 인구는 아마 7000명에 달했는데 대부분 천막〔게르〕에 거주했다. 승려들은 상당한 수의 소수 집단을 구성했다. 문화적 차이, 경제적 경쟁, 착취로 인해 몽골인들과 중국인들 사이에 적대감이 조성되었다. 티베트 불교는 몽골인 정체성을 보존하는 데서 의심할 여지없이 중요한 역할을 했다. 청의 직접적 통제를 덜 받은 고비사막 이북의 몽골 왕공王公들은 러시아를 중국을 견제하는 대항마로 이용했다.

문화와 종교의 현저한 차이로 신장의 이슬람교도들은 청 지배자들과 잘 융합되지 않았다. 1825년과 1857년 사이에 카슈가리아에서는 극심한 계파 경쟁으로 분열되어 있었던 호자들이 주도하거나 혹은 이들을 대변하는 반란들이 일어났다. 카자흐인 학자이자 러시아군 장교 초칸 발리카노프Choqan Valikhanov는 1858년에 카슈가리아에서 발생한 대혼란 상황에 대한 기록을 남겼다. 그가 서술하길, 청군은 카슈가리아를 약탈했고, 여자들을 사로잡았고, "의례에 따라, 끔찍하게 천천히" 처형식을 진행했다.[11] 처형된 사람들의 두개골로 카슈가리아의 성문이 장식되었다.

다른 곳에서는 1850년대까지 상황이 더 평온했다. 그러나 과도한 세금과 청나라의 실정으로 둔간인들이 봉기를 일으켰고, 투르크계 이슬람교도들도 곧 이들을 뒤따랐다.* 신장은 토착 세력 간의 대립과 반청 운동에 휩싸이게 되었다. 청이 통제력을 상실하자 코칸드 칸국의 장군 야쿱 벡Ya'qûb Beg(1820~1877)이 신장의 상당 부분을 장악하고 러시아·영국과 외교·무역 관계 수립을 추진했다. 런던은 야쿱 벡의 "아미르국"을 승인했다. 러시아는 이 상황을 이용해 1871년에 일리계곡Ili Valley을 점령했다. 야쿱 벡이 1877년 사망한 후 그의 아미르국은 붕괴되었고 청이 모두의 예상을 뒤엎고 이 지역을 되차지했다. 러시아와 청은 일리계곡에서의 영토 분쟁을 1881년에 끝냈다. 청은 동투르키스탄과 준가리아에 대한 지배를 강화하기 위해 1884년에 이 두 곳을 신장新疆("새변경") 지방으로 승격시켰다. 이후 신장 지역은 청나라 관리들의 직접 통치하에 놓이게 되었다.

러시아 제국의 식민 정책

러시아는 새로 획득한 중앙아시아 영토에 대한 종합적 통치 계획을 가지고 있지 않았다. 총독들은 기존의 전통적인 〔현지인〕 지배층을 통해 주민들을 다스렸다. 러시아 당국은 통치 비용을 줄이고 토착민의 이슬람 정서를 해치지 않으려 되도록 원거리에서 통치를 했다. 폰 카우프만 장군은 이슬람은 정책적 고려 대상이 아니며 국가의 지원이 없으면 소멸될 것이라고 주장했다. 그러나 겉으로는 덜 독실해 보이

●　둔간인Dungan은 19세기 말에 러시아 제국으로 이주해온 중국의 회족回族 집단을 지칭한다. 중국의 회족과 마찬가지로 이슬람교를 믿고 중국어를 사용했다.

던 카자흐 유목민들이 러시아화되고 종국에 가서는 그리스도교도가 될 것이라는 예측은 빗나갔다. 19세기 후반이 되자 카자흐인의 생활에서 이슬람의 중요성은 더 커져 카자흐인 정체성의 주요 원천이 되었다.

러시아는 중앙아시아인들을 분열된 상태로 남겨두고 민주주의와 같은 "유해한" 근대화 사상으로부터 차단시키려 했다. 다른 비非러시아인 신민들과는 달리 중앙아시아인들은 징집하지도 않았는데, 중앙아시아인들이 군대에서 근대 전쟁과 무기에 대한 지식을 습득하지 못하게 하기 위함이었다. 중앙아시아인들의 변화를 막기 위해 전제주의 차르 정부는 종종 더 보수적인 지배층 인사들 및 울라마와 손을 잡았다. 울라마는 비이슬람적이라는 이유에서 심지어는 공중위생의 개선 시도들도 반대했다. 이런 정책들은 중앙아시아의 후진성을 더 영속시켰다.

러시아는 천연자원을 수탈하고 "현지인들"의 저항을 방지하는 것을 목표로 삼았다. 제국의 유럽 지역 출신의 러시아인들과 비러시아 주민들—주로 관리 혹은 숙련 노동자로서—은 종종 옛 "토착" 소도시들을 기반으로 발전한 도시들에 정착했다. 폰 카우프만 장군은 현지인들의 언어와 관습을 잘 아는 관리들이 필요했다. 이에 과학자, 민족지학자, 예술인으로 구성된 팀들이 "토착민", 토착 식물과 동물들을 조사하기 위해 중앙아시아로 파견되었다. 다양한 민족 집단들을 분류하는 것은 어려운 작업이었으나 제국 통치를 위해서는 필수적인 일이었다. 그런데 개인들은 종종 다층적인 종교, 씨족, 부족, 종족 정체성을 가지고 있었으며, 조사에 대한 답변은 개인들이 질문자의 소속 집단을 어떻게 인지하는지에 좌우되었다.

　새로 정복되고 합병된 민족들은 "이노로드치inorodtsy (외래인 aliens)"로 지칭되었다. 이노로드치는 속민이되 국민으로 인정받지는 못했다. 차르 정부는 정부 정책에 위배되지 않는 한 〔이슬람 성법〕 샤리아와 관습법 아다트ʼAdat를 용인했다. 도시 지역 이슬람의 역사가 깊었던 투르키스탄에서 러시아 총독부는 종교 문제에서 선의의 무시benign neglect 정책을 유지했다. 그럼에도 반反러시아 반란들이 1885년 이후 발생하기 시작했다—대개는 수피의 지도하에 일어났다. 하지만 카자흐 초원 지역의 총독부는 이슬람 기관들을 재정적으로 후원했고 또 관리하려 했다. 러시아 정부는 유목민들을 안정적인 납세자로 만들기 위해 유목민들의 정착을 장려하는 한편, 유목민들의 가장 훌륭한 목축지들을 꾸준히 잠식해갔다. 또한 정부는 이러한 "국가" 소유의 땅에 주로 코사크인, 러시아인, 우크라이나인들로 구성된 식민지 개척 농민들만 아니라 신장의 타란치인들과 중국인 무슬림들 또한 받아들였다. 대규모의 식민지화는 1890년대에 시작되었다. 1896년과 1916년 사이에 100만이 넘는 식민지 이주민들이 땅의 5분의 1을 차지했다. 1914년이 되어 러시아인들은 카자흐스탄 인구의 30~40퍼센트를 차지했다. 1916년에만 약 33만 6000명의 정착민들이 투르키스탄으로 이주했다.

　세계적으로 면화 수요가 증가하면서, 오랜 면 재배 역사를 가진 투르키스탄은 "러시아의 거대한 면화 농장"이 되었다.[12] 1912년경 투르키스탄은 러시아 면화의 64퍼센트를 생산하고 있었다. 중앙아시아의 경제는 갈수록 더 단일 작물에 의존하게 됨에 따라 세계 가격 변동

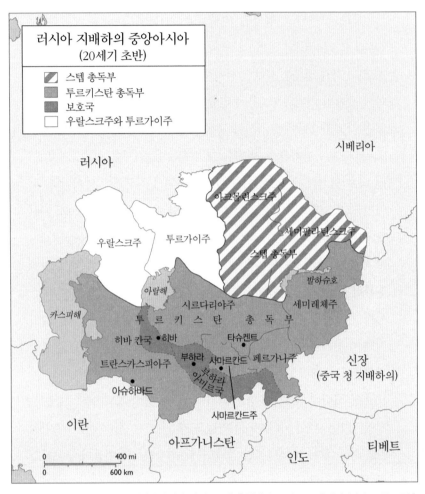

러시아 지배하의 중앙아시아
(20세기 초반)

- 스텝 총독부
- 투르키스탄 총독부
- 보호국
- 우랄스크주와 투르가이주

시베리아

러시아

우랄스크주

투르가이주

아크몰린스크주

세미팔라틴스크주

스텝 총독부

아랄해

발하슈호

카스피해

시르다리야주

세미레체주

투르키스탄 총독부

히바 칸국 ●히바

타슈켄트

부하라 ●사마르칸드 페르가나주

신장
(중국 청 지배하의)

트란스카스피아주

부하라
아미르국

●아슈하바드

사마르칸드주

이란

아프가니스탄

인도

티베트

0   400 mi
0   600 km

1898년 재조직된 러시아령 중앙아시아의 핵심 영토는 스텝 총독부(아크몰린스크주와 세미팔라틴스크주로 구성), 투르키스탄 총독부(시르다리야주, 세미레체주, 페르가나주, 사마르칸드주, 트란스카스피아주로 구성), 부하라와 히바 두 보호국으로 이루어졌다. 오렌부르크의 총독부가 카자흐스탄의 나머지 스텝 지역(우랄스크주와 투르가이주)을 통치했다.

의 영향을 많이 받게 되었다. 산업화로 중앙아시아의 전통 장인과 공예가들은 기계로 제작된 상품들과 불공평한 경쟁을 해야 했다. 차르 정부의 통제는 중앙아시아 경제의 중요성이 커지면서 더 강화되었다. 철도는 중앙아시아를 세계경제에 직접적으로 연결시켰고 도시의 발전을 불러왔다. 타슈켄트의 인구는 1877년에 (유진 슈일러에 따르면) 12만이었는데 1910년 러시아의 인구조사 당시에는 23만 4000명으로 증가했다.[13] 외국인 관찰자들은 러시아가 과거 어느 때보다 더 안전한 삶을 제공해주고 있다고 평했다. 러시아인들 및 근대화 역할을 담당한 무슬림들(볼가 타타르인들)과의 교류 확대는 중앙아시아의 문화, 지성 세계를 새롭게 변모시켰다. 새로운 질서에 적응하지 못한 전통적 리더들은 서서히 사라져갔다.

이슬람 개혁 운동

중앙아시아에서 개혁과 일신은 이슬람의 부흥이라는 보다 큰 틀에서 그리고 유럽의 위협에 대한 대응 차원에서 이루어졌다. 이는 종교와 문화의 일신, 교육 개혁, 그리고 마지막으로 민족의식national consciousness 즉 민족주의〔내셔널리즘〕nationalism의 등장이라는 단계들을 거치며 이루어졌다. 그런데 개혁 운동에는 다른 시각들이 존재했다. 살라피야 운동Salafiyya movement(아랍어의 '살라프salaf'는 "조상"을 의미한다)은 초기 이슬람의 가치와 관습으로의 회귀를 주장했다—이 운동은 모든 혁신을 거부하는 근본주의 입장으로 보통 받아들여졌다. 이슬람교도들이 근대 기술을 획득하고, 전통적인 종교적·사회적 가치들을 수용하면서도 동시에 산업화된 세계에서 온전히 기능할 수 있는 문화를 만들어내야 한다고 보는 입장도 있었다. 이 입장은 근대적이며 세속화된 교육을 의미했다. 중앙아시아에서는, 다른 이슬람 세계에서와 마찬가지로, 학교들이 종교지향적 모습을 보여왔다.

투르키스탄에서 폰 카우프만 장군이 추진한 "선의의 무시 정책"은 이슬람 교육 제도는 그냥 내버려둘 경우 소멸할 것으로 보았었다. 1876년에 러시아인 이주민들과 중앙아시아 토착민들을 위한 몇 개의 이중언어 사용 학교들이 문을 열었는데, 이슬람교도들은 이 학교들을 경계하며 외면했다. 1894년이 되었을 때 90개 이중언어 사용 학교 학생들의 95퍼센트는 러시아인이었다. 그러나 이전부터 러시아의 근대화 사상을 직접 접해온 타타르인들과 카자흐인들 사이에서는 상황이 달랐다. 1850년대에 카자흐인들을 위한 몇몇 학교가 문을 열었는데, 어떤 면에서는 과거에 러시아의 장려로 타타르인들이 확산시켰던 이슬람의 영향을 감소시키기 위해서였다. 1870년에 러시아 정부는 세속적 교육을 위해 러시아인-타타르인 학교들을 설립했다. 이것은 타타르인들이 스스로 시작한 개혁 운동과 동시에 이루어졌다.

자디드주의

타타르인들은 교육을 아주 중요시했으며, '이맘imâm'(기도의 선창자)들이 남자 아이들에게 읽기, 코란, 이슬람 교리, 아랍어, 페르시아어, 산수를 가르치는 모스크 소속의 광범위한 종교학교 시스템을 갖추고 있었다. 여자 아이들은 이맘의 부인들에게 교육을 받았을 수 있다. 이슬람 개혁 운동은 〔타타르인 교육자이자 이슬람 신학자인〕갑덴나시르 (압달나스르) 알쿠르사비Gabdennasir (ʿAbd al-Nasr) al-Kursavî(1776~1812)로부터 시작되었다. 그는 이슬람교도들에게 근대적 과제들에 대응하기 위해 코란을 공부하고 자신의 판단력으로 새로운 해석을 하라고 촉구했다. 교육자이자 개혁가 쉬하밧딘 마르자니Shihâbaddîn Marjânî(1818~1889)는 근대화가 될수록 이슬람교도들이 이슬람의 선조들에 더 가까워질 수 있다고 주장했다.

크림 타타르인 언론인, 개혁가, 사회운동가 이스마일 베이 가스피랄리Ismâʿîl Bey Gaspïralï(러시아어식 이름 가스프린스키Gasprinskii, 1851~1914)는 전통적인 기계적 학습 방법을 거부하고 '우술리 자디드Usûl-i Jadîd'(새로운 방식)의 학교들을 장려했다. 이 새로운 교육 방식에 따라 읽기 교육은 한 글자로 한 음절을 표기하는 전통적 방법이 아닌 한 글자로 한 음소를 표기하는 방법으로 이루어졌다. 더욱 급진적으로, 그는 학교들을 모스크-마드라사들로부터 분리하고, 특별 교육을 받은 초등학교 교사들을 활용했다. 여학생들은 별도의 학교를 다녔다. 교육 내용은 체계화되었고 학년별로 적절한 교과서들이 체계화되었다. 1883년부터 발행되기 시작한 가스피랄리의 신문《테르주만Terjümân》(번역가Translator)은 문화 개혁과 투르크계 민족들의 단결을 주창했다. 1880년대에 카잔에서 전개된 이 자디드주의〔자디디즘〕Jadîdism는 10년 뒤 투르키스탄에도 전파되었다.

그러나 이와 같은 온건한 개혁은 러시아에의 동화와 배교〔곧 이슬람의 약화)를 두려워한 "우술리 카딤usûl-i qadîm"(옛 방식)의 추종자들로부터 악랄한 공격을 받았다. 러시아 정부는 자디드주의의 정치적 목표에 대해 확신을 갖지 못했던 까닭에 새 학교들을 지원하지도, 적극적으로 반대하지도 않았다. 결국, 부유한 타타르 상인들이 자금을 제공했다. 교육에 대한 타타르인들(20.4퍼센트)의 관심은 러시아인들(18.3퍼센트)을 앞서는 문해율에서 드러났다.

제1차 세계대전의 발발 직전 러시아 제국에는 5000여 개의 자디드 학교가 있었다. 차르 정부는 타타르인들의 자디드주의를 경계하면서도 자디드주의가 부하라의 "이슬람 광신주의"에 대한 해소 수단이 될 것이라고 보았다. 그러나 부하라의 아미르는 1910년 자디드주의자Jadidist 단체 '야슈 부하라리클라르Yâsh Bukhârâliqlar'(청년 부하라인Young Bukharans)를 탄압했고, 단체원 다수가 오스만 제국으로 피신했는데 이중에는 훗날 우즈베키스탄의 저명한 지성인 혁명가가 될 압두르라우프 피트라트Abdurrauf Fitrat(1886~1938)도 있었다. 자디드주의의 핵심 주장은 이슬람교도들이 근대적 지식을 소유하지 않는 한 무력한 존재로 계속해서 남게 된다는 것이었다.

자디드주의자들의 교육 개혁과 문화 개혁은 민족주의 운동의 선구자 역할을 했다. 근대의 민족 정체성national identity은 공통의 언어, 문화, 영토라는 개념에 기반을 둔다. 대부분의 중앙아시아 정주민들은 자신들이 태어난 곳과 그 인근 지역을 자기 고국으로 여겼다. 중앙아시아의 유목민들은 씨족과 부족을 가장 중요한 정체성의 기반으로 삼았다. 많은 이슬람교도에게는 종교가 여전히 정체성의 기본 요소였다. 지리적으로 러시아인들과 가장 가까웠던 타타르인들과 카자흐인들이 가장 먼저 자신들을 별개의 민족 집단으로 인식하기 시작했다. 타타르인〔학자이자 작가〕카윰 나시리Qayyûm Nâsïrî(1825~1902)와 카자흐인〔교육자〕이브라힘 알틴사린Ibrâhîm Altïnsarin(1841~1889)은 민족주의 운동의 발전에서 중요한 요소인 민족 언어들을 개척했다.

러시아혁명과 중앙아시아

러일전쟁(1904~05)에서의 패배는 1905년 러시아에서 혁명을 촉발했다. 러일전쟁은 근대화된 비非유럽 민족이 유럽의 강국을 패배시킬 수 있다는 것을 증명해보여, 당시 한 세기 넘게 러시아에 영토를 빼앗기고 있던 오스만 제국과 이란에서 혁명 운동들을 부추겼다. 쇠약한 전제주의 차르 정부는 '두마Duma'〔제정러시아의 의회〕의 개설을 허용하며 일시적으로 정치적 통제를 완화했다. 이슬람계 대표들을 포함한 4차례의 두마가 1906년에서 1914년 사이에 개최되었지만, 개혁을 거부하는 차르 정부의 저항을 극복하지는 못했다. 그럼에도 이러한 정치 참여 경험은 부하라의 개혁 성향 지식인들에게 영향을 주었다. 이들은 전제주의 러시아에서 대의代議 정부가 수립될 수 있다면 부하라에서도 비슷한 개혁이 이루어질 수 있을 것이라고 생각했다.

러시아 제국의 이슬람교도들은 자신들의 정치적 요구 사항들을 내세우기에 앞서 연합된 행동 계획을 수립하기 위해 일련의 회의를 열었다. 그러나 이들은 여러 파벌로 갈라졌다. '이티파크 알무슬리민Ittifâq al-Muslimîn'(무슬림연합Union of Muslims)은 종교의 자유, 지방 자치, 그리고 자신들과 제휴했던 러시아입헌민주당Russian Constitutional Party(카데트Kadet)과 마찬가지로 자유주의적 입헌군주제를 요구했다. 이들의 왼쪽 편에서는 타타르 신문《탕Tang》(새벽)과 연관된 '탕칠라르Tangchïlar' 파가 비非마르크스주의적 민주 사회주의를 추구했다. 이들의 오른쪽 편에는 차르 정부의 암묵적 지지를 받는 전통적인 종교 보수주의자들이 있었다.

러시아 제국은 제1차 세계대전(1914~1918)의 여파로 붕괴되었다. 1916년 7월 중앙아시아에서 큰 반란이 일어났는데, 러시아가 현지의 주민들을 징집해 노동자 부대에 편입시키려 한 데서 촉발된 것이었다. 반란은 러시아의 식민지 정책, 특히 러시아인 정착민들이 가장 좋은 땅들을 차지한 데 대한 들끓는 오랜 분노를 반영했다. 러시아 정부는 가혹한 보복 공격으로 대응했고 이때 동원된 무장 정착민 집단들은 대량 학살을 자행했다. 약 20만 명의 중앙아시아인들이 살해되었다. 러시아에서는 1917년 2월혁명February Revolution으로 차르가 축출되고 온건하고 민주적 성향을 지니긴 했지만 연약한 임시정부가 집권했다. 공산주의자들(볼셰비키Bolsheviks)은 수상 알렉산드르 F. 케렌스키Alexander F. Kerenskii가 러시아를 전쟁에서 발을 떼게 하는 데 내켜 하지 않던 점과 국내 상황이 악화되고 있던 점을 이용해 1917년 10월혁명October Revolution을 일으켰다. 내전이 뒤따랐고 외세도 개입해 상황은 복잡해졌다. 볼셰비키는 옛 제국의 대부분을 장악한 상태에서 승리를 거두었다.

중앙아시아의 지도자들은 정치적 문제들을 민족 혹은 종족-종교 차원에서 바라보는 경향이 있었다. 다수는 러시아와 일정한 관계가 유지되는 것을 선호했는데, 이들은 정부 내에 이슬람교도들의 입장이 반영되는 것 혹은 다양한 형태의 자치가 보장되는 것을 요구했다. 러시아 임시정부는 이슬람교도들의 개별적 권리들은 보장해주었지만 집단적 권리 보장이나 중앙정부 차원에서의 문제 해결에 대해서는 주저했다. 당시 이슬람교도들은 지역과 민족 집단에 따라 분열되어 있었다. 카자흐인들은 1917년 3월 알라슈 오르다Alash Orda라는 정당을 설립해 러시아인들의 식민지화와 타타르인들의 문화적 영향에 대해 위기의식을 갖던 카자흐인들의 입장을 대변했다. 〔10월혁명 직후 일어난〕 러시아내전 당시 카자흐인들은 처음에는 반공反共 백군White forces, 白軍을 지지했으나 1919년 11월 볼셰비키 지지로 돌아섰다. 바시키르인들은 타타르 공산주의자들이 제안한 이델-우랄Idel-Ural(볼가-우랄) 공화국이 타타르인들에 의해 장악될 것이라고 보고 자신들만의 바시키르 자치 공화국의 수립을 선택했다. 투르키스탄의 이슬람 정치 집단은 카데트와 임시정부에 동조하는 경향이 있었는데, 작은 사회주의 집단들 또한 존재했다. 무슬림들의 언어와 문화 차이를 감안하면 하나의 공통 강령을 마련하는 일은 십중팔구 불가능했을 것이다. 중앙아시아의 도시들에 거주하던 러시아인 상당수는 정치 성향에서 이런저런 종류의 사회주의자들이었다. 이들은 현지의 이슬람교도들을 정치적, 민족적 적敵으로 보는 경향이 있었다.

러시아내전 중에 독특한 이슬람 공산주의 사상이 등장했다. 교사 출신의 혁명가, 타타르인 볼셰비키였던 미르사이드 술탄 갈리예프 Mirsaid Sultan Galiev(1892~1940)는 러시아의 이슬람교도들을 별개의 민족으로 보며 사실상 모든 이슬람교도(그리고 사실 모든 비유럽인)는 억압을 받는 민족이며, 유럽 사회의 억압받는 노동자 및 농민들과 동등한 존재라고 주장했다. 그는 동방 이슬람 세계에서의 계급투쟁은 억압받는 이슬람교도들과 유럽의 제국주의-식민주의 세력 간의 투쟁이라고 보았다. 갈리예프는 더 나아가 러시아의 이슬람교도들 사이에서 사회주의의 승리가 전 세계 식민지에서 혁명의 발판이 될 것이라고 주장했다. 많은 자디드주의자는 이러한 사상을 받아들여 볼셰비키에 가담했다. 1918년에 중앙아시아는 볼셰비키 지배 아래 들어갔고 투르키스탄 자치 소비에트 사회주의 공화국Turkestan Autonomous Soviet Socialist Republic이 수립되었으며, 1919년에 볼셰비키들은 현지인들과 반反볼셰비키 백군 세력을 물리쳤다. 그런데 당시 많은 볼셰비키는 여전히 민족적 편견을 가지고 있었다. 모스크바는 볼셰비키들에게 토착 이슬람 공산주의자들을 등용하라고 강요해야 했다. 카자흐 초원에서는 수년간 이어진 혼란으로 엄청난 기근이 발생해 아마도 많게는 100만 명이 사망했다.

소비에트 사회주의 공화국들의 수립과
새로운 중앙아시아 민족들의 탄생

1923년경에 이르러 볼셰비키는 중앙아시아에 대한 지배권을 확고히 굳혔다. 농촌 지역에서 바스마치Basmachi(1917년 러시아 10월혁명 이후 소비에트 정권을 상대로 중앙아시아의 투르크계 이슬람교도들이 일으킨 무장 저항 운동) 집단은 10년 넘게 저항을 계속했다. 1920년과 1924년 사이에 카자흐, 투르크멘, 우즈벡 소비에트 사회주의 공화국들이 탄생했다. 중앙아시아 공화국들의 국가 경계 설정에 이어 1924년에 부하라와 히바는 우즈벡 소비에트 사회주의 공화국Uzbek SSR으로 소비에트 연방Soviet Union에 공식적으로 편입되었다. 그러나 "투르키스탄"이라는 이름은 제거되어야 했다. 비록 "투르키스탄인"들이 공통의 역사, 종교(이슬람교), 문학 언어(차가타이어와 페르시아어/타직어) 즉 현대적 민족 개념의 기본 요소들을 공유했지만 투르키스탄이라는 개념은 범투르크주의적 성격이 너무 강했다. 투르크적 성격이 강한 보다 작은 소비에트 공화국들의 수립은 토착민 개혁가들과 자디드주의자들에 대한 소련의 양보로, 소련의 영도하에 투르크 문화를 발전시킬 수 있는 공간이 마련된 것이었다. 1929년에 타직 소비에트 사회주의 공화국이 우즈벡 소비에트 사회주의 공화국으로부터 분리되었다. 키르기스스탄은 자치주에서 자치 소비에트 사회주의 공화국으로 승격되었고, 1936년에 키르기즈 소비에트 사회주의 공화국이 되었다.

1400만 명에 약간 못 미치는 중앙아시아인들을 포괄한 새로운 공화국들과 민족들의 형성은 기근과 물자 부족에 대처하기 위해 자유기업의 요소를 재도입했던 소비에트 신경제 정책Soviet New Economic Policy(네프NEP, 1921~1928)의 실시 기간 중에 주로 이루어졌다. 이전에는, 중앙아시아 국가들은 "민족nationality"이 아닌 왕조를 중심으로 존재했다. 이제 소련USSR은 자신의 통치 목적에 부합하게 국경선을 긋고 민족국가들을 창조해냈던 것이다. 이에 따라 각 민족들은 고유의 영토를 갖게 되었다. 이 정책의 첫 희생자는 미르사이드 술탄 갈리예프와 같은 민족 공산주의자들이었다. 민족 공산주의자들의 사상은 노동계급이 민족이나 종교에 따라 나누어지지 않는 하나의 단일 집단이라는 마르크스주의의 "프롤레타리아 통일성의 원칙principles of proletarian unity"에 반하는 것으로 간주되었다. 술탄 갈리예프는 두 차례 체포되었고 정치적 반체제 인사들과 범죄자들이 수감되는 강제 노동 수용소인 굴락Gulag에서 사망했을 것으로 추정된다.

그 후 소비에트 정부는 각 공화국에 맞추어 민족들을 창조해냈다. 그러나 근대화 추진자들을 제외하고는 "민족" 개념을 가진 중앙아시아인은 거의 없었다. 중앙아시아의 복잡한 민족 구성도 문제를 더욱 복잡하게 만들었다. 모든 소비에트 민족은 자의적인 정치적 결정에 따라 규정되었으며 이는 민족지학과 언어학 연구들에 의해 합리화되었다. 이런 점에서, 소련의 민족 정책은 거대한 —그리고 대체적으로 성공한— 사회공학 및 민족공학 프로젝트였다고 보아야 한다. 소비에트 정체성에 있어 중요한 지표는 언어였다.[14] 결과적으로 근대 중앙아시아 언어들의 기원, 형성, 계통 문제는 중요한 정치적 함의를 갖는 논쟁거리가 되었다.

중앙아시아의 소비에트 공화국들 중 가장 인구가 많았던 우즈베키스탄은 범투르크주의Pan-Turkism를 선호한 지역 지식인들에게 거대한 투르크계 국가가 되어주었다. 그러나 우즈벡 명칭이 당시 사용되던 '투르크Türk'〔투르크인〕혹은 '투르키Türki'〔투르크어〕라는 명칭들을 대체했다. 이 명칭들이 범투르크주의와, 자체적인 정치적, 문화적 혁명 과정—중앙아시아의 투르크계 지식인들에 의해 면밀하게 관찰되던—을 거치고 있던 터키를 연상시켰기 때문이다. 스스로를 우즈벡인이라 부르지 않았던 주민들에게 우즈벡 집단명을 부여한 것과 오랫동안 투르크어와 페르시아어-타직어 모두를 사용해온 주민들을 투르크로 규정한 것은 자디드주의자들과 여타 개혁주의자들을 소비에트 편으로 끌어들이려는 수단이었다. 우즈베키스탄 인구의 거의 절반을 차지하던 '사르트Sart' 곧 투르크화된 타직인 계통의 주민들 혹은 정주화된 다양한 투르크계 집단들은 1926년 인구조사 이후 더는 사르트라 불리지 않게 되었다.

언어 혹은 다른 특성들과 관계없이 모든 인구가 이제 공식적으로 '우즈벡인'이 되었다. 그러나 이것은 자연스러운 정체성이 아니었다. 우즈베키스탄은 부하라와 사마르칸드를 포함했는데, 두 도시의 주민들은 대부분 타직인이었고 페르시아어와 투르크어 모두를 사용했다. 타직인들 또한 자신들의 공화국을 원했다. 일부 투르크어 사용자들은 타직인들만 아니라 시아파 이슬람교도로서 또 다른 이란계 언어를 사용하던 산악 주민들을 '타직인'이라 경멸조로 불렀다. 타직인을 어떻게 정의하느냐에 따라 우즈베키스탄은 축소되고 타지키스탄이 중앙아시아의 가장 큰 소비에트 공화국이 될 수도 있었다. 이 주제를 둘러싼 논쟁이 1920년대 하반기에 격렬하게 벌어졌다. 소련은 이런 민족 간의 대립을 이용해 일부 우즈벡 지식인들의 숨겨진 범투르크주의적 열망을 약화시켰다.[15]

시간이 지나면서, 결국 소비에트 민족 정책으로 우즈벡인과 타직인 등의 사이에서는 각자의 민족 정체성이 생겨났다. 그러나 씨족 및 지역 정체성은 소비에트 시기와 포스트 소비에트 시기 중앙아시아에서 (종종 이데올로기의 미명 아래) 권력투쟁을 벌였던 파벌 집단에서 계속 살아남았다. 부족 정체성은 투르크메니스탄과 키르기스스탄에서,

일부 나이 든 세대의 우즈벡인들 사이에서 여전히 중요한 역할을 한다. 카자흐스탄에서는 여전히 울루 주즈, 오르타 주즈, 키시 주즈의 정체성에 따라 정파들이 나뉜다.

〔소비에트에 의해 창출된〕 각각의 새로운 민족들은 (보통 역사를 공유하며 가까운 관계에 있는) 이웃 민족들과 자신들을 구별해주는 고유의 역사뿐 아니라 고유의 문학, 민속, 그리고 당연히도, 언어와 알파벳 또한 필요로 했다. 정치가들과 학자들은 이런 과제들을 처리하기 위해 모임을 갖고 정치적 의도를 학문적으로 합리화시키면서 특정 방언들을 국민 문학언어들로 선정했다. 대부분의 투르크 언어들은 아랍어 알파벳을 사용했는데, 이는 두 언어 사이의 발음 차이를 모호하게 하고 있었다. 눈eye을 뜻하는 투르크멘어의 '괴즈göz', 카자흐어의 '쾨즈köz', 타타르어의 '퀴즈küz'는 모두 동일한 문자로 쓰였다. 맞춤법〔철자법〕개혁은 러시아혁명 이전부터 근대화 계획의 일부를 이루었지만 아랍어 문자를 대체해야 하는 필요성은 원래부터 존재했었다. 아랍어 문자가 소비에트의 이슬람교도들을 이웃하는 이슬람계 주민들과 연결해주는데, 이것은 잠재적으로 전복의 원인이 될 수 있었던 까닭이다. 1927년과 1928년에 키르기즈어, 우즈벡어, 투르크멘어, 카자흐어, 카라 칼팍어가 라틴 알파벳을 채택했다. 터키도 1928년에 라틴 알파벳을 채택했다. 타직어도 곧 뒤따랐다. 1930년대 후반에 소비에트 정부는 라틴 알파벳을 키릴 알파벳으로 교체하기로 결정했고, 이 작업은 1942년경에 끝났다. 러시아어는 모든 비非러시아 학교에서 필수과목이 되었다. 이것이 목표로 하는 바는 소련의 126개 다른 민족의 '친화sblizhenie'였다. 궁극적으로는 거의 확실하게 러시아어를 구사할

새로운 "소비에트인"으로 '통합sliianie'될 것이라고 기대되었다.

1930년대 후반에 완성되어 사적 농업과 사적 목축을 종식시킨 농업집산화collectivization와 유목민의 정착화 정책은 중앙아시아 사회를 변모시켰지만 엄청난 희생이 뒤따랐다. 카자흐스탄에서는 아마 100만 명이 목숨을 잃었고 우크라이나에서도 수백만 명이 죽었다. 숙청을 통해서도 토착민 정치 지도자들이 대량으로 살해되었다.

새로운 소비에트 문화는 중앙아시아 현지의 언어들로 표현되었지만, 그 내용은 러시아에 의해 결정되었다. 러시아인 또는 여러 비非 중앙아시아인들이 중앙아시아 공화국들의 공산당을 지배했다. 불과 몇 안 되는 토착 민족 대표들은 이류 혹은 하급 직책에 임명되었다. 이슬람 학교들은 1920년대 후반과 1930년대에 폐교되었고 이슬람 법정들과 이슬람영적회의도 함께 문을 닫았다. 이슬람교는 낙후된 종교로 묘사되었으며 그리스도교, 유대교, 불교와 마찬가지로 새 국가의 무신론적 이데올로기에 해롭다고 간주되었다. "투쟁적 무신론"은 소련이 생존을 위해 싸우던 제2차 세계대전 동안 경시되었다. 소련 정부는 1943년에 소비에트화된 이슬람영적회의를 부활시킴으로써 무슬림들을 규합하려 했다. 몇몇 마드라사가 문을 열었다. 마드라사의 관리들은, 다른 공인된 종교들의 관리들과 마찬가지로. 세심한 감시를 받았다.

중앙아시아의 사회도 크게 변화했다. 대중교육은 어느 정도 성공적으로 도입되었다. 1927년에 모스크바 당국은 우즈베키스탄에서 베일로 여성의 얼굴 가리기veiling와 여성의 격리에 반대하는 캠페인을 벌이면서 중앙아시아 여성의 해방을 명령했다. 실제로 이러한 관행은 보편적이지 않았으며, 자디드주의자들과 여타 현지 개혁가들도 오랫동안 요구해온 변화들이었다. 소련의 정책들은 아주 개인적인 영역까지도 침범해 반발을 불러일으켰다. 남성 할례와 지역에 따라 차이를 보인 베일로 여성의 얼굴을 가리는 관습 같은 민속 이슬람과 전통들은 정체성의 상징이 되었다. 모스크바 당국은 베일로 여성의 얼굴 가리기 관습을 없애는 데 성공했다. 여성은 남성과 완전한 법적 평등과, 동등한 직업 기회를 누리게 되었다. 일부 여성들은 이것을 추구했으나, 특히 시골 지역의 많은 여성은 그렇게 하지 않았거나 그럴 수 없었다. 러시아인들과 중앙아시아인들은 특히 도시에서 같이 일했지만, 둘 사이 통혼은 드물었다.

1950년대 후반에 생활수준의 향상은 상당한 인구 증가로 이어졌다. 소비에트 러시아 문화가 여전히 지배적 위치에 있었지만 현지의 문화들도 더 많은 표현의 자유를 부여받았다. 소설가 무크타르 아우에조프Mukhtar Auezov가 집필한 카자흐인 근대화주의자 아바이 쿠난바이울리Abay Qunanbayulï(러시아어 이름 쿠난바예프Kunanbaev, 1845~1904)의 각색된 전기는 정부가 수용할 수 있는 주제들을 다루면서도 카자흐 유목문화의 풍요로움을 소비에트 독자들에게 소개해주었다. 키르기즈인 소설가 칭기즈 아이트마토프Chingiz Aitmatov의 〈그날은 백년보다 더 오래 지속된다The Day Lasts More than a Hundred Years〉(1980)는 소련 지배하 키르기즈인들의 삶을 잘 표현했다. 그의 작품은 키르기즈어와 러시아어로 출판되어 국내외에서 호평을 받았다.

소련의 해체와 중앙아시아 국가들의 독립

1970년대에 소련 중앙정부는 "현지인들"에게 중앙아시아 공화국들의 통치권을 이양하기 시작했는데, 보통 현지인 통치자보다 현지 정부 및 당 내 서열에서 이론적으로는 하급 직원이었지만 실제로는 모스크바 중앙정부의 이익을 감독하는 러시아인이 함께 임명되었다. 그러나 주로 "침체stagnation"와 부패로 점철되었던 레오니트 브레즈네프Leonid Brezhnev의 통치기(1964~1982)에 현지인 통치자들은 모스크바를 상대로 협상력을 가진 실질적 세력으로 부상했다.[•] 중앙아시아인들의 반反소비에트 정서는 브레즈네프의 최종 후계자이자 마지막 공산주의 지배자 미하일 고르바초프Mikhail Gorbachev와 함께 시작된 글라스노스트glasnost'(표현의 자유) 시대인 1980년대 후반에 더욱 노골적으로 표출되었다. 1991년 12월에 소비에트 연방이 해체되고 (그루지야와 발트해 국가인 리투아니아·라트비아·에스토니아를 제외한) 독립국가연합Commonwealth of Independent States이라 불린 느슨한 연합으로 재편되었다.[••]

소비에트 연방의 붕괴 후 소비에트 체제의 말기에 집권했던 다양

[•] 소련은 브레즈네프(재임 1964~1982) 소련 공산당 서기장 시절부터 성장이 정체되고 경제가 서서히 약화되었다. 1985년 서기장에 취임해 "페레스트로이카perestroika"라 불린 개혁 정책을 추진한 미하일 고르바초프는 이 장기 침체기를 "스태그네이션(침체)stagnation의 시대"라고 명명했다.

[••] "그루지야"는 지금의 "조지아"를 말한다. 조지아는 소비에트 연방이 해체되며 1991년에 독립한 남코카서스에 위치한 나라인데, 과거에는 러시아어식 표기의 음차인 "그루지야Gruziya"로 표기되었다. 그러나 2005년 이후 조지아 정부는 그루지야를 영어식 국호인 조지아Georgia로 바꾸어달라고 각국에 요청했다. 이에 우리나라는 2011년부터 국명 "그루지야"를 "조지아"로 표기한다.

한 수준의 권위주의 정권들의 통치하에 있던 중앙아시아인들은 새로운 시대의 문턱에 서게 되었다. 중앙아시아인들은 현재 엄청난 문제들에 직면해 있다. 오염은 질병과 생태적 재앙의 유산을 남겼다. 막대한 부(석유, 가스, 여러 천연자원)가 눈앞에 있지만 그것을 어떻게 이용해야 하는지에 대해서는 불확실성이 존재한다.

소련에 의해 확립된 민족 정체성들은 여전히 중앙아시아의 민족 정체성들을 규정하고 있지만 새로운 요소들이 더해지고 있다. 〔16세기 초에〕 우즈벡인들에 의해 티무르의 후손들이 트란스옥시아나에서 쫓겨났음에도 우즈베키스탄은 티무르를 민족 정체성의 상징으로 내세운다. 우즈베키스탄의 지배층이 강력한 정복자이자 세계사적 인물〔티무르〕의 이미지와 연계되기를 원하기 때문이다. 또한 우즈베키스탄 지배층은 사실상 소비에트의 정책을 지속시키며 카자흐스탄과 거리 두기를 원한다.[16] 중앙아시아에서 국민들, 민족들, 지역들 사이의 대립은 여전히 해결되지 않은 채로 남아 있다. 사실 가끔은 불화를 겪었지만 오랜 기간 공생 관계를 유지해온 우즈벡인들과 타직인들도 심각한 긴장 관계 속에 살고 있다. 우즈베키스탄의 타직인들은 자신들이 차별을 받고 있다고 생각한다. 일부 지역에서는 과격한 이슬람 운동들이 위협이 되고 있다. 이들은 사우디아라비아에서 가장 유력한 보수적 수니 종파의 이름을 따라 보통 "와하비파"라고 불린다.* 사우디인들은

---

* "와하비파Wahhâbis"는 무함마드 이븐 압달 와하브Muhammad ibn Abd al-Wahhab(1703~1792)가 창시한 수니 종파로서 코란을 문자 그대로 해석하고 엄격히 따르는 이슬람 근본주의 분파다. 사우디아라비아에서 지배적인 분파이며 사우디아라비아 출신의 오사마 빈 라덴과 아프가니스탄의 탈레반 정권도 와하비파에 속했다.

종종 중앙아시아의 이슬람 부흥 운동에 자금을 제공해왔다. 우즈베키스탄 등지에서는 이 과격한 이슬람 집단의 일부가 현 정부들을 상대로 무력 투쟁을 벌이기도 했고 탈레반과 알카에다에 합류하기도 했다.[17]

언어는 정체성의 중요한 요소로 남아 있다. 많은 중앙아시아 국가는 러시아어 용어들을 없앰으로써 자국의 언어를 "순화시키려" 노력해왔다. 일부 국가들은 알파벳도 바꾸었다. 1991년 투르크메니스탄은 트란스코카시아의 아제르바이잔처럼〔투르크멘어와〕 가까운 친척 관계인 현대 터키어의 알파벳을 주 모델로 한 라틴 알파벳을 채택했다. 우즈베키스탄은 1995년에 "개조된" 라틴 알파벳을 도입했지만,[18] 책들은 여전히 키릴 문자로도 출판되고 있다.•

현 중앙아시아 국가 지도자들 대부분은 자신들이 성장한 소비에트 체제에서 흔히 경험했던 다양한 수준의 정치적 억압을 행해왔다. 1990년부터 2006년 사망할 때까지 투르크메니스탄을 통치한 사파르무라트 니야조프Saparmurat Niyazov는 스스로를 "투르크멘의 지도자"를 의미하는 '투르크멘바시Türkmenbaşï'라고 선언했다. 그의 터무니없는 개인숭배는 억압적 통치를 동반했다. 니야조프에 비해 덜 대담한 우즈벡 대통령 이슬람 카리모프Islam Karimov(재임 1991~2016) 역시 정치적 반대자들에 대해서는 관용성을 보이지 않았다. 1991년에 카자흐스탄의 대통령이 된 누르술탄 나자르바예프Nursultan Nazarbayev(재임 1991~2019)는 노골적인 정치적 탄압 없이 경제를 성장시키는 데서 더 성공적이었다. 카자흐스탄은 석유와 광물 자원이 수입의 80퍼센트를 차지

• 카자흐스탄도 2018년에 키릴 알파벳을 라틴 알파벳으로 바꾸기로 결정했다.

카자흐스탄의 수도 누르술탄(옛 아스타나). 카자흐스탄은 2019년에 거의 30년 동안 집권한 대통령 (누르술탄 나자르바예프)의 이름을 따라 수도 아스타나를 누르술탄으로 개명했다. 누르술탄의 발전 상은 카자흐스탄의 고속 성장과 번영을 상징한다. 독재자라는 비판을 받기도 하는 나자르바예프 대통령의 임기 중에 카자흐스탄은 우즈베키스탄을 대신해 중앙아시아의 새로운 맹주로 부상했다 (옮긴이).

했음에도 2008년에 인구의 40퍼센트가 빈곤층에 속했다.[19] 투르크메니스탄과 카자흐스탄에서는 사막이 한때 비옥했던 목초지들을 잠식하고 있다. 키르기즈스탄의 취약한 민주주의는 파벌 싸움으로 얼룩져 있다. 타지키스탄은 지역 그리고 종족 사이 파벌 대립 속에 개혁주의자들과 이슬람주의자들이 싸운 내전(1992~1997)으로 나라가 폐허가 되었다.

중국 지배하의 신장

1911년 중국의 신해혁명Chinese Revolution, 辛亥革命 이후 일련의 군벌들이 청을 대신해 신장을 통치했다. 군벌들은 러시아/소련과 중화민국 정부의 침입을 막으면서 권력을 장악했다. 군벌들은 모두 신장의 투르크계 이슬람교도들의 불만에 대처해야 했다. 1921년에 동투르키스탄의 지식인들은 타슈켄트에서 모임을 갖고 (수 세기 동안 사용되지 않았던) 위구르Uighur라는 명칭을 부활시키고 위구르 민족주의를 고취하기 시작했다. 신장의 투르크어 사용 정주민 대부분이 이 집단명을 채택했다. 장개석〔장제스〕蔣介石의 국민당 정부가 일본과의 전쟁 및 중국공산당과의 투쟁으로 바쁜 틈을 타 위구르인들은 봉기를 일으켜 1944년 동투르키스탄 공화국East Turkestan Republic을 수립했다. 중국 내전에서 승리한 중국공산당은 1949년에 동투르키스탄 공화국을 해체시켰다. 중국공산당은 위구르 민족주의를 탄압하고 신장〔신장웨이우얼자치구 新疆維吾爾自治區〕의 역사를 다시 쓰며 신장이 고대로부터 중국

땅이었다고 주장하고 있다. 그리고 주기적으로 신장과 신장의 다양한 비중국인 주민들을 중국 본토에 통합시키려 시도하고 있다.

1960~1970년대의 문화대혁명 당시 많은 수의 중국인이 신장에 정착해 현지 무슬림 주민들의 인구상의 우위를 위태롭게 만들고 있다. 1949년에 신장에는 30만 명의 중국인이 있었다. 오늘날에는 750만의 중국인들이 신장 인구의 40퍼센트를 차지하고 있고, 850만의 위구르인들이 45퍼센트를 차지하고 있다.[20] 이러한 문제를 인지하고 있는 중국 정부는 위구르인들과 여타 소수 민족들을 한 가족 한 자녀 정책에서 제외시켜주었다. 신문들과 서적들은 현지의 언어들로 발행되고 있다. 위구르인들은 아랍어 문자를 사용하는데, 이는 포스트 소비에트 시대 중앙아시아의 투르크계 국가들과 구별되는 점이다. 점점 더 많은 젊은 세대의 위구르인들이 중국에서의 온전한 삶에 필수적인 중국어를 할 줄 알지만 소수에 그치고 있다. 위구르인들의 저항과 분리 독립 운동도 커지고 있다. 동투르키스탄이슬람운동East Turkestan Islamic Movement과 같은 일부 단체는 무력 투쟁 방식을 채택하고 있으며, 아마 알카에다와 연계된 테러 조직으로 간주되고 있다.

내몽골과 외몽골

내몽골은 1911년 신해혁명 이후에도 중국의 일부로 남았다. 내몽골에 대한 중국의 경제적, 인구학적 압력이 계속되었다. 몽골인 민족주의자들은 동일한 언어와 몽골 제국에 기반을 둔 역사적 정체성을 공유했지만 지역에 따라 분열되어 있었다. 내몽골 민족주의 지도자 뎀축동롭 공Prince Demchukdongrob(1902~1966)은 일본군을 상대로 중국과 함께 싸우는 대가로 중국 내에서 내몽골의 자치를 보장받기를 원했었다. 이 정책이 실패한 뒤 내몽골의 귀족들은 외몽골을 정복하는 데서 일본의 지원을 받기 위해 1931년에 만주국을 수립한 일본과 협력하기도 했다. 내몽골은 오늘날 중국의 지배하에 남아 있다.

러시아와 중국 사이에 낀 외몽골은 20세기에 불안한 독립 상태를 유지했다. 몽골은 1911년에 제8대 젭춘담바 후툭투였던 복도 칸Bogdo Khan(복드 칸Bogd Khan, 재위 1911~24)을 몽골의 통치자로 추대했다. 러시아는 복도 칸을 지지했지만 내몽골과 여타 몽골 영토들을 외몽골에 포함시키려는 그의 계획은 지지하지 않았다. 1913년, 중국은 명목상의 종주권을 주장하면서도 외몽골의 자치에 동의했다. 러시아, 중국, 몽골 사이에 체결된 캬흐타조약Treaty of Kiakhta(1915)에서 몽골의 자치국가(사실상 독립국가) 지위가 확정되었다.* 중국은 러시아의 내전을 틈 타 1919~1920년에 자국의 권리를 재천명하며 외몽골을 다시 차지했다. 그러나 1921년에 젊은 몽골인 혁명가 수흐 바토르Sükhe Bator(수흐바타르Sükhbaatar, 1893~1923)는 몽골의 독립을 되찾고 몽골 인민 정부People's Government of Mongolia를 수립했다. 1924년 복도 칸이 사망한 후 군주제가 폐지되고 소비에트 모델에 따라 몽골 인민 공화국Mongol People's Republic(MPR)이 선포되었다. 중국은 명목상의 종주국 지위를 유지했으나 몽골 인민 공화국은 모스크바와 더 가까워졌다.

●   청과 러시아 사이에 체결된 1727년의 캬흐타조약(238쪽 참조)과 별개의 조약이다.

소련에서와 마찬가지로 농업집산화와 정치적 숙청 등과 같은 내부 정책들이 외몽골에서 실행되었다. 군지휘관 초이발상Choibalsan이 몽골의 통치자가 되었다.

일본의 위협 때문에 몽골은 1936년 소련과 동맹 조약을 맺었다. 3년 후 소련-몽골 연합군은 경계선이 불분명했던 국경지대에서 벌어진 일련의 교전에서 일본군을 격파했다. 1945년 8월 8일에 소련이 일본에 선전포고를 하자 2일 뒤 몽골 인민 공화국도 일본에 선전포고를 했다.

제2차 세계대전이 종결된 후, 국민투표(1945)를 통해 몽골의 독립이 확정되었고 이후 중국과 러시아에 의해 재확정되었다. 1952년 초이발상의 사망 후 집권한 체덴발Tsedenbal 총리의 체제하(1952~1974)에서 몽골은 중국의 야욕을 경계하며 소련이 붕괴될 때까지 소련의 위성국가로 남아 있었다. 1991년, 몽골은 몽골 공화국Republic of Mongolia으로 국명을 바꾸었고 이후 다당제 민주주의 국가가 되었다. 250만 명에 달하는 몽골인들은 현재 경제적 저개발이라는 막대한 문제들에 직면해 있다. 목초지는 몽골 육지의 75퍼센트를 차지하지만 몽골의 지배적 산업인 유목은 현대 세계경제에서 불확실한 미래에 직면해 있다. 보드카와 맥주, 록밴드 등 모든 것의 상표명이 된 칭기스 칸은 현재 몽골의 강력한 국민적 상징으로 남아 있다.

기원전 38000년경 인류가 중앙아시아에 진출하다

기원전 6000년경 농경이 발전하다

기원전 4800년경 말이 가축화되다

기원전 3000년경 중앙아시아에 관개 수로가 건설되다

기원전 2000년경 수레, 전차, 유목 생활 양식이 등장하다

기원전 1500년경 혹은 1200년경 조로아스터가 출생하다(늦게는 기원전 600년)

기원전 1000년경 중앙아시아에 복합궁이 등장하다; 조직화된 기병 집단들이 등장하다

기원전 700년경 흑해 초원과 중앙아시아에 스키타이-사카 부족들이 등장하다

기원전 556-330년 아케메네스 제국이 성립하다

기원전 308년경-128년경 그리스-박트리아 제국이 성립하다

기원전 209년경-기원후 155년경 흉노 제국이 동중앙아시아를 지배하다

기원전 202년경-기원후 220년경 한나라가 중국을 지배하다

기원 전후 200년 쿠샨 왕조가 부상하다

기원후 230년대경에서 270년대경 사산 제국이 쿠샨 제국을 멸망시키다

226-651년경 사산 제국이 성립하다

375년 훈이 볼가강을 도하하다

450년경 아프가니스탄과 인근 지역에서 헤프탈국이 등장하다

453년 아틸라가 사망하다

552년 돌궐 제1제국이 부상하다

557-567년경 돌궐과 페르시아가 헤프탈국을 멸망시키다

630년 동돌궐 카간국이 멸망하다

630년경-650년경 서부 중앙아시아 초원에 하자르 칸국이 들어서다

651년 아랍인들이 페르시아를 정복하고 중앙아시아로 진출하기 시작하다

659년 서돌궐 카간국이 멸망하다

682-742년 돌궐 제2제국이 성립하다

750년 압바스 왕조가 우마이야 왕조를 전복시키다

751년 탈라스전투가 일어나다

744-840년 위구르 카간국이 성립하다

766년 카를룩이 서돌궐(투르게슈) 카간국을 멸망시키다

770년대 오구즈 부족연합이 몽골 초원에서 시르다리야 지방으로 이주해, 서부 시베리아에 키멕 카간국이 형성되다

819-1005년 사만 왕조가 트란스옥시아나와 동이란을 지배하다

916-1125년 거란(요) 제국이 몽골, 만주, 북중국을 지배하다

920년대 볼가 불가르인들이 이슬람으로 개종하다

960년 중앙아시아 투르크계 부족들이 대규모로 이슬람교로 개종하다

965-969년 하자르 카간국이 멸망하다

977-1186년 가즈나 왕조가 동이란, 아프가니스탄, 북서인도를 지배하다

992-1212년 카라한 왕조가 동서 투르키스탄을 지배하다

1124년 야율대석이 카라 키타이 제국(1124~1213)을 건설하다

1200-1221년 무함마드 화라즘샤가 재위하다

1206년 테무진이 칭기스 칸으로 추대되다

1218-1220년 몽골인들이 중앙아시아를 정복하다

1227년 칭기스 칸이 사망하다; 몽골 제국이 칭기스 칸의 네 아들들(주치, 차가다이, 우구데이, 툴루이)과 이들의 후손들이 지배하는 울루스(영지)들로 나누어지다

1229-1241년 우구데이가 대칸으로 재위하다

1240년 몽골 군대가 루스, 킵착, 볼가 불가리아를 정복하다

1241년 몽골 군대가 헝가리와 폴란드를 침공해 레그니차에서 폴란드와 독일 기사단을 격파하다

1243년 몽골 군대가 쾨세다그에서 룸 셀주크를 격파하다

1251-1259년 툴루이의 아들 뭉케가 대칸으로 재위하다

1256-1353년 훌레구 왕조의 일 칸국이 이란과 이라크, 그리고 아나톨리아의 대부분 지역을 지배하다

1258년 몽골 군대가 바그다드를 정복하다

1260년 맘룩인들이 팔레스타인의 아인잘루트에서 몽골군을 격파하다

1260-1294년 뭉케의 아들 쿠빌라이가 대칸으로 재위하다

1279년 몽골 군대가 중국의 정복을 마무리하다

1313-1341년 주치 울루스의 우즈벡 칸이 이슬람교로 개종하다

1348년 흑사병이 발병하다

1368년 원(몽골)의 중국 지배가 끝나다

1370-1405년 티무르(타메를란)가 칭기스 세계를 지배하다

1438-1455년 에센 통치하의 오이라트인들이 몽골인들을 지배하며 만주에서 동투르키스탄까지 세력을 넓히다

1443-1466년 칭기스 일족들이 지배하는 크림 칸국, 카잔 칸국, 아스트라한 칸국이 수립되다

1451년 칭기스 일족인 아불 하이르가 우즈벡인들의 리더로 부상하다

1501년 사파비 왕조가 이란을 정복하기 시작하다

1502년 대오르다가 붕괴하다; 16세기 이후 카자흐인들이 울루 주즈, 오르타 주즈, 키시 주즈로 분열되다; 동투르키스탄에 호자들이 득세하다

1526년 중앙아시아에서 우즈벡인들에게 쫓겨난 바부르가 남아시아에서 무굴 제국을 세우다

1552-1556년 모스크바 대공국이 카잔 칸국과 아스트라한 칸국을 정복하다

1578년 몽골의 지도자 알탄 칸이 티베트 불교 겔룩파의 수장 소남 갸초에게 달라이 라마 칭호를 부여하다; 몽골인들 사이에서 불교가 급속도로 확산하다

1616년 여진의 수령 누르하치가 스스로 칸이라 일컫다

1620년 오이라트인들이 불교로 개종하다

1635년 누르하치의 아들 홍타이지(아바하이)가 새 민족명으로 만주를 채택하다

1644년 만주인들이 중국을 정복하고 청을 세우다

1648년 우르가(오늘날의 울란바타르)에 티베트 불교 사원이 건립되다

1650년 볼가강 하류에 칼믹 칸국이 수립되다

1676-1697년 갈단 칸이 준가르 제국을 지배하다

1689년 네르친스크조약으로 러시아 제국과 청 제국의 국경이 확정되다

1697-1727년 체왕 랍탄이 준가르 제국을 지배하다

1709년 코칸드 칸국이 수립되다

1727년 캬흐타조약으로 러시아와 청의 국경과 교역 관계가 안정화되다

1731-1742년 카자흐 칸국이 러시아의 보호국이 되다

1753년 망키트 부의 아탈릭들이 부하라의 아미르로 등극하다

1757-1759년 청이 준가르 제국을 멸망시키고 동투르키스탄을 정복하다

1822-1848년 러시아가 카자흐 주즈들을 합병하다

1865-1884년 러시아가 중앙아시아를 정복하다

1883-1884년 청이 동투르키스탄을 재장악하고 신장("새변경")이라고 명명하다

1890년대 러시아인들이 중앙아시아, 특히 카자흐스탄으로 이주하다

1905년 일본이 러일전쟁에서 러시아를 격파하다; 1905년 러시아에서 혁명이 발발하다

1911년 청이 전복되다; 외몽골이 복도 칸을 추대하며 독립을 선언하다

1917년 러시아에서 2월혁명이 발발하다; 뒤이어 10월 볼셰비키혁명이 발발하다

1918-1921년 러시아내전이 발발하다

1919-1920년 중국이 외몽골을 다시 장악하다

1921년 동투르키스탄의 지식인들이 타슈켄트에서 회동을 갖고 동투르키스탄의 투르크어 사용 무슬림 주민들의 민족명으로 위구르 명칭을 부활시키다; 수흐바토르가 외몽골의 독립을 다시 쟁취하다

1923년 볼셰비키가 러시아령 중앙아시아를 장악하다

1924년 부하라와 화라즘 공화국이 소비에트 연방에 합병되다; 소련에 의한 민족 경계 설정에 따라 소비에트 중앙아시아 공화국들이 수립되다; 복도 칸이 사망하다; 몽골 공화국이 수립되다

1927-1928년 키르기즈어, 우즈벡어, 투르크멘어, 카자흐어, 카라 칼팍어가 아랍어 문자 대신 키릴 문자로 표기되기 시작하다

1930년대-1942년 투르크계 언어들이 키릴 문자로 표기되기 시작하다

1944-1949년 동투르키스탄인들이 독립국가를 세우다

1991년 소련이 붕괴되다; 구소련의 중앙아시아 공화국들이 포함된 독립국가연합이 수립되다; 소련의 오랜 위성국이었던 몽골 인민 공화국이 독립을 선포하고 국명을 몽골 공화국으로 변경하다

〔이하는 옮긴이의 추가 내용이다〕

1992-1997년 타지키스탄에서 내전이 발발하다

1997년 카자흐스탄이 수도를 알마티에서 아스타나(현 누르술탄)로 옮기다

2005년 우즈베키스탄에서 우즈벡인과 키르기즈인 사이의 종족 분규가 발생하다

2005년 키르기즈스탄에서 튤립혁명(민주시민 혁명)으로 아스카르 아카예프 대통령이 축출되다

2006년 투르크메니스탄의 독재자 사파르무라트 니야조프가 사망하다

2009년 중국 신장웨이우얼자치구에서 위구르인들이 반反중국인 시위를 벌이다

2010년
4월 키르기즈스탄의 쿠르만베크 바키예프 대통령이 반정부 시위대에 의해 쫓겨나다

6월 키르기즈스탄에서 키르기즈 주민과 우즈벡계 주민 사이에 충돌이 격화되어 수백 명이 사망하고 수만 명의 우즈벡인 난민이 발생하다

2014년 중국 신장웨이우얼자치구에서 위구르인들이 분리 독립을 요구하는 유혈 시위를 벌이다

2016년 우즈베키스탄의 이슬람 카리모프 대통령이 25년의 통치 끝에 사망하다

2019년 카자흐스탄의 누르술탄 나자르바예프 대통령이 30년의 통치 끝에 자진 사임하다

미주

서문

1 Sir Aurel Stein, *Ruins of Desert Cathay*, vol. 1 (1912; repr. New York: Dover, 1987), p. 393.

2 Ruth I. Meserve, "The Inhospitable Land of the Barbarians," *Journal of Asian History* 16 no. 1 (1982), pp. 51-89.

3 Richard N. Frye, *The Heritage of Persia* (Cleveland-New York: World Publishing, 1963), pp. 38-39.

4 John K. Fairbank, "A Preliminary Framework" in *The Chinese World Order*, ed. J. K. Fairbank (Cambridge, MA: Harvard University Press, 1970), pp. 9-10; Lien-sheng Yang, "Historical Notes on the Chinese World Order" in Fairbank, *The Chinese World Order*, pp. 20-22; Christopher I. Beckwith, *Empires of the Silk Road* (Princeton: Princeton University Press, 2009), pp. xxi-xxv, pp. 320-362. Marc S. Abramson, *Ethnic Identity in Tang China* (Philadelphia: University of Pennsylvania Press, 2008). 이 책들은 중국인의 복합적인 종족관을 철저히 고찰한다.

5 Vladimir N. Basilov, *Nomads of Eurasia*, trans. Mary F. Zirin (Seattle: Natural History Museum of Los Angeles Country in association with University of Washington Press, 1989), pp. 23-26. 스키타이인의 복식에 대

해선 다음의 연구를 참조할 수 있다. S. A. Iatsenko, *Kostium drevnei Evrazii. Iranoiazychnye narody* (Moscow: Vostochnaia Literatura, 2006), pp. 47-102. "황금인간"을 '여성'으로 보는 시각으로는 다음 연구를 참조. Jeannine Davis-Kimball with Mona Behan, *Warrior Women: An Archaeologist's Search for History's Hidden Heroines* (New York: Warner Books, 2002), pp. 96-107.

6   Tsagan Törbat et al., "A Rock Tomb of the Ancient Turkic Period in the Zhargalant Khairkhan Mountains, Khovd Aimag, with the Oldest Preserved Horse-Head Fiddle in Mongolia-A Preliminary Report" *Bonn Contributions to Asian Archaeology* 4 (2009), pp. 373-374.

7   David Anthony, *The Horse, The Wheel, and Language* (Princeton: Princeton University Press, 2007), pp. 5, 11-13, 41-42, 46-59, 81-84, 99-101; J. P. Mallory and D. Q. Adams, *The Oxford Introduction to Proto-Indo-European and the Proto-Indo-European World* (Oxford: Oxford University Press, 2006), pp. 442-463.

8   Alexander Vovin, "The End of the Altaic Controversy" *Central Asiatic Journal* 49 no. 1 (2005), pp. 71-132; Christopher I. Beckwith, *Koguryo: The Language of Japan's Continental Relatives* (Leiden: Brill, 2004), pp. 164-165, 184-194.

1장 유목 생활과 오아시스 도시국가들의 출현

1   David W. Anthony, *The Horse, the Wheel, and Language: How Bronze-Age Riders from the Eurasian Steppes Shaped the World* (Princeton: Princeton University Press, 2007), pp. 191-192, 200, 211.

2   Anthony, *The Horse*, pp. 221-224, 460-462; Robert Drews, Early Riders: The Beginnings of Mounted Warfare in Asia and Europe (New York: Routledge, 2004), pp. 1-2, 65-98. 이들은 이 시기에 유라시아 초원과 근동 지방에서 발발한 군사적 혁명에 대해 다룬다.

3   Adrienne Edgar, "Everyday Life among the Turkmen Nomads," in Jeff Sahadeo and Russell Zanca, eds., *Everyday Life in Central Asia Past and*

Present (Bloomington ; Indiana University Press, 2007), pp. 38–44.

4 Owen Lattimore, *The Inner Asian Frontiers of China* (The American Geographical Society, 1940; repr., Hong Kong: Oxford University Press, 1988), p. 522.

5 Anthony, *The Horse*, p. 460.

6 Lien-Sheng Yang, "Historical Notes on the Chinese World Order" in John K. Fairbank (ed.), *The Chinese World Order* (Cambridge, MA.: Harvard University Press, 1970), p. 33. 비잔티움의 전략에 대해서는 다음 연구를 참조. Edward N. Luttwak, *The Grand Strategy of the Byzantine Empire* (Cambridge, MA.-London: The Belknap Press of Harvard University, 2009), pp. 415–418.

7 교역품에 대한 연구는 다음 연구를 참조. E. H. Schaefer, *The Golden Peaches of Samarkand: A Study of T'ang Exotics* (Berkeley: University of California Press, 1963; repr. 1985).

8 Hugh Pope, *Sons of the Conquerors. The Rise of the Turkic World* (New York: Overlook Duckworth, 2005), p. 316.

9 Colin Thubrun, *Shadow of the Silk Road* (New York: Harper Collins, 2007), p. 102.

10 Quintus Curtius, *History of Alexander*, trans. and ed. John C. Rolfe (Cambridge, MA: Harvard University Press, 1936; repr., 1985), pp. 162–165.

11 "*Tatsïz türk bolmas, bashsïz börk bolmas.*" Mahmûd al-Kâšgarî, *The Compendium of Turkic Dialects: Dîwân Lucatat-Turk*, vol. 1, trans. and ed. Robert Dankoff in collaboration with James Kelly (Cambridge, MA: Harvard University Press, 1982–1985), p. 273.

12 Denis Sinor, "Samoyed and Ugric Elements in Old Turkic," *Harvard Ukrainian Studies* 3–4 (1979-1980), pp. 768–773, and "The Origin of Turkic *Balïq* 'Town'," *Central Asiatic Journal* 25 (1981), pp. 95-102. 사이너는 이 단어("balïq〔발릭〕")가 우그리아어파에서 유래한다고 주장했다. 투르크어에는 다수의 우그리아어파 차용어들이 존재한다. 그렇지만 투르크인들이 왜 이 단어를 수렵민인 우그리아어파 민족들로부터 차용했는지에 대해서는 잘 알려져 있지 않다.

2장 초기의 유목민들: "전쟁은 그들의 직업이다"

1   Elena E. Kuzmina, *The Prehistory of the Silk Road*, ed. Victor Mair (Philadelphia: University of Pennsylvania Press, 2008), pp. 88-98.

2   Vera S. Rastorgueva and Dzhoi I. Edel'man, *Etimologicheskii slovar' iranskikh iazykov*, (Moscow: Vostochnaia Literatura, 2000-ongoing), 1: p. 222.

3   이 주제는 여전히 논쟁 중이다. Edwin F. Bryant and Laurie L. Patton, eds., *The Indo-Aryan Controversy: Evidence and Inference in Indian History* (New York: Routledge, 2005); Thomas R. Trautmann, ed., *The Aryan Debate* (New Delhi: Oxford University Press, 2005).

4   A. Shapur Shahbazi, "The History of the Idea of Iran" in Vesta Sarkhosh Curtis and Sarah Stewart, eds., *Birth of the Persian Empire: The Idea of Iran*, vol. 1 (London: I. B. Tauris, 2005), pp. 100-111.

5   Michael Witzel, *Linguistic Evidence for Cultural Exchange in Prehistoric Western Central Asia in Sino-Platonic Papers* 129 (December 2003): p. 13.

6   Herodotus, *The History*, trans. David Grene (Chicago: University of Chicago Press, 1987), p. 289.

7   Strabo, *The Geography of Strabo*, vol. 5, trans. H. L. Jones (Cambridge, Mass.: Harvard University Press, 1944), pp. 264-269.

8   Sima Qian, *Records of the Grand Historian: Han Dynasty*, vol. 2, trans. Burton Watson, 2nd rev. ed. (Hong Kong: Columbia University Press, 1993), p. 245.

9   Herodotus, *The History*, trans. Grene, pp. 129-130.

10 Justin J. Rudelson, *Oasis Identities* (New York: Columbia University Press, 1997), pp. 66-68.

11 Frank L. Holt, *Into the Land of Bones: Alexander the Great in Afghanistan* (Berkeley: University of California Press, 2005), p. 86.

12 Nicola Di Cosmo, *Ancient China and its Enemies: The Rise of Nomadic Power in East Asian History* (Cambridge: Cambridge University Press, 2002), pp. 186-188.

13 Sima Qian, trans. Watson, pp. 129, 143.

14 Sima Qian, trans. Watson, pp. 130, 134.

15 Sima Qian, trans. Watson, pp. 143-144.

16 Sima Qian, trans. Watson, pp. 140-141.

17 Sima Qian, trans. Watson, p. 143.

18 Sima Qian, trans. Watson, p. 146.

19 Étienne de la Vaissière, *Sogdian Traders: A History*, trans. James Ward (Leiden: Brill, 2005), pp. 28-32.

20 David Christian, "Silk Roads or Steppe Roads? The Silk Roads in World History," *Journal of World History* 11, no. 1 (2000): pp. 1-26.

21 Thomas J. Barfield, *The Perilous Frontier: Nomadic Empires and China* (Oxford: Blackwell, 1989), p. 36.

22 Juha Janhunen, *Manchuria: An Ethnic History* (Helsinki: The Finno-Ugrian Society, 1996), p. 187.

23 이들이 연결되어 있었다고 보는 가장 최근의 연구들은 다음과 같다. M Érdy, "Hun and Xiong-nu Type Cauldron Finds Throughout Eurasia" *Eurasian Studies Yearbook* 67 (1995), pp. 5-94; D.C. Wright, "The Hsiung-nu-Hun Equation revisited" *Eurasian Studies Yearbook* 69 (1997), pp. 77-112; E. Pulleyblank, "Tribal Confederations of Uncertain Identity. Hsiung-nu" in H.R. Roemer (ed.), *History of the Turkic Peoples in the Pre-Islamic Period. Philologiae et Historiae Turcicae Fundmenta*, I (=*Philologiae Turcicae Fundmenta*, III) (Berlin: Klaus Schwarz, 2000), p. 60; Étienne de la Vaissière, "Huns et Xiongnu," *Central Asiatic Journal* 49, no. 1 (2005): pp. 3-26.

3장 하늘의 카간들: 돌궐 제국과 그 계승 국가들

1 Alexander Vovin, "Once Again on the Tabgač Language" *Mongolia Studies* 29 (2007): pp. 191-206.

2 Károly Czeglédy, "From East to West: The Age of Nomadic Migrations in Eurasia," *Archivum Eurasiae Medii Aevi*3 (1983), pp. 67-106; Étienne de

la Vaissière, "Is There Any Nationality of the Hephthalites?" *Bulletin of the Asia Institute* 17 (2003): pp. 119–132.

3   R. C. Blockley, ed. and trans., *The Fragmentary Classicising Historians of the Later Roman Empire: Eunapius, Olympiodorus, Priscus and Malchus*, vol. 2 (Liverpool: Francis Cairns, 1981, 1983), pp. 344–345.

4   S. G. Klyashtornyi, "The Royal Clan of the Türks and the Problem of Early Turkic-Iranian Contacts," *Acta Orientalia Academiae Scientiarum Hungaricae* 47 no. 3 (1994): pp. 445–448.

5   Liu Mau-tsai, *Die chinesischen Nachrichten zur Geschichte der Ost-Türken (T'u-küe)*, vol. 1 (Wiesbaden: Otto Harrassowitz, 1958): pp. 5–6, 40–41.

6   Christopher I. Beckwith, Empires of the Silk Road (Princeton: Princeton University Press, 2009): pp. 4, 6, 8–10.

7   *The History of Theophylact Simocatta*, trans. Michael Whitby and Mary Whitby (Oxford: Clarendon Press, 1986): pp. 188–190.

8   Liu, *Die chinesischen Nachrichten*, vol. 1: 87.

9   *The History of Menander the Guardsman*, ed. and trans. R. C. Blockley (Liverpool: Francis Cairns, 1985), pp. 44–47.

10   Menander, ed. and trans. Blockley, pp. 111–127, 173–175.

11   Liu Mau-tsai, *Die chinesischen Nachrichten*, vol. 1, p. 13.

12   *The Life of Hiuen Tsang By the Shaman Hwui Li*. With an introduction containing an account of the works of I-tsing, by Samuel Beal, Trubner's Oriental Series (London: K. Paul, Trench, Trubner, 1911), p. 42.

13   Ibid.

14   *Si-Yu-Ki. Buddhist Records of the Western World*, vol. 1, trans. Samuel Beal (London: Kegan Paul, Trench, Trübner, 1900), p. 28.

15   Yihong Pan, *Son of Heaven and Heavenly Qaghan: Sui-Tang China and its Neighbors* (Bellingham, Washington, 1997), pp. 179–182, 191.

16   Christopher I. Beckwith, *The Tibetan Empire in Central Asia* (Princeton: Princeton University Press, 1987), pp. 28–64.

17   Talât Tekin, *Orhon Yazıtları. Kül Tigin, Bilge Kagan, Tunyukuk* (Istanbul: Yıldız, 2003), p. 82.

18 Ibid.

19 Talât Tekin, *Orhon Yazıtları* (Ankara: Türk Dil Kurumu, 2006). 퀼 테긴 비문은 pp. 19-42를, 빌게 카간 비문은 pp. 44-70를 보시오.

20 시네 우수Shine Usu 비문. Takao Moriyasu and Ayudai Ochir, eds., *Provisional Report of Researches on Historical Sites and Inscriptions in Mongolia from 1996 to 1998* (Osaka: The Society of Central Asian Studies, 1999), p. 183.

21 Colin Mackerras, *The Uighur Empire According to the T'ang Dynastic Histories* (Canberra: Australian National University Press, 1972), p. 122.

22 Vladimir F. Minorsky, "Tamîm ibn Baḥr's Journey to the Uyghurs," *Bulletin of the School of Oriental and African Studies* 12 no. 2 (1948): pp. 275-305.

23 Judith G. Kolbas, "Khukh Ordung, a Uighur Palace Complex of the Seventh Century," (*Journal of the Royal Asiatic Society* (15 no. 3(November 2005): pp. 303-327.

24 I. V. Kormushin, *Tiurkskie eniseiskie epitafi i. Teksty i issledovaniia* (Moscow: Nauka, 1997): pp. 121-122.

25 Ibn al-Faqîh, *Kitâb al-Buldân*, ed. M. J. de Goeje (Leiden: Brill, 1885), p. 329.

4장 실크로드의 도시들과 이슬람의 도래

1 Al-Muqadassî, *Ahsan at-Taqâsîm fî Ma'rîfat al-Aqâlîm. Descriptio imperii moslemici auctore Schamso'd-dîn Abdollâh Mohammed ibn Ahmed ibn abî Bekr al-Bannâ al-Basschârî al-Mokaddesî*, ed. M. J. de Goeje (Leiden: Brill, 1877; 2nd ed. 1906), pp. 324-325.

2 Étienne De la Vaissière, *Sogdian Traders. A History*, trans. James Ward (Leiden: Brill, 2005), pp. 148-152.

3 이 편지들은 다음의 논저들에 수록되어 있다. W. B. Henning, "The Date of the Sogdian Ancient Letters," *Bulletin of the School of Oriental and African Studies* 12 no. 3-4 (1948), pp. 601-616; Nicholas Sims-Williams, "Towards a New Edition of the Sogdian Ancient Letters: Ancient Letter I" in *Les Sogdiens en Chine*, ed. Étienne de la Vaissière and Eric Trombert (Paris: École Française d'Extrême Orient, 2005), pp. 181-193; and Nicholas Sims-Williams, "The Sogdian Ancient Letters," http://depts.washington.edu/silkroad/texts/sogdlet.html.

4   *Si-Yu-Ki: Buddhist Records of the Western World*, vol. 2, trans. Samuel Beal (London: Kegan Paul, Trench, Trübner, 1900), pp. 43-44.

5   *Si-Yu-Ki*, vol. 2, trans. Beal, pp. 318-319; Hans Wilhelm Haussig, *Die Geschichte Zentrasiens und der Seidenstrasse in vorislamischer Zeit* (Darmstadt Wissenschaftliche Buchgesellschaft, 1983), p. 68.

6   *Si-Yu-Ki*, vol. 2, trans. Beal, 309, pp. 315-316.

7   Sir Aurel Stein, *On Central Asian Tracks* (New York: Pantheon Books, 1964), p. 56.

8   Yutaka Yoshida, "On the Origin of the Sogdian Surname Zhaowu 昭武 and Related Problems," *Journal Asiatique* 291/1-2 (2003): pp. 35-67.

9   Narshakhî, *The History of Bukhara*, trans. Richard N. Frye, (Cambridge, MA: The Mediaeval Academy of America, 1954), pp. 9-10.

10   Narshakhî, trans. Frye, pp. 30-31.

11   Étienne de la Vaissière, *Samarcande et Samarra. Élites d'Asie Centrale dans l'empire Abbaside* (Paris: Association pour l'avancement des études iraniennes, 2007), pp. 69-70, 86.

12   Richard N. Frye, *Ancient Iran* (Munich: C. H. Beck, 1984), pp. 351-352.

13   B. Marshak, *Legends, Tales, and Fables in the Art of Sogdiana* (New York: Bibliotheca Persica, 2002), pp. 17, 65-67.

14   W. B. Henning, "Sogdian Tales," *Bulletin of the School of Oriental and African Studies* 11 no. 3 (1945): pp. 485-487.

15   *The Life of Hiuen Tsang By the Shaman Hwui Li*. With an introduction containing an account of the works of I-tsing, by Samuel Beal, Trubner's Oriental Series (London: K. Paul, Trench, Trubner, 1911), p. 45.

16   Edouard Chavannes, *Documents sur les Tou-kiue(Turcs) Occidentaux* (Paris: Librairie d'Amérique et d'Orient, 1941; repr. Taipei: Ch'eng Wen

Publishing, 1969), p. 135.

17 Chavannes, *Documents*, 33 n.5; B. G. Gafurov, *Tadzhiki* (Moscow: Nauka, 1972), p. 284.

18 Al-Bîrûnî, *Al-Athâr al-Baqiyya 'an Qurûn al-Khâliyya, Chronologie orietalischer Völker*, ed. C. Eduard Sachau (Leipzig: Otto Harrassowitz, 1929), pp. 234–235.

19 Chavannes, *Documents*, p. 139.

20 Chavannes, *Documents*, p. 133 n.5.

21 Chavannes, *Documents*, p. 148.

22 Frantz Grenet, Étienne de la Vaissière, "The Last Days of Panjikent," *Silk Road Art and Archaeology* 8 (2002): pp. 167–171; and *Sogdiiskie dokumenty s gory Mug*, ed. and trans. V. A. Livshits (Moscow: Vostochnaia Literatura, 1962), 2: pp. 78–79.

23 Al-Tabarî, *The History of al-Tabarî: The End of Expansion*, vol. 25, ed. Ehsan Yar-Shater, trans. Khalid Yahya Blankenship (Albany: State University of New York Press, 1989), pp. 143–149.

24 Jonathan Bloom, *Paper Before Print: The History and Impact of Paper on the Islamic World* (New Haven: Yale University Press, 2001), pp. 38–40, 42–45.

25 Al-Bîrûnî, *Al-Athâr*, ed. Eduard Sachau, 36, 48.

5장 초원 위에 뜬 초승달: 이슬람과 투르크계 민족들

1 Rashîd al-Dîn, *Die Geschichte der Oğuzen des Rašîd ad-Dîn*, ed. and trans. KarlJahn (Vienna: Hermann Böhlaus Nachf., 1969), pp. 23–25.

2 *Hudûd al-'Âlam: The Regions of the World*, 2nd ed., trans. Vladimir Minorsky, ed. C. E. Bosworth, E. J. W. Gibb Memorial Series, new series, 11 (London: Luzac, 1970), pp. 96–97.

3 Al-Câhiz[Al-Jâhiz:], *Hilâfet Ordusunun Menkıbeleri ve Türkler'in Fazîletleri*, ed. Turkish trans. Ramazan Şeşen (Ankara: Türk Kültürünü Araştırma Enstitüsü, 1967), p. 68.

4 다음의 연구는 이에 대한 분석을 제공한다. Omeljan Pritsak, *Die bulgarischen Fürstenliste und die Sprache der Protobulgaren* (Wiesbaden: Otto Harrassowitz, 1955).

5 Abu Bakr Muhammad ibn Ja'far Narshakhî, *The History of Bukhara*, trans. Richard N. Frye, (Cambridge, MA: The Mediaeval Academy of America, 1954), p. 34.

6 Jürgen Paul, "Islamizing Sûfi s in Pre-Mongol Central Asia," in E. de la Vaissière, ed., *Islamisation de l'Asie centrale, Studia Iranica 39* (Paris: Association pour l'avancement des études iraniennes, 2008): pp. 297-317. 폴Paul에 따르면 기존의 연구와는 달리 수피들이 몽골 제국 시기 이전에는 중앙 아시아 투르크인들의 이슬람화에 크게 기여하지 않았다.

7 Ibn al-Athîr, *Al-Kâmil fi'l-Ta'rîkh: Chronicon quod perfectissimum inscribitur*, ed. C. J. Tornberg (Leiden, 1851-76; repr. Beirut, 1965-66 with different pagination), 9: p. 520.

8 W. Barthold, *Turkestan Down to the Mongol Invasion*, trans. T. Minorsky, ed. C. E. Bosworth(London, 1968), p. 312.

9 Al-Utbi, *The Kitab i Yamini. Historical Memoirs of the Amír Sabaktagin, and the Sultân Mahmúd of Ghazna*, trans. Rev. James Reynolds (London: Oriental Translation Fund of Great Britain and Ireland, 1858), p. 140.

10 C. E. Bosworth, *The Ghaznavids: Their Empire in Afghanistan and Eastern Iran 994: 1040* (Edinburgh: Edinburgh University Press, 1963), pp. 115-116 .

11 Yûsuf Khâss Hâjib, *Wisdom of Royal Glory (Kutadgu Bilig): A Turko-Islamic Mirror for Princes*, trans. Robert Dankoff (Chicago: University of Chicago Press, 1983), p. 49.

12 Ibid., p. 48.

13 Ibid., p. 48-49.

14 Mahmûd al-Kâšgarî, *The Compendium of Turkic Dialects. Dîwân Luγāt at-Turk*, ed. and trans. Robert Dankoff in collaboration with James Kelly (Cambridge, MA; Harvard University Press, 1982-1985), 1: p. 109, 364; 2: pp. 184-185.

1 카라 키타이에 대해서는 다음의 연구를 참조. Michal Biran, *The Empire of the Qara Khitai in Eurasian History* (Cambridge: Cambridge University Press, 2005), pp. 19-47.

2 'Ata-Malik Juvainî, *The History of the World-Conqueror*, trans. John A. Boyle (Cambridge, MA.: Harvard University Press, 1958), 1: pp. 21-22.

3 *The Secret History of the Mongols*, trans. Igor de Rachewiltz (Leiden-Boston: Brill, 2004), 1: pp. 10, 287.

4 Rashîd ad-Dîn, *Jâmi'at-Tavârîkh*, ed. Muhammad Rowshan and Mustafâ Mûsavî (Tehran: Nashr-i Alburz, 1373/1994), 1: pp. 251-252.

5 *The Secret History, trans.* de Rachewiltz, 1: p. 13.

6 *The Secret History, trans.* de Rachewiltz, 1: p. 4.

7 *The Secret History, trans.* de Rachewiltz, 1: p. 19-20.

8 Rashîd ad-Dîn, *Jâmi' at-Tavârîkh*, ed. Rowshan and Mûsavî, 1: pp. 361-364.

9 Juvainî, *History*, trans. Boyle, 1: pp. 107, 122.

10 Rashîd al-Dîn, *The Successors of Genghis Khan*, trans. John A. Boyle (New York: Columbia University Press, 1971), pp. 17-18.

11 Peter Jackson, "From Ulus to Khanate" in Reuven Amitai-Preiss and David Morgan, eds., *The Mongol Empire and its Legacy* (Leiden: Brill, 1999), pp. 12-38.

12 S. A. M. Adshead, *Central Asia in World History* (New York: St. Martin's Press, 1993), p. 61.

13 Kirakos Gandzaketsi, *Istoriia Armenii*, trans. L. A. Khanlarian (Moscow: Nauka, 1976), p. 156.

14 Minhâj al-Dîn al-Juzjânî, *Tabaqât-i Nâsirî*, ed. 'Abd al-Hayy Habîbî (Tehran: Dunyâ-yi Kitâb, 1363/1984), 2: pp. 197-198.

15 Reuven Amitai-Preiss, *Mongols and Mamluks: The Mamluk—Ilkhânid War, 1260-1281* (Cambridge: Cambridge University Press, 1995), p. 1.

16 Marco Polo, *The Travels of Marco Polo: The Complete Yule-Cordier Edition*

(New York: Dover, 1993), 2: pp. 463–465.; Michal Biran, *Qaidu and the Rise of the Independent Mongol State in Central Asia* (Richmond, UK: Curzon, 1997), pp. 1–2, 19–67.

17 Peter Jackson, "The Mongols and the Faith of the Conquered" in Reuven Amitai and Michal Biran, eds., *Mongols, Turks, and Others: Eurasian Nomads and the Sedentary World* (Leiden: Brill, 2005), pp. 245–278.

18 Rashid al-Din, *Successors*, trans. Boyle, p. 37.

19 Thomas T. Allsen, *Culture and Conquest in Mongol Eurasia* (Cambridge: Cambridge University Press, 2001), pp. 63–89, 177–179.

20 Rashîd ad-Dîn, *Jâmi' at-Tavârîkh*, ed. Rowshan and Mûsavî, 2: pp. 1137–1138.

21 Paul D. Buell, "Mongol Empire and Turkicization: The Evidence of Food and Foodways" in Reuven Amitai-Preiss and David O. Morgan, eds., *The Mongol Empire and its Legacy* (Leiden: Brill, 1999), pp. 200–223.

22 Peter B. Golden, ed., *The King's Dictionary: The Rasuld Hexaglot* (Leiden-Boston-Koln, 2000), pp. 112, 227.

23 William of Rubruck, *The Mission of Friar William of Rubruck*, trans. Peter Jackson, ed. Peter Jackson and David Morgan, Hakluyt Society, second series, vol. 173 (London: Hakluyt Society, 1990), pp. 76–77, 183, 209–210.

24 Thomas T. Allsen, "Command Performances: Entertainers in the Mongolian Empire," *Russian Histoire-Histoire Russe*, 28, no. 1–4 (Winter 2001): pp. 41–45.

25 Ibid., pp. 38–41.

26 Jerry H. Bentley, "Cross-Cultural Interaction and Periodization in World History," *American Historical Review*, 101, no. 3 (June 1996): pp. 766–767.

7장 후기 칭기스 왕조들, 정복자 티무르, 그리고 티무르 왕조의 르네상스

1 Al-'Umarî, *Das mongolische Weltreich. Al-'Umarî's Darstellung der mongolischen Reiche in seinem Werk Masâlik al-abṣâr fi mamalik al-amṣâr*,

ed. with German paraphrase by Klaus Lech, Asiatische Forschungen, Bd. 22 (Wiesbaden: Harrassowitz, 1968), 아랍어 텍스트, p. 73.

2   Jean-Paul Roux, *La religion des Turcs et des Mongols* (Paris: Payot, 1984), pp. 137–141.

3   Devin DeWeese, *Islamization and Native Religion in the Golden Horde* (University Park, PA: Penn State Press, 1994), pp. 541–543.

4   David M. Abramson and Elyor E. Karimov, "Sacred Sites, Profane Ideologies: Religious Pilgrimage and the Uzbek State" in Jeff Sahadeo and Russell Zanca, eds., *Everyday Life in Central Asia Past and Present* (Bloomington: Indiana University Press, 2007), pp. 319–338.

5   Toktobiubiu Dzh. Baialieva, *Doislamskie verovaniia i ikh perezhitki u kirgizov* (Frunze, Kyrgyz SSR: Ilim, 1972), pp. 140–142, 149–151.

6   Don Ruiz Gonzales de Clavijo, *Embassy to Tamerlane 1403-1406*, trans. Guy Le Strange (London: Routledge, 1928, repr. Frankfurt am-Main, 1994), pp. 137, 212.

7   Clavijo, *Embassy to Tamerlane*, trans. Le Strange, p. 210.

8   Ibid., pp. 210–211.

9   Ibid., p. 286.

10 Ron Sela, "The 'Heavenly Stone' (Kök Tash) of Samarqand: A Rebels' Narrative Transformed" *Journal of the Royal Asiatic Society* 17/1 (2007), pp. 21–32.

11 Colin Thubron, *Shadow of the Silk Road* (New York: Harper Collins, 2007), p. 199.

12 Tilman Nagel, *Timur der Eroberer und die islamische Welt des späten Mittelalters* (Munich: Verlag C.H. Beck, 1993), pp. 337–339.

13 Filiz Çag̃man, "Glimpses into the Fourteenth-Century Turkic World of Central Asia: The Paintings of Muhammad Siyah Qalam" in David J. Roxburgh, ed., *Turks: A Journey of a Thousand Years, 600-1600* (London: Royal Academy of Arts, 2005), pp. 148–190. 티무르 제국의 미술 작품들은 다음의 책에서 찾아볼 수 있다. David J. Roxburgh, "The Timurid and Turkmen Dynasties of Iran, Afghanistan and Central Asia c. 1370-1506" in Roxburgh

ed., *Turks*, pp. 192-260.

14 Allen J. Frank, *Islamic Historiography and 'Bulghar' Identity among the Tatars and Bashkirs of Russia* (Leiden: Brill, 1998).

15 S. K. Ibragimov et al., eds., *Materialy po istorii kazakhskikh khanstv XV-XVIII vekov* (Alma-Ata: Nauka, 1969), p. 169.

16 Mirza Muhammad Haidar Dughlat, *A History of the Moghuls of Central Asia being the Tarikh-i Rashidi*, ed. N. Elias, trans. E. Dennison Ross (London, 1895; repr. London: Curzon Press, 1972), p. 82.

17 Ibid., pp. 14-15, 58.

18 Johan Elverskog, ed. and trans., *The Jewel Translucent Sūtra. Altan Khan and the Mongols in the Sixteenth Century* (Leiden: Brill, 2003), pp. 8-9, 48-52, 71.

19 Kenneth Chase, *Firearms: A Global History to 1700* (Cambridge: Cambridge University Press, 2003), pp. 52-53, 55, 61 ; Peter C. Perdue, *China Marches West The Qing Conquest of Central Eurasia* (Cambridge, MA: The Belknap Press of Harvard University Press, 2005), pp. 58-59.

8장 화약의 시대와 제국들의 출현

1 Chase, *Firearms*, pp. 124, 203.

2 Dughlat, *Tarikh-i Rashîdî*, ed. Elias, trans. Ross, pp. 272-273.

3 *The Baburnama: Memoirs of Babur, Prince and Emperor*, ed. and trans. Wheeler M. Thackston (New York: Oxford University Press, 1996), p. 256.

4 *Baburnama*, ed. and trans. Thackston, p. 46.

5 Michael Khodarkovsky, *Russia's Steppe Frontier: The Making of a Colonial Empire 1500-1800* (Bloomington: University of Indiana Press, 2002), pp. 21-22.

6 Vadim V. Trepavlov, *Istoriia nogaiskoi ordy* [History of the Noghai Horde] (Moscow: Vostochnaia Literatura, 2001), 372-375.

7 Ruth I. Meserve, "The Red Witch" in *The Role of Women in the Altaic World*. Permanent International Altaistic Conference. 44th Meeting,

Walberberg, 26–31 August 2001, ed. Veronika Veit, Asiatische Forschungen, Bd. 152 (Wiesbaden: Harrassowitz, 2007), pp. 131–141.

8 Mark C. Elliot, *The Manchu Way* (Stanford, CA: Stanford University Press, 2001), 63, pp. 396–397 n71.

9 Giovanni Stary, "The Meaning of the Word 'Manchu.' A New Solution to an Old Problem," *Central Asiatic Journal* 34, no.1–2 (1990), pp. 109–119.

10 이 조약의 본문과 러시아어 및 만주어 영인본은 다음의 책에서 확인할 수 있다. Basil Dmytryshyn et al. eds. and trans., *Russia's Conquest of Siberia: A Documentary Record 1558-1700* (Portland, OR: Western Imprints, The Press of the Oregon Historical Society, 1985), pp. 497–501.

11 Fred. W. Bergholz, *The Partition of the Steppe: The Struggle of the Russians, Manchus and the Zunghar Mongols for Empire in Central Asia, 1619-1758* (New York: Peter Lang, 1993), pp. 270–277, 335–340; Perdue, *China Marches West*, pp. 161–173.

12 Arthur Waldron, *The Great Wall of China: From History to Myth* (Cambridge: Cambridge University Press, 1990), pp. 3–4, 122–164.

13 Lubsan Danzan(Lubsangdanjin), *Altan Tobchi*[The Golden Summary], trans. N. P. Shastina (Moscow: Nauka, 1973), p. 290 ; Johan Elverskog, ed. and trans. *The Jewel Translucent Sūtra*(Leiden: Brill, 2003), pp. 129–130.

14 Lubsan Danzan, *Altan Tobchi*, pp. 291–292.

15 C. R. Bawden, *The Modern History of Mongolia* (New York: Frederick Praeger, 1968), pp. 28–29.

16 이는 몽골인들의 개종이 이루어지고 한 세대가 지난 시점인 1594년에 소대형 蕭大亨[명 대 관리, 1532~1612]이 남긴 기록을 통해 알 수 있다. Bawden, *The Modern History of Mongolia*, pp. 27–28.

17 Elverskog, ed. and trans., *The Jewel Translucent Sūtra*, pp. 35–40.

18 이 주제에 대한 다양한 논의는 다음의 연구를 참조할 수 있다. Scott C. Levi, *Indian and Central Asia: Commerce and Culture, 1500-1800* (New Delhi: Oxford University Press, 2007).

19 A. I. Levshin, *Opisanie kirgiz-kazatskikh ili kirgiz-kaisatskikh ord i stepei*

(St. Petersburg, 1832, repr. Almaty: Sanat, 1996), p. 313.

20 카자흐인들의 종교적 특성에 대한 논쟁은 다음의 연구를 참조할 수 있다. Bruce G. Privratsky, *Muslim Turkistan*(Richmond, Surrey: Curzon, 2001), pp. 7-29. 키르기즈인들의 이슬람 신앙이 피상적 수준에 머물러 있다는 인식에 대해 데빈 드위즈Devin DeWeese는 신중하게 판단해야 한다고 주장한다. Devin DeWeese, *Islamization and Native Religion in the Golden Horde* (University Park, PA: The Pennsylvania State Press 1994), pp. 65-66.

21 크리스토퍼 벡위드는 이 잘 알려진 어원 설명에 대해 의문을 제기한다. Christopher I. Beckwith, "A Note on the Name and Identity of the Junghars," *Mongolian Studies* 29 (2007): pp. 41-45.

22 Valentin A. Riasanovsky, *The Fundamental Principles of Mongol Law* (Tientsin, 1937: repr. in Indiana University Uralic and Altaic Series, vol. 43, The Hague: Mouton, 1965), pp. 92-100.

23 Peter C. Perdue, *China Marches West. The Qing Conquest of Central Eurasia* (Cambridge, MA: The Belknap Press of Harvard University Press), p. 140.

24 Perdue, *China Marches West,* pp. 304-306; *Millward, Eurasian Crossroads,* pp. 89-90.

25 From the *Da Qing Shengzu Ren Huangdi Shilu* [Decree of Emperor Kangxi of August 4, 1690] in B. P. Gurevich and G. F. Kim, eds., *Mezhdunarodnye otnosheniia v Tsentral'noi Azii. XVII-XVIII vv. Dokumenty i materialy* (Moscow: Nauka, 1989), 1: pp. 195-96.

26 Dughlat, *Tarikh-i Rashîdî,* ed. Elias, trans. Ross, pp. 125, 148.

27 Buri A. Akhmedov, ed. and trans., *Makhmud ibn Vali, More tain otnositel' no doblestei blagorodnykh* [a translation of Mahmûd ibn Walî, Bahr al-Asrâr fî Manâqib al-Akhyâr] (Tashkent: Fan, 1977), p. 41.

9장 근대 중앙아시아의 문제들

1 Captain John Moubray Trotter, compiler, "Central Asia", Section II, Part IV. *A Contribution towards the Better Knowledge of the Topography,*

Ethnography, Resources and History of the Khanat of Bokhara (Calcutta : Foreign Department Press, 1873), pp. 3–6.

2   Lieutenant Alexander Burnes, *Travels into Bukhara* (London : John Murray, 1834), 1 : pp. 267–270.

3   Frederick G. Burnaby, *A Ride To Khiva* (London : Cassell Petter & Galpin, 1876, repr. Oxford : Oxford University Press, 1997), 307, pp. 309–310.

4   Eugene Schuyler, *Turkestan : Notes of a Journey in Russian Turkestan, Khokand, Bukhara and Kuldja* (London : Sampson Low, Marston Searle, and Rivington, 1876), 2 : pp. 6, 11.

5   Schuler, *Turkestan*, 1 : 162.

6   Burnes, *Travels*, 1 : p. 252.

7   Ibid., 1 : p. 276.

8   Robert D. Crews, *For Prophet and Tsar : Islam and Empire in Russia and Central Asia* (Cambridge, MA : Harvard University Press, 2006), p. 38.

9   Mîrzâ 'Abdal 'Azîm Sâmî, *Ta'rîkh-i Salâtîn-i Mangitîya (Istoriia mangyt-skikh gosudarei)*, ed. and trans. L. M. Epifanova (Moscow : Vostochnaia Literatura, 1962), 119 (109b); and Jo-Ann Gross, "Historical Memory, Cultural Identity and Change : Mirza 'Abd al-'Azîz Sami's Representation of the Russian Conquest of Bukhara" in Daniel R. Brower and Edward J. Lazzarini, eds., *Russia's Orient : Imperial Borderlands and Peoples, 1700–1917* (Bloomington : Indiana University Press, 1997), p. 216.

10   Robert D. Crews, "Empire and the Confessional State : Islam and Religious Politics in Nineteenth-century Russia," *The American Historical Review* 108, no.1 (February 2003), pp. 50–52.

11   Chokan Ch. Valikhanov, "Ocherki Dzhungarii," in his *Sobranie Sochinenii*, 5 vols. (Alma-Ata : Kazakhstaia Sovetskaia Entsiklopediia, 1984–1985) 3 : p. 327.

12   M.Kh. Abuseitova et al., *Istoriia Kazakhstana i Tsentral'noi Azii* (Almaty : Bilim, 2001), p. 409.

13   Edward Allworth, ed., *Central Asia :. 130 Years of Russian Dominance, A Historical Overview*, 3rd. ed. (Durham : University of North Carolina Press,

1994), p. 98.

14 Jacob Landau and Barbara Kellner-Heinkele, *Politics of Language in the Ex-Soviet Muslim States* (Ann Arbor: University of Michigan Press, 2001), p. 7.

15 SergeiAbashin, *Natsionalizmy v Srednei Azii. V poiskakh identichnosti* (Sankt-Peterburg: Aleteiia, 2007), pp. 186–189.

16 Peter Fincke, "Competing Ideologies of Statehood and Governance in Central Asia: Turkic Dynasties in Transoxania and their Legacy" in David Sneath, ed., *States of Mind: Power, Place, and the Subject in Inner Asia*, Center for East Asian Studies, Western Washington University for Mongolia and Inner Asia Studies Unit, University of Cambridge (Bellingham: Western Washington University, 2006), pp. 111–112.

17 Pope, *Sons of the Conquerors*, pp. 234–239.

18 Landau and Kellner-Heinkele, *Politics*, 124–147.

19 Pope, *Sons of the Conquerors*, p. 293.

20 *New York Times*, August 7, 2009, A4.

더 읽을거리

참고 도서

Abazov, Rafi s. *Palgrave Concise Historical Atlas of Central Asia*. New York: Palgrave Macmillan, 2008.

Atwood, Christopher P. *Encyclopedia of Mongolia and the Mongol Empire*. New York: Facts on File, 2004.

Bosworth, Clifford Edmund. *The New Islamic Dynasties*. New York: Columbia University Press, 1996.

Bregel, Yuri. *An Historical Atlas of Central Asia*. Leiden: Brill, 2003.

일반 연구서

Adshead, S. A. M. *Central Asia in World History*. New York: St. Martin's Press, 1993.

André, Paul. *The Art of Central Asia*. London: Parkstone Press, 1996.

Barfi eld, Thomas. *Perilous Frontiers: Nomadic Empires and China*. Oxford: Blackwell, 1987.

Basilov, V. N. *Nomads of Eurasia*. Translated by M. F. Zirin. Seattle, WA: University of Washington Press, 1989.

Beckwith, Christopher I. *Empires of the Silk Road*. Princeton: Princeton University Press, 2009.

Çağatay, Ergun, and Doğan Kuban, eds. *The Turkic Speaking Peoples: 2000 Years of Art and Culture from Inner Asia to the Balkans*. Munich: Prestel, 2006.

Canfield, Robert L., ed. *Turko-Persia in Historical Perspective*. Cambridge: Cambridge University Press, 1991.

Christian, David. *A History of Russia, Central Asia and Mongolia*. Vol. 1, *Inner Eurasia from Prehistory to the Mongol Empire*. Oxford: Blackwell, 1998.

Di Cosmo, Nicola, Allen J. Frank, and Peter B. Golden, eds. *The Cambridge History of Inner Asia: The Chinggisid Age*. Cambridge: Cambridge University Press, 2009.

Findley, Carter V. *The Turks in World History*. New York: Oxford University Press, 2004.

Foltz, Richard C. *Religions of the Silk Road*. New York: St. Martin's Press, 1999.

Grousset, Rene. *The Empire of the Steppes*. Translated by Naomi Walford. New Brunswick: Rutgers University Press, 1970.

Hambly, Gavin, ed., *Central Asia*. New York: Delacorte Press, 1969.

Jagchid, Sechin, and Paul Hyer. *Mongolia's Culture and Society*. Boulder, CO: Westview Press, 1979.

Khazanov, Anatoly M. *Nomads and the Outside World*. Cambridge: Cambridge University Press, 1984.

Lattimore, Owen. *The Inner Asian Frontiers of China*. American Geographical Society, 1940. Reprint, Hong Kong: Oxford University Press, 1988.

Liu, Xinru. *The Silk Road in World History*. New York: Oxford University Press, 2010.

Millward, James A. *Eurasian Crossroads: A History of Xinjiang*. New York: Columbia University Press, 2007.

Roxburgh, David J., ed. *Turks: A Journey of a Thousand Years, 600-1600*. London: Royal Academy of Arts, 2005.

Sinor, Denis, ed., *The Cambridge History of Early Inner Asia*. Cambridge:

Cambridge University Press, 1990.

Soucek, Svat. *A History of Inner Asia*. Cambridge: Cambridge University Press, 2000.

고대

Anthony, David W. *The Horse, the Wheel, and Language: How Bronze-Age Riders from the Eurasian Steppes Shaped the World*. Princeton: Princeton University Press, 2007.

Di Cosmo, Nicola. *Ancient China and its Enemies: The Rise of Nomadic Power in East Asian History*. Cambridge: Cambridge University Press, 2002.

Cribb, Joe, and Georgina Herrmann. *After Alexander: Central Asia Before Islam*. Oxford: Oxford University Press, 2007.

Kohl, Philip L. *The Making of Bronze Age Eurasia*. Cambridge: Cambridge University Press, 2007.

Mallory, J. P., and Victor Mair. *The Tarim Mummies*. London: Thames and Hudson, 2000.

중세

Allsen, Thomas T. *Culture and Conquest in Mongol Eurasia*. Cambridge: Cambridge University Press, 2001.

_____. "The Rise of the Mongolian Empire and Mongolian Rule in North China." *The Cambridge History of China*. Vol. 6, *Alien Regimes and Border States, 907-1368*. Edited by Herbert Franke and Denis Twitchett. Cambridge: Cambridge University Press, 1994.

Anonymous. *The Secret History of the Mongols*. Translated by Igor de Rachewiltz. 2 vols. Leiden-Boston: Brill, 2004.

Barthold, W. [V. V. Bartol'd]. *Turkestan Down to the Mongol Invasion*. 3 rd ed. Translated by T. Minorsky. Edited by C. E. Bosworth. London, 1968.

Beckwith, Christopher I. *The Tibetan Empire in Central Asia*. Princeton:

Princeton University Press, 1993.

Biran, Michal. *The Empire of the Qara Khitai in Eurasian History*. Cambridge: Cambridge University Press, 2005.

Clavijo, Don Ruiz Gonzales de. *Embassy to Tamerlane 1403-1406*. Translated by Guy Le Strange. London: Routledge, 1928. Reprint, Frankfurt-am-Main, 1994.

Dawson, Christopher, ed. *Mission to Asia*. London: Sheed and Ward, 1980.

de la Vaissière, Étienne. *Sogdian Traders: A History*. Translated by James Ward. Leiden: Brill, 2005.

DeWeese, *Devin. Islamization and Native Religion in the Golden Horde*. University Park: Penn State Press, 1994.

Frye, Richard N. *The Heritage of Central Asia*. Princeton: Markus Wiener, 1996.

Hâjib, Yûsuf Khâss. *Wisdom of Royal Glory(Kutadgu Bilig): A Turko-Islamic Mirror for Princes*. Translated by Robert Dankoff. Chicago: University of Chicago Press, 1983.

Jackson, Peter. *The Mongols and the West, 1221-1410*. New York: Pearson Longman, 2005.

Juvainiî, 'Ata-Malik. *The History of the World-Conqueror*. Translated by John A. Boyle. Cambridge, MA: Harvard University Press, 1958.

Mackerras, Colin. *The Uighur Empire According to the T'ang Dynastic Histories*. Canberra: Australian National University Press, 1972.

Manz, Beatrice F. *The Rise and Rule of Tamerlane*. Cambridge: Cambridge University Press, 1989.

Marshak, Boris. *Legends, Tales, and Fables in the Art of Sogdiana*. New York: Bibliotheca Persica Press, 2002.

Morgan, David. *The Mongols*. Oxford: Blackwell, 1986.

Narshakhiî, Abu Bakr Muhammad ibn Ja'far. *The History of Bukhara*. Translated by Richard N. Frye. Cambridge, MA: The Mediaeval Academy of America, 1954.

Pan, Yihong. *Son of Heaven and Heavenly Qaghan: Sui-Tang China and its*

Neighbors. Bellingham, WA: Western Washington University Press, 1997.

Polo, Marco. *The Travels of Marco Polo: The Complete Yule-Cordier Edition*. 2 vols. New York: Dover, 1993.

Rashid al-Dîn, Fadlallah. *The Successors of Genghis Khan*. Translated by John A. Boyle. New York: Columbia University Press, 1971.

Ratchnevsky, Paul. *Genghis Khan: His Life and Legacy*. Translated by Thomas N. Haining. Oxford: Blackwell, 1991.

Rubruck, William of. *The Mission of Friar William of Rubruck*. Translated by Peter Jackson. Edited by Peter Jackson and David Morgan. Hakluyt Society, second series, vol. 173. London: Hakluyt Society, 1990.

Wriggins, Sally Hovey. *Xuanzang: A Buddhist Pilgrim on the Silk Road*. Boulder, CO: Westview Press, 1996.

근대

Babur. *The Baburnama: Memoirs of Babur, Prince and Emperor*. Translated, edited, and annotated by Wheeler M. Thackston. New York: Oxford Universty Press, 1998.

Bergholz, Fred W. *The Partition of the Steppe: The Struggle of the Russians, Manchus, and the Zunghar Mongols for Empire in Central Asia, 1619–1758*. New York: Peter Lang, 1993.

Dughlat, Mirza Muhammad Haidar. *A History of the Moghuls of Central Asia being the Tarikh-i Rashidi*. Edited by N. Elias. Translated by E. Dennison Ross. London, 1895. Reprint, London: Curzon Press, 1972.

Perdue, Peter C. *China Marches West: The Qing Conquest of Central Eurasia*. Cambridge, MA: The Belknap Press of Harvard University Press, 2005.

현대

Allworth, Edwin. *Central Asia: 130 Years of Russian Dominance, A Historical Overview*. 3rd ed. Durham, NC: Duke University Press, 2002.

Bawden, Charles R. *The Modern History of Mongolia*. New York: Frederick Praeger, 1968.

Brower, Daniel R., and Edward J. Lazzarini, eds. *Russia's Orient. Imperial Borderlands and Peoples, 1700-1917*. Bloomington: Indiana University Press, 1997.

Crews, Robert D. *For Prophet and Tsar: Islam and Empire in Russia and Central Asia*. Cambridge, MA: Harvard University Press, 2006.

d'Encausse, Hélène Carrere. *Islam and the Russian Empire: Reform and Revolution in Central Asia*. Translated by Quintin Hoare. Berkeley: University of California Press, 1988.

Hiro, Dilip. *Inside Central Asia: A Political and Cultural History of Uzbekistan, Turkmenistan, Kazakhstan, Kyrgyz*. New York: Overlook Duckworth, 2009.

Khalid, Adeeb. *Islam after Communism: Religion and Politics in Central Asia*. Berkeley: University of California Press, 2007.

Khalid, Adeeb. *The Politics of Muslim Cultural Reform: Jadidism in Central Asia*. Berkeley: University of California Press, 1998.

Khodarkovsky, Michael. *Russia's Steppe Frontier: The Making of a Colonial Empire 1500-1800*. Bloomington, IN: University of Indiana Press, 2002.

Landau, Jacob, and Barbara Kellner-Heinkele. *Politics of Language in the Ex-Soviet Muslim States*. Ann Arbor, MI: University of Michigan Press, 2001.

Northrop, Douglas. *Veiled Empire: Gender and Power in Stalinist Central Asia*. Ithaca, NY: Cornell University Press, 2004.

Roy, Olivier. *The New Central Asia: The Creation of Nations*. New York: New York University Press, 2000.

Rudelson, Justin J. *Oasis Identities: Uyghur Nationalism Along China's Silk Road*. New York: Columbia University Press, 1997.

Sahadeo, Jeff, and Russell Zanca, eds. *Everyday Life in Central Asia Past and Present*. Bloomington: Indiana University Press, 2007.

감사의 말

옥스퍼드대학교출판사의 낸시 토프Nancy Toff, "새 옥스퍼드 세계사" 시리즈의 편집자 보니 스미스Bonnie Smith와 아난드 양Anand Yang 에게 감사한다. 이들은 이 책의 준비 과정에서 인내심과 지도력을 보여주었다. 카렌 페인Karen Fein의 날카로운 편집과 소니아 틱코Sonia Tycko의 기술적 지원에 대해서도 감사한다.

나는 여러 해 동안 내 친구이자 동료들인 토머스 T. 올슨Thomas T. Allsen, 니콜라 디 코스모Nicola Di Cosmo, 아나톨리 카자노프Anatoly M. Khazanov와 중앙아시아 역사에 대한 지속적인 대화를 통해 많은 도움을 받았다. 럿거스대학교의 학생들에게도 감사한다. 나는 이들에게 36년 전 처음으로 중앙아시아의 민족과 문화에 대해 가르치기 시작했다. 이 책은 이들을 염두에 두고 썼다. 말할 필요도 없이 어떤 사실적 오류나 해석상의 실수들도 다 내 책임이다.

아들 그레그Greg는 바쁜 학업 활동 중에도 늘 시간을 내 아버지의 컴퓨터 문제들을 해결해주었다. 진심으로 고맙다. 아내 실비아 우 골든Sylvia Wu Golden은 모든 면에서 최상의 배우자다. 이 책을 그녀에게 바친다.

왜 중앙아시아사인가?

우리는 왜 중앙아시아의 역사를 알아야 할까? 아마도 이에 대한 가장 현실적인 대답은 "세계사 지식의 완성"을 위해서일 것이다. 동으로는 만주에서 서로는 볼가강에 이르는 광대한 지역인 중앙아시아는 지난 수천 년 동안 동양과 서양 사이 교역과 인적·문화적 교류의 중간자 및 산파 역할을 해왔다. 그리고 무엇보다도 근대 이전까지 중국, 인도, 중동, 유럽에 군사적, 정치적, 문화적, 상업적으로 중대한 영향을 끼친 유목제국들을 배출했다. 흉노, 돌궐, 몽골 제국은 그 일부다. 따라서 역사가들은 중앙아시아를 "역사의 중심축the pivot of history"이라고 부르기도 한다. 이러한 중앙아시아에 관한 역사적 지식이 없다면 우리의 세계사 지식에는 큰 공백이 생길 수밖에 없을 것이다.

그렇다면 중앙아시아의 역사를 배우기 가장 좋은 방법이란 무엇일까? 오랜 시간 중앙아시아의 역사를 공부하고 연구해온 옮긴이는 망설임 없이 이 책 《중앙아시아사Central Asia in World History》(피터 B. 골든, 옥스퍼드대학교출판사, 2011)를 읽는 것이라고 말한다. 지난 20여

년간 국내에서는 르네 그루세René Grousset의 《유라시아 유목제국사 L'empire des steppes》(1939)를 필두로 다양한 중앙아시아 통사通史들이 출간되었다. 그중 《중앙아시아사》가 가지는 장점은 무엇인가? 그것은 이 책이 국내외를 통틀어 "중앙아시아사 전문가"가 쓴 가장 최신의 그리고 학문적으로 가장 엄밀하고 완성도가 높은 중앙아시아 통사라는 점이다. 예컨대 《유라시아 유목제국사》는 세계적인 고전이지만 1939년에 출간되었기 때문에 적잖은 오류들의 수정과 그동안 이루어진 연구 성과들의 업데이트가 반드시 필요한 책이다. 2018년 미국에서 완간된 《러시아, 중앙아시아, 몽골의 역사A History of Russia, Central Asia and Mongolia》는 러시아사 전문가 데이비드 크리스천David Christian에 의해 쓰인 책인데 중앙아시아/몽골사와 관련해 상당히 많은 오류를 포함하고 있다. 반면에 《중앙아시아사》는 중앙아시아사 최고의 전문가가 쓴 진정한 중앙아시아 통사다. 따라서 《중앙아시아사》는 서구권의 많은 대학교에서 강의 교재로 사용되고 있다. 옮긴이도 토론토대학교에서 이 책을 강의 교재로 사용하고 있다. 한편 비교적 근래에 국내에서 출간된 중앙아시아 통사들은 대중서에 가깝거나 주로 일본학계의 연구 성과를 반영한 책들이다. 이에 비해 《중앙아시아사》는 최근까지의 서구학계뿐 아니라 구소련·러시아 학계와 중앙아시아 현지 학계의 연구 성과들을 종합한 중앙아시아사의 결정판이다.

《중앙아시아사》의 장점은 또 있다. "새 옥스퍼드 세계사The New Oxford World History" 시리즈의 요구 기준에 맞추어 학문적으로 엄밀하면서도 일반 독자들이 읽기 쉽도록 쓰였다는 점이다. 저자는 전문적인 설명들을 최소화하고 필수 정보 위주로 중앙아시아의 역사를 압축

해서 서술했다. 따라서 서술이 장황하거나 내용이 지엽적이지 않고 읽기가 쉽다. 독자들은 《중앙아시아사》를 통해 비교적 짧은 시간에 중앙아시아의 역사를 개관할 수 있을 것이다.

《중앙아시아사》는 또한 균형적 시각에서 쓰인 중앙아시아 통사다. 중앙아시아사 관련 서적들은 보통 유목제국 혹은 유목민 중심의 관점에서 중앙아시아의 역사를 살펴본다. 그러나 이 책은 유목민과 오아시스 정주민의 역사와 유산을 치우침 없이 다룬다. 몽골 제국이나 돌궐 제국과 같은 유목제국들의 역사도 담담하게, 과장 없이 서술한다. 그뿐만 아니라 유럽 중심적Eurocentric 시각, 구소련 학계의 역사관, 범투르크주의적pan-Turkic 시각, 현 중앙아시아 국가들의 민족주의적 관점으로부터도 자유롭다. 이는 중앙아시아사의 객관적 서술에서 필수적으로 요구되는 조건이다.

요컨대 옮긴이에게 국내외에서 출간된 중앙아시아 통사들 중에서 가장 최근의 연구 성과들을 종합한 책, 가장 학술적으로 신뢰할 만한 책, 일반 독자들도 읽기 어렵지 않은 책, 균형적인 시각을 갖춘 책을 고르라 한다면 주저함 없이 《중앙아시아사》를 선택할 것이다. 중앙아시아사를 비롯해 역사를 좋아하는 독자들과 초학자들에게 이 책을 필독서로 권한다.

이 책은 서문 외에 9장으로 구성되어 있다. 서문에서는 중앙아시아의 지리, 민족, 언어에 대해 설명한다. 중앙아시아가 크게 스텝과 오아시스로 이루어져 있으며, 스텝 거주 알타이계(투르크계, 몽골계) 유목민들과 오아시스 거주 인도-유럽계(이란계) 정주민들이 그 역사의 주체였다는 점을 보여준다. 저자는 중앙아시아인들이 다양한 민족 및 언어 집단의 이동과 그에 따른 융합으로 형성되었다고 강조한다.

1장에서는 유목 생활(양식)의 기원, 유목국가의 구조, 오아시스 도시들의 특성에 대해 다룬다. 저자는 유목민들은 오아시스 도시민들로부터 각종 물자를 제공받고, 도시민들은 유목민들로부터 군사적 보호를 받는 공생관계에 있었음을 지적한다.

2장에서는 초기의 유목민들에 대해 다룬다. 고대 이란인(아리아인)의 기원과 이동, 이들의 후예인 스키타이계 유목민들의 활약, 중앙아시아 최초의 유목제국인 흉노 제국의 흥망에 대해 살펴본다. 저자는 흉노의 잔존 세력이 서진하며 다른 유목 부족들과 합쳐져 유럽의 훈으로 재탄생했다고 본다.

3장에서는 돌궐 제국과 그 전후 시기의 중앙아시아 역사를 다룬다. 중앙아시아를 제패한 돌궐 제국 외에도 돌궐 이전의 북위, 유연, 헤프탈과 돌궐 이후의 위구르, 키르기즈, 거란에 대해서도 살펴본다. 유목제국과 정주사회의 정치적, 문화적, 종교적 교류에 대해서도 주목한다.

4장에서는 소그디아를 중심으로 중앙아시아 오아시스 도시국가들의 정치, 사회, 문화에 대해 다룬다. 아랍인들의 정복에 따른 종교의 이슬람화와 투르크계 유목민들의 이주에 따른 언어의 투르크화가 시작되는 과정도 보여준다.

5장에서는 이슬람된 이란계 사만 왕조와 투르크계 카라한 왕조를 중심으로 중앙아시아의 역사를 다룬다. 불가르, 하자르, 가즈니, 셀주크 등 여러 투르크계 국가들의 역사와 더불어 세계 문화의 발전에 기여한 사만 왕조 출신의 대학자들에 대해서도 알아본다.

6장에서는 몽골 제국의 역사를 다룬다. 몽골 제국의 정복 활동과 통치 방식, 몽골 제국이 주도한 동·서양 간의 인적·문화적 교류에 대해 자세히 들여다본다. 저자는 유라시아 초원뿐 아니라 이웃 정주국가들을 모두 통합한 세계 제국이었던 몽골 제국이 초기의 세계체제를 태동시켰고, 세계사에 심대한 영향을 끼쳤다고 강조한다.

7장에서는 티무르 제국과 후기 칭기스 왕조들의 역사에 대해 다룬다. 티무르 제국의 정복 활동 및 문화적 번영과 더불어 칭기스 왕조 국가들인 우즈벡 칸국, 카자흐 칸국, 모굴 칸국, 몽골 다얀 왕조의 출현 과정에 대해 알아본다.

8장에서는 우즈벡 칸국, 카자흐 칸국, 몽골, 준가르 제국을 중심으로 16세기 이후의 중앙아시아 역사를 다룬다. 러시아 제국과 만주인의 청 제국의 등장으로 중앙아시아가 포위되는 과정도 보여준다.

9장에서는 러시아 제국과 청 제국의 중앙아시아 정복 시점부터 1991년 구소련의 해체에 따른 중앙아시아 국가들의 독립 시점까지의 중앙아시아 역사를 다룬다. 러시아 내 이슬람 지식인들의 근대화운동, 소련의 현대 중앙아시아 민족 범주 규정, 신장 무슬림들의 위구르인 정체성 확립 및 중국의 식민 정책, 현대 몽골국의 탄생 과정 등에 대해 주목한다.

《중앙아시아사》의 저자 피터 B. 골든Peter B. Golden은 어떤 학자인가? 그는 1970년 컬럼비아대학교에서 박사학위를 받은 뒤 럿거스대학교에서 교수로 재직하다 2012년 퇴임했다. 그런데 피터 골든은, 그가 "새 옥스퍼드 세계사" 시리즈 중앙아시아사 편의 집필을 의뢰받아 쓴 것과 더불어 《케임브리지 내륙아시아사: 칭기스 왕조의 시대 Cambridge History of Inner Asia: The Chinggisid Age》(2009)의 공동 편집을 맡고 또 그 서문을 포함해 세 챕터(몽골과 포스트 몽골 시기의 내륙아시아 유목민족들을 살펴보는 글)를 쓴 사실에서도 알 수 있듯이, 중앙아시아사 분야의 대大석학이다.

개인적으로 피터 골든을 평가하자면, 그는 중앙아시아사 분야의 일인자다. 물론 중앙아시아사 연구의 각 분야에는 훌륭한 전문가specialist와 대가들이 많기에 이들 중 한 명의 일인자를 가려내기는 무리일 수 있다. 그렇지만 19세기 후반에서 20세기 초에 걸쳐 활동한 중앙아시아사 연구의 거장 바실리 블라디미로비치 바르톨드Vasily Vladimirovich Bartold에 이어 갖가지 언어로 쓰인 원전들을 바탕으로 중앙아시아의 민족들과 국가들을 가장 종합적으로 연구한 학자를 고르라면 옮긴이를 포함해 많은 중앙아시아사 연구자가 피터 골든을 추천할 것이다. 그는 투르크계 언어들과 페르시아어, 아랍어, 러시아어, 독일어, 프랑스어, 중국어 등의 수많은 언어로 된 원전 사료들을 종합적으로 연구할 수 있는 드문 학자다. 또한 그의 논저들을 살펴보면 그가 국제학계의 새로운 연구 성과들을 꿰뚫고 있다는 점을 어렵지 않게 확인할 수 있다.

피터 골든은 완벽하기로 정평이 나 있는 학자이기도 하다. 옮긴이는 10년 전에 티무르 제국사 연구의 대가 마리아 섭텔니Maria Subtelny 교수로부터 자신이 완벽한 학자로 신뢰하는 유일한 중앙아시아사 연구자가 골든 교수라고 하는 말을 들었다. 옮긴이는 이와 동일한 이야기를 3년 전 주치 울루스(킵착 칸국)사 연구의 대가이자 저널 《동양학

학보Acta Orientalia》의 편집장이었던 이슈트반 바사리Istvan Vasary 교수에게서도 들었다. 그리고 옮긴이의 박사논문을 공동지도한 섭텔니 교수와 빅토르 오스탑축Victor Ostapchuk 교수 모두 연구 도중 특정 사항에 대해 전문가 의견이 필요할 경우 피터 골든 교수에게 연락해 묻곤 했다. 골든 교수는 매번 백과사전적 정보를 제공해주었다. 관련 1차 사료 정보들과 함께. 따라서 옮긴이는 피터 골든 교수가 모르는 것이 없는 전지全知한omniscient 학자라고까지 믿게 되었다. 분명 몽골 제국사를 포함한 유목민족사를 공부하는 모든 학생과 학자는 탄탄한 기초 지식과 통찰력을 얻기 위해서는 반드시 피터 골든의 논저들을 공부해야 한다. 옮긴이도 유목제국사뿐 아니라 카자클륵qazaqlïq 현상(티무르 제국, 무굴 제국, 우즈벡 칸국, 카자흐 칸국의 건국 과정에서 중요한 역할을 한 칭기스 일족과 티무르 일족의 정치적 방랑 문화)과 투르크 정체성이라는 특정 주제들을 전문적으로 연구하는 과정에서 피터 골든의 논저들로부터 아주 중요한 학술 정보들과 연구 단서들을 얻을 수 있었다. 옮긴이는 피터 골든을 학문적 스승으로 여긴다. 이분의 명저를 우리말로 직접 번역하게 된 것은 개인적으로 큰 영광이다.

옮긴이는 2018년 11월에 피터 골든과 온라인 대화 중에 이 책의 번역 권한을 일임받았다. 그때 옮긴이가 《중앙아시아사》를 한국어로 번역할 의향이 있다고 말하자 피터 골든은 곧바로 옥스퍼드대학교 출판사의 편집장 낸시 토프Nancy Toff와 옮긴이를 연결해주었다. 이 책을 번역하는 과정에서 옮긴이는 외국어 서적을 우리말로 번역하는 일이 우리말이나 심지어는 영어로 책을 집필하는 것보다 어떤 의미에서는 더 힘든 일이라는 사실을 깨달았다. 옮긴이는 오역을 피하기 위해 심혈을 기울였고, 되도록 번역투의 직역을 피하며 의역을 했다. 또한 독자들이 《중앙아시아사》를 보다 더 잘 이해하고 편하게 읽을 수 있게끔 간략한 옮긴이 주와 원서에는 없는 소제목을 번역본에 더했다.

옮긴이의 말을 마치기에 앞서 《중앙아시아사》의 학문적 가치를 알아보시고 우리말 번역본이 국내의 독자들에게 전해질 수 있도록 크게 배려해주신 책과함께의 류종필 대표님과 작업 전반에 대해 신경 써주신 이정우 인문팀장님, 번역 원고를 세심하게 교정·편집해주신 좌세훈 편집자님에게 고개 숙여 존경과 감사의 인사를 드린다. 끝으로 지난 30년 동안 옮긴이를 영성적으로 후원해 주신 다도茶道 명인 이숙자 벤자민 수녀 누님에게 사랑과 감사의 마음을 올린다.

토론토에서

이주엽

찾아보기

아람-시리아 문자(Aramaeo-Syriac script) 103

아람어(Aramaic) 131, 133

아랍어(Arabic language) 45~46, 124, 126, 131, 133, 145, 146(사), 147, 156, 159, 189, 191, 203, 208, 280, 290, 298

아랍인(Arabs) 97, 100, 105, 118, 124, 126~130, 131, 132, 140, 181n,

아르메니아(Armenia) 161, 180

아르메니아어(Armenian language) 116, 190

아리만/아흐리만(Ahriman) 54, 123

아릭 부케(Ariq Böke) 181

아마산지(Amasanji) 221

아무다리야강(Amur Darya River) 16, 18, 43, 121, 126, 154, 217n

아무르사나(Amursana) 258

아바르(Abar/Avar, 유연柔然) 79, 80~ 81, 83, 85, 86, 87

아부 바크르(Abu Bakr) 216

아부 샤마(Abu Shâma) 181

아부 자파르 무함마드 알화라즈미(Abu Ja'far Muhammad al-Khwârazmî) 143

아불 하이르(Abu'l-Khayr, 키시 주즈의 칸) 258

아불 하이르 칸(Abu'l-Khayr Khan, 시반의 후손) 219, 221~222, 230~ 231

아쇼카(Ashoka, 아소카Asoka) 115

아슈타르칸 왕조 → 자니 왕조

아슈하바드(Ashkhabad) 29

아스타나 → 누르술탄

아스트라한(Astrakhan) 179, 202n, 217

아스트라한 칸국(Astrakhan Khanate) 235

아시나(Ashina, 阿史那) 84, 89, 92, 96, 141

아싱(Ashing) 241

아우랑제브(Aurangzîb, Aurangzeb) 250

아유키 칸(Ayuki Khan, 아유카 칸Ayuka Khan) 253

아이신(Aisin, 愛新) 237

아이신 기오로(Aisin Gioro, 愛新覺羅) 237

아이트마토프, 칭기즈(Aitmatov, Chingiz) 292

아제리 투르크인(Azeri Turks) 161

아케메네스 왕조/아케메네스조 (Achaemenids) 40, 59

아케메네스 제국(Achaemenid Empire) 55

아타 말릭 주바이니('Atâ Malik Juvainî) 168

아틸(Atil) 142

아틸라(Attila) 74, 87

아프가니스탄(Afghanistan) 12(지), 17, 21, 28, 52, 58. 60, 65, 70, 71, 89, 93, 119, 126, 154, 233, 250, 269, 273, 294n

아흐마드 두라니 칸(Ahmad Durrânî Khan) 269

악 메치트(Aq Mechit) 272

악수(Aqsu) 260

안녹산(安祿山) 98, 99, 130

알라슈 오르다(Alash Orda) 285

중앙아시아사

볼가강에서 몽골까지

1판 1쇄 2021년 1월 29일
1판 4쇄 2023년 10월 17일

지은이 | 피터 B. 골든
옮긴이 | 이주엽

펴낸이 | 류종필
책임편집 | 좌세훈
편집 | 이정우, 이은진, 권준
경영지원 | 김유리
표지 디자인 | 석운디자인
본문 디자인 | 박애영

펴낸곳 | (주) 도서출판 책과함께
　　　　주소 (04022) 서울시 마포구 동교로 70 소와소빌딩 2층
　　　　전화 (02) 335-1982
　　　　팩스 (02) 335-1316
　　　　전자우편 prpub@hanmail.net
　　　　블로그 blog.naver.com/prpub
　　　　등록 2003년 4월 3일 제2003-000392호

ISBN 979-11-88990-59-7 03910